Kreative Mitarbeiter

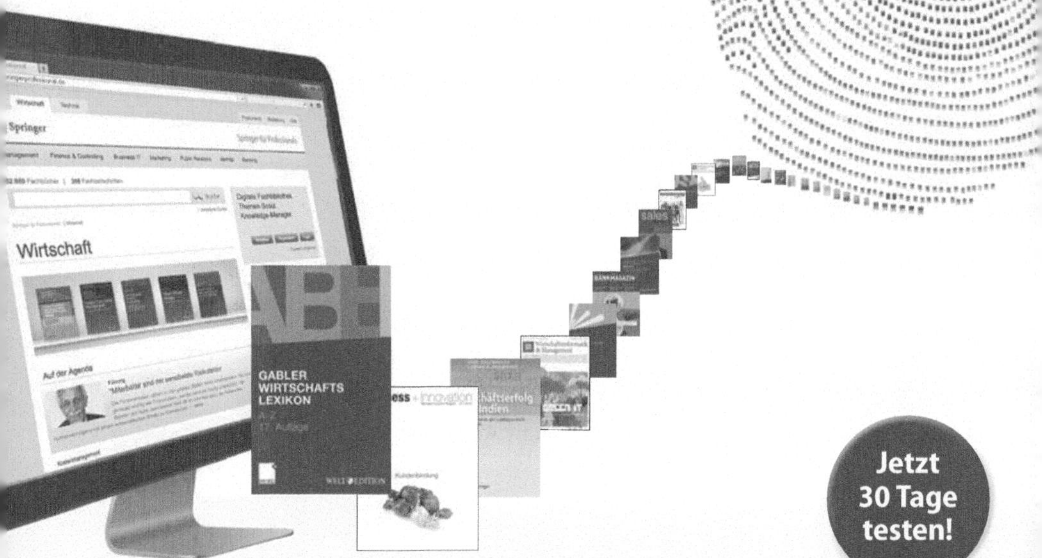

Lukas Rütten

Kreative Mitarbeiter

Wegweiser für Führungskräfte zu mehr Kreativität und Innovation

Lukas Rütten
Aachen
Deutschland

ISBN 978-3-662-46051-1   ISBN 978-3-662-46052-8 (eBook)
DOI 10.1007/978-3-662-46052-8

Die Deutsche Nationalbibliothek verzeichnet diese Publikation in der Deutschen Nationalbibliografie; detaillierte bibliografische Daten sind im Internet über http://dnb.d-nb.de abrufbar.

Springer Gabler
© Springer-Verlag Berlin Heidelberg 2015

Gedruckt auf säurefreiem und chlorfrei gebleichtem Papier

Springer-Verlag Berlin Heidelberg ist Teil der Fachverlagsgruppe Springer Science+Business Media
(www.springer.com)

Geleitwort

Die meisten Unternehmen würden bestätigen, dass Innovation ein wichtiger Faktor für ihren Erfolg in der Zukunft ist. Aus diesem Grund ist Innovation auch mehr als nur ein Schlagwort, es ist eine zentrale Aufgabe, mit der sich Organisationen beschäftigen müssen.

Mit *Kreative Mitarbeiter* gibt Lukas Rütten Ihnen als Führungskraft ein Buch an die Hand, das erforschendes Lernen ermöglicht, das dazu beiträgt, kreative Potenziale von Mitarbeitern zu entwickeln und ein innovationsfreundliches Umfeld zu gestalten. Das Handbuch bietet die richtige Mischung aus wissenschaftlicher Fundierung, wissenschaftlichen Quellen und praktischen Empfehlungen, wie Sie als Leser wirklich ins Tun gelangen. Die vielen Beispiele werden es Ihnen erleichtern, die Empfehlungen auch praktisch umzusetzen.

Dieses Handbuch erklärt für Führungskräfte die verschiedenen, miteinander in Verbindung stehenden Facetten des Themas. Die Gliederung in Müssen, Dürfen, Können, Sollen, Wollen und Machen ermöglicht eine nachvollziehbare und eingängige Orientierung über dieses komplexe Thema. Die grafischen Visualisierungen bieten dabei einen hilfreichen Orientierungsrahmen.

Lukas Rütten liefert eine verständliche Beschreibung der Zusammenhänge und Erfolgsfaktoren von Innovation, Kreativität und Personal und leistet einen Wissenschaftstransfer in die Praxis. Er bietet Ihnen nachvollziehbare Schritte zur Entwicklung eines kreativen Umfelds im Betrieb. Auch führt er Sie in die wichtigsten Prozesse innovativer Problemlösung und in einige Denkwerkzeuge ein.

Mir haben Diskussion und Gedankenaustausch mit Lukas Rütten im Vorfeld des Buches viel Freude bereitet. Ich bin sicher, dass Sie das Lesen des Buches als ebenso bereichernd empfinden werden.

München, 15. Februar 2015

Florian Rustler
Geschäftsführer creaffective GmbH

Dank

Dieses Buch zu schreiben und zu veröffentlichen war Teamwork. Allen, die daran mitgewirkt haben, gebührt Dank. Ein besonderer Dank des Autors gilt:

Rieke Clasen, für den unterstützenden Zuspruch zu diesem Buch.

Florian Rustler von *Creaffective*, für die gemeinsame Diskussion und den kollegialen Gedankenaustausch im Vorfeld dieses Projekts.

Anna Vosswinkel, für ihre frühe Gegenlese, die das Konzept auf Kurs gebracht hat und dafür gesorgt hat, dass die Theorie in diesem Buch nicht die Praxis erschlägt.

Dennis Brunotte von *Agentme*, für die wesentlichen Beiträge zur Ausreifung des Konzepts und für die Vermittlung des Projekts an Springer Gabler.

Juliane Wagner von *Springer Gabler*, die als Programmleiterin das Buchprojekt in ihrem Verlagshaus untergebracht hat.

Eva-Maria Fürst von *Springer Gabler*, die als Lektorin vollen Einsatz für dieses Buch während der gesamten Entstehung zeigte.

Anna Pickel von *Playground*, für geschicktes Hinterfragen der Aussagen aus der eigenen Praxis heraus und für freundschaftlichen Zuspruch.

Clarissa Schmitz, Johannes Gruber, Hartmut Hinke, Ortwin Mailahn und Sebastian Ulbrich, für ihre individuellen Beiträge zu der Entstehung dieses Buches durch thematisches Interesse, Denkanstöße, Anregungen und motivierende Zuversicht.

Regina, Bernd, Stella und Lavinia Rütten, für ihre liebevolle Unterstützung und für die Mitarbeit an diesem Projekt.

Alexandra Ils, für die argumentative Schärfung des Manuskripttextes durch Korrektur, Kritik und Humor.

Lobsang Zelle von *Kreativpromenade*, für die Analyse, Interpretation und Diskussion aller Theorien und Denkwerkzeug dieses Buches und für seine Tatkraft als Mitgesellschafter bei Kreativpromenade.

Robert Goesch, für die Entwicklung der Abbildungen zu diesem Buch und für die schon so lange bestehende Freundschaft.

Constance Böhm, für die doppelte Korrektur und Kommentierung des Manuskripts und den anerkennenden Beistand in kritischen Momenten.

Alina Behrens, für die beharrliche stilistische und inhaltliche Schärfung der Texte, für die Korrektur der Praxisbeispiele und für die aufopfernde Begleitung durch alle Hochs und Tiefs, nicht nur in der Schlussphase und am Abgabetag.

Inhaltsverzeichnis

Abbildungsverzeichnis

Tabellenverzeichnis

Der Autor

Lukas Rütten ist Mitbegründer und Geschäftsführer von *Kreativpromenade*. Er hat Betriebspädagogik, Wissenspsychologie, Politische Wissenschaft sowie Bildungs- und Wissensmanagement an der RWTH Aachen University studiert. Dort verfasste er seine Abschlussarbeit *Innovationsklima und Personalmanagement* zum Thema des vorliegenden Buches. Er ist Experte für systematische Kreativität und Innovation und arbeitet als Facilitator, Kreativitätstrainer, Innovationsberater und Führungskräfte-Coach mit Kreativpromenade-Kunden zusammen.

Kreativpromenade hat es sich zur Aufgabe gemacht, Menschen bei der Entwicklung von nachhaltigen und nützlichen Ideen zu inspirieren und zu fördern und somit ihr kreatives Selbstvertrauen zu stärken.

Als Facilitator bietet Lukas Rütten seinen Kunden in Strategie- und Innovationsworkshops Unterstützung bei der Erarbeitung neuer Lösungen und Konzepte, zum Beispiel bei der Entwicklung von neuartigen Produkten oder Dienstleistungen. Als Trainer vermittelt er Teilnehmern Prozesse und Techniken der kreativen Problemlösung und Innovationsentwicklung. Als Berater und Coach unterstützt er Betriebe und Führungskräfte dabei, ein günstiges Innovationsklima und eine kreative Kultur in einzelnen Teams sowie im gesamten Betrieb zu etablieren.

Mehr über ihn und Kreativpromenade erfahren Sie unter http://www.kreativpromenade.de.

Einleitung

1

Zusammenfassung

Dieses einleitende Kapitel gibt einen Einblick in Inhalt, Aufbau und Zielsetzung des Buches. Am Ende des Kapitels werden Ihnen zwei Möglichkeiten aufgezeigt, wie Sie das Buch nutzen können.

1.1   Wovon handelt dieses Buch?

Dieses Buch beginnt mit Ihnen. Mit Ihnen als Führungskraft. Führungskräfte sind ein starker Hebel für mehr Innovation und Kreativität im Betrieb. Die Trendforscher James P. Andrew et al. (2010) analysieren für die Boston Consulting Group: Innovation ist Top-Thema im gehobenen Management.

▶   **Wichtig!** Führungskräfte sind der wichtigste Hebel für eine verbesserte Innovationskultur und ein günstiges Klima der Kreativität im Betrieb!

Ideen und Innovationsvorhaben gibt es seit Urzeiten (Frankfurter Allgemeine Zeitung, o. J.): Faustkeil, Ackerbau, Rad, Textilien, Buchdruck, Linsenoptik, Uhr, Heißluftballon, Dampfmaschine und Eisenbahn, Fotografie, Rundfunk, Computer, Internet. Diese und viele andere ehemalige Innovationsvorhaben gelten als wichtige Innovations-Meilensteine und haben sich in unserem Alltag etabliert. Sie haben das Leben der Menschen tief greifend verändert. Innovation meint die Einführung von Neuem, das Nutzen bringt.

© Springer-Verlag Berlin Heidelberg 2015
L. Rütten, *Kreative Mitarbeiter,* DOI 10.1007/978-3-662-46052-8_1

Rund um die Uhr arbeiten Führungskräfte und ihre Mitarbeiter an komplexen Innovationsprojekten, die das Leben verbessern. Ein Innovationsvorhaben wirkt auf den ersten Blick komplex und chaotisch. Es erscheint aufwendig, die zahlreichen Entwicklungsvorgänge zu managen. Viele Fachleute müssen zusammenkommen. Großunternehmen beschäftigen eine Vielzahl von Spezialisten in Forschungs- und Entwicklungs-Abteilungen, deren Aufgabe darin besteht, Innovationen zu koordinieren und umzusetzen.

Zugleich kommen Führungskräfte, die bislang keine Innovationsprojekte gemanagt haben, mit dem Thema in Berührung. Nach und nach erkennen sie, dass man für Innovationen bestimmte Fähigkeiten, Denkwerkzeuge und Abläufe beherrschen muss. Aber sie sind nicht in der Lage, viel Zeit in diesen Lernprozess zu investieren. Diesen Führungskräften soll das Buch als Unterstützung dienen.

Dass es leichter ist als gedacht, als Führungskraft Innovationspotenziale zu entwickeln, Strukturen und Freiräume für Innovation zu schaffen und die Innovationskultur eines Betriebes zu stärken, soll Ihnen dieses Buch verdeutlichen. Mit den in diesem Buch gelieferten Informationen können Sie Ihren Betrieb zur Ausgangsbasis für Kreativität und Innovationserfolg machen.

Ein starkes Innovationsklima und eine ausgeprägte Innovationskultur erreicht man nicht durch Fachwissen. Man erreicht beides durch die Anwendung von Denkwerkzeugen, Denkprinzipien, Methoden und Prozessen, wie Tab. 1.1.veranschaulicht.

Obwohl mittlerweile jede Stellenbeschreibung sie fordert, sind kreative Fähigkeiten keine lästige Pflicht. Vielmehr geht es um eine Denkhaltung, eine bestimmte Art der Kommunikation und um eine spezielle Verhaltensweise. Diese sind Bestandteile unserer Einstellung zu unserem beruflichen Alltag. Sie werden wichtiger, wenn es um die Gestaltung des noch nicht Alltäglichen – unserer Zukunft – geht.

Tab 1.1 Denkwerkzeuge, Denkprinzipien, Methoden und Prozesse in diesem Buch

Denkwerkzeuge	Do-Nothing-Szenario, Stakeholder-Analyse, Sechs Denkhüte, Walt Disney-Strategie, TOWS-Analyse, SMARTe Ziele, Unterstützer und Hürden, Wunschdenken, Fragenstarter, Brainstorming, Brainwriting, Forced Fit, Provokationen, Sechs W-Fragen, Mindmapping, Punktbewertung, COCD-Box, PPCO, Bewertungsmatrix, Handlungsschritte
Denkprinzipien	Divergentes Denken, Konvergentes Denken
Methoden	Innovation History, Ideenwettbewerb, Lessons Learned, Wissenskarten, Litfaßsäule, Best Practice Sharing, Storytelling, Mikroartikel
Innovationsprozesse	Creative Problem Solving, Design Thinking, TRIZ
Verbesserungsprozesse	Kontinuierlicher Verbesserungsprozess, Qualitätszirkel

Um diese Botschaft zu unterstreichen, ist das Buch so verständlich wie möglich geschrieben. Die Informationen werden in einer logischen Reihenfolge präsentiert. Über sechs Handlungsfelder bringt Ihnen dieses Buch nahe, was Sie für den erfolgreichen Einsatz von Denkwerkzeugen und Prozessmodellen der Innovation wissen müssen. Es gibt Ihnen praktische Empfehlungen für ein verbessertes Innovationsklima und eine starke Innovationskultur. Außerdem finden Sie in diesem Buch eine Fülle von Beispielen und Abbildungen sowie Tipps und Hinweise.

Das Ziel dieses Buches lautet, dass Sie es gründlich lesen und den Eindruck gewinnen, dass Sie ein erfolgreiches Innovationsvorhaben realisieren können. Nach gründlicher Lektüre dieses Buches sollen Sie in der Lage sein, ein Innovationsvorhaben erfolgreich zu realisieren, und die Entschlossenheit besitzen, an einer Kultur der Innovation in Ihrem Betrieb mitzuwirken.

1.2 Was möchte dieses Buch erreichen?

Der wissenschaftliche Ausgang dieses Buches liegt in der Betriebspädagogik. In den Beobachtungen und Konzepten der Betriebspädagogik nimmt der einzelne Mitarbeiter eine Schlüsselposition ein (Arnold 1997). Die Betriebspädagogik erhebt Mitarbeiter nicht zu Säulenheiligen, die über nötiger Wertschöpfung und effizienter Leistungserbringung schweben. Dem von Niels Pflüger (2008) definierten Anspruch einer Handlungsanleitung folgt – für mehr Kreativität und Innovation im Betrieb – der Mitarbeiterfokus dieses Buches.

▶ **Betriebspädagogik** „Ziel der Anwendung betriebspädagogischer Erkenntnisse ist es, Rahmenbedingungen zu schaffen, die eine effektive Entwicklung von Unternehmen gewährleisten. Dies kann dann gelingen, wenn Anliegen der Umwelt, der Gesellschaft und des Personals beachtet und berücksichtigt werden. Die Betriebspädagogik stellt dafür mit ihren Theorien, Modellen und Konzepten Handlungsanleitungen für die praktische Arbeit in Betrieben und Unternehmen zur Verfügung" (Pflüger 2008).

Sie begeben sich mithilfe dieses Buchs zu möglichen Handlungsfeldern für mehr Kreativität und Innovation. Für jedes Handlungsfeld bietet dieses Buch Ihnen Unterstützung an, damit Sie die Kreativität Ihrer Mitarbeiter anregen und Innovationserfolg in Ihrem Betrieb wahrscheinlicher machen können.

▶   **Wichtig!** Die Durchführung eines Innovationsprojekts unterscheidet
sich von der Förderung betrieblicher Innovationspotenziale. Ein einmaliges Innovationsprojekt folgt im Idealfall einem festgelegten Prozess.
Die Förderung von Innovationspotenzialen ist ein Programm ohne zeitliche Begrenzung. Dieses Programm braucht stetig Ihre Aufmerksamkeit als Führungskraft.

Unterstützung bedeutet in diesem Buch:

• *Wissenschaftliche Fundierung.* Genaue Hinterfragung des Problems aus einer
  möglichst wissenschaftlich fundierten, objektiven und systemischen Sichtweise.
• *Praktische Empfehlungen.* Vermittlung von plausiblen, logischen Prinzipien als
  Basis zur Lösung betrieblicher Kreativitäts- und Innovationsprobleme.
• *Konkrete Beispiele.* Anregungen aus dem Geschehen eines Beispielunterneh-
  mens, um Innovationsförderung aus dem Betriebsgeschehen heraus zu veranschaulichen. Die in der Praxis etablierten Vorgehensweisen vermitteln so eine
  schnelle und vorbildhafte Vision.
• *Handlungsorientierte Resümees.* Resümees, die Ihnen für Ihren Betrieb die Bestimmung des Zustands in Sachen Innovationskultur und gegenwärtigem Innovationsklima erleichtern und die Richtung für gegebenenfalls nötige Veränderungen angeben.

Für die wissenschaftliche Fundierung greift dieses Buch – aufbauend auf der Systematik von Neil Anderson et al. (2004) sowie den Ergänzungen von Ingrid Feinstein (2010) – Einflussfaktoren für Kreativität und Innovation auf, die sich in der
Wissenschaft, Lehre und darüber hinaus in der betrieblichen Praxis etabliert haben.
Im Buch wurden nur Faktoren berücksichtigt, die positiven Einfluss auf betriebliche Innovation ausüben. Ihnen werden im Wesentlichen Faktoren vorgestellt, die
Sie beeinflussen oder berücksichtigen können. Die im Buch ausgeführten Einflussgrößen finden Sie im Überblick am Ende des Buches (s. Kap. 12) übersichtlich dargestellt. Um das einfache Auffinden im Text zu gewährleisten, sind die Faktoren
zudem im Fließtext fett gedruckt.
   Gelegentlich nehmen Innovationsprojekte keinen glücklichen Ausgang, obwohl
Methoden, wie in diesem Buch beschrieben, verständlich und einfach realisierbar
sind. Dies lässt sich in vielen Fällen auf eine Kluft zwischen Wissen und Handeln
zurückführen. Bitte geben Sie sich deshalb viel Mühe, die dargelegten Werkzeuge
und Methoden tatsächlich einzusetzen und währenddessen mögliche Hürden und
Hindernisse zu überwinden.

▶ **Wichtig!** Zur Förderung von Innovationspotenzialen müssen Sie als
   Führungskraft Ihr Handeln und Ihre bisherigen Erfahrungen reflektieren und neue Erkenntnisse für Ihre Praxis anpassen und anwenden.

Sie werden merken, dass Sie dieses Buch mehrmals lesen und Neues entdecken
und lernen können. Betrachten Sie dieses Buch als eine praktische Informations-
quelle. Sie verrät noch mehr, wenn Sie Ihre bisherigen Erfahrungen reflektieren
und neuen Impulsen in der Praxis nachspüren. Ob Sie kompletter Neuling sind
oder Erfahrung mit Kreativität und Innovation im Berufsalltag haben – dieses
Buch wird Ihnen weiterhelfen.

Nichts ist so wichtig wie Vielfältigkeit, wenn es um kreative Mitarbeiter in einem Betrieb geht. Unabhängig von Geschlecht, kulturellem Hintergrund, politi-
scher oder sonstiger Anschauung und nationaler oder sozialer Herkunft möchte
dieses Buch alle Interessenten ansprechen. Nur aus Gründen der leichteren Lesbar-
keit wurde in sämtlichen Fällen die einfachste Form der Anrede gewählt und auf
eine Unterscheidung von Leserinnen und Lesern verzichtet. Bitte fühlen Sie sich
durch diese Anrede angesprochen – und bauen Sie einen Bezug zum Inhalt dieses
Buches auf, der es Ihnen ermöglicht zu lernen und von den praktischen Hinweisen
Gebrauch zu machen.

1.3 Wie liest man dieses Buch?

Dieses Buch ist modular aufgebaut. Im Kern dieses Buches stehen sechs Handlungsfelder betrieblicher Innovation (s. Kap. 3). Falls Sie glauben, ein Handlungsfeld für sich ausschließen zu können, oder falls Sie nicht neugierig sind, was Sie im
entsprechenden Kapitel lernen werden, dann können Sie das betreffende Kapitel
auslassen. Ein ausgelassenes Kapitel können Sie ohne Probleme nachholen.

Das erste Handlungsfeld lässt Sie die Innovationszwänge verstehen, denen Sie
mit Ihren Mitarbeitern gegenüberstehen. Anschließend erfahren Sie im zweiten bis
fünften Handlungsfeld, wie Sie sowohl Methoden als auch Verhaltensweisen und
Denkwerkzeuge nutzen können, um Ihren Betrieb in Sachen Kreativität und Innovation voranzubringen.

Das zweite Handlungsfeld hilft Ihnen, die mit Ihrem Innovationsvorhaben verknüpften Personen und Personengruppen zu identifizieren und sie für eine Innovationsaufgabe in einem Projektteam zusammenzubringen. Das dritte Handlungsfeld
leitet Sie an, Ihr Innovationsteam bei der Zusammenarbeit mit der geeigneten Einstellung und einem unterstützenden Verhalten zu bestärken. Im vierten Handlungsfeld erfahren Sie, wie die Fähigkeiten, Fertigkeiten und Kenntnisse Ihrer Mitarbeiter in Sachen Kreativität und Innovation ausgebaut werden können. Das fünfte

Handlungsfeld unterstützt Sie dabei, falsche Anreizsysteme zu vermeiden und die Innovationsbereitschaft Ihrer Mitarbeiter zu wecken.

Das sechste Handlungsfeld betrifft das Machen. Während die vorherigen Kapitel sich mit dem Etablieren von Innovationspotenzialen beschäftigen, hilft Ihnen dieses Kapitel, die gewonnenen Potenziale in einem Innovationsvorhaben umzusetzen. Es zeigt, wie Sie das Gelernte in wissenschaftlich fundierten und erprobten Innovationsprozessen nutzbar machen können, um durch eigene Innovationsprojekte nützlichen und nachhaltigen Wandel herbeizuführen.

Sie können dieses Buch abhängig von Ihren Vorkenntnissen, Ihren Erfahrungen zum Thema und Ihrem aktuellen Informationsbedarf unterschiedlich lesen. Sehen Sie sich zunächst das Inhaltsverzeichnis an, und blättern Sie die verschiedenen Abschnitte durch, damit Sie ein Gefühl für die in diesem Buch angesprochenen Themen bekommen.

Wenn Sie ein Neuling im Bereich von Innovationsprojekten sind und Innovation und Kreativität skeptisch oder mit Halbwissen gegenüberstehen, sollten Sie kapitelweise vorgehen. Machen Sie sich mithilfe des nächsten Kapitels mit der Materie vertraut. Es erörtert, was Innovation ist, warum sie wichtig ist, wie Kreativität damit zusammenhängt und was Sie sonst noch auf dem Weg zu mehr Kreativität und Innovation nicht missen möchten.

▶   **Wichtig!** Die Förderung von Innovationspotenzialen im Betrieb ist nur der Anfang. Potenziale müssen umgesetzt werden. Dazu kommt es, wenn Sie und Ihre Mitarbeiter sich zu einem Innovationsvorhaben in einem systematischen Prozess einbringen und auf geeignete Denkwerkzeuge zurückgreifen können.

Auf jeden Fall sollten Sie damit rechnen, jedes Kapitel mehrmals zu lesen. Veränderungen im beruflichen Alltag erfordern das Lernen von Vorgehensweisen, auf die Sie zuvor verzichten konnten. Wenn Sie nun bereit sind, Innovationspotenziale aufzubauen und mit Ihren Innovationsvorhaben Neues und Nützliches zu entwickeln, kann es losgehen. Viel Freude und viel Erfolg!

Überblick: Wovon in diesem Buch die Rede ist
In diesem Buch tauchen Arbeitsbegriffe auf, die auf den ersten Blick identisch wirken mögen. Wovon in diesem Buch die Rede ist, zeigt Ihnen dieser Überblick:
- *Maßnahme*. Eine Maßnahme ist eine Handlung, die etwas Bestimmtes bewirken soll, was sich aber in Abgrenzung zu einer Methode nicht in jedem Fall erfüllt.

- *Methode.* Eine Methode ist eine Abfolge von Regeln, die auf ein ähnlich gelagertes Problem angewendet wird. Erkenntnisse oder praktische Ergebnisse sollen erlangt werden. Ein einmal entwickeltes oder etabliertes Verfahren kann wieder eingesetzt werden, zur Komplexitätsreduktion beitragen und eine Lösung wahrscheinlicher machen. Eine Methode stellt einen Lösungsweg dar, durch dessen fehlerfreie Anwendung eine qualitativ richtige Lösung garantiert wird.
- *Denkwerkzeug.* Ein Werkzeug ist problemunabhängig. Denkwerkzeuge lassen sich als Vorgehensweisen verstehen, um geistige Tätigkeiten nach vorgegebenen Regeln und Strukturen – sogenannten Denkprinzipien – in bestimmte Richtungen zu lenken und die Aufmerksamkeit auf bestimmte Aspekte zu richten. Wie normale Werkzeuge werden diese für bestimmte Anwendungsbereiche eingesetzt.
- *Kreativitätstechnik.* Eine Technik beschreibt ein Verfahren, um Erkenntnisse der Naturwissenschaft für den Menschen nutzbar zu machen. Der Einsatz einer Kreativitätstechnik soll aufbauend auf psychologischen Erkenntnissen zu menschlicher Kreativität die Anzahl an Ideen erhöhen sowie die Wahrscheinlichkeit stärken, ein neues und nützliches Konzept oder eine Lösung für eine innovative Problemstellung zu finden.
- *Prozess.* Ein Prozess ist ein sich zeitlich erstreckender Vorgang. Während dieses Vorgangs entsteht ein Konzept oder eine Lösung schrittweise. Ein Prozess kann mehrere Methoden, Denkwerkzeuge und Techniken umfassen, die systematisch und zeitlich aufeinanderfolgend angeordnet sind. Er ist eine strukturgebende, abzuarbeitende Routine.
- *Programm.* Ein Programm ist eine Arbeit, die geleistet wird, um sich einem langfristigen Ziel zu nähern, ohne es vollständig erreichen zu können. Dieses Buch ist als Programm zur Förderung Ihrer Kreativität und der Kreativität Ihrer Mitarbeiter gedacht.
- *Denkprinzip.* Ein Denkprinzip ist eine feste Regel, die man zu einem bestimmten Zeitpunkt zur Richtschnur des Denkens und Handelns macht. Sie bildet eine Grundlage, auf der das Übrige aufbaut.

Sie müssen sich diese Begriffe weder merken noch diese auf Anhieb unterscheiden können. Diese Referenz gibt es nur, damit Sie sich im Zweifelsfall Klarheit verschaffen können.

Fazit für die Praxis

Beginnen Sie mit sich selbst. Als Führungskraft sind Sie in der Lage, unter Ihren Mitarbeitern ein Klima der Kreativität anzuregen und langfristig eine starke Innovationskultur aufzubauen.

Reflektieren Sie Ihr Handeln und Ihre bisherigen Erfahrungen mit Kreativität und Innovation im Betrieb. Stellen Sie dieser Reflexion Ihre neuen Erkenntnisse gegenüber. Wenn Sie neue Ansätze und Möglichkeiten entdecken, passen Sie diese der Situation Ihres Betriebes an. Probieren Sie Ihr neues Handeln für einen längeren Zeitraum aus.

Der erste Schritt besteht darin, ein Verständnis für Kreativität und Innovation aufzubauen, um Innovationsblockaden zu erkennen und zu beseitigen. Durch den sicheren Umgang mit diesen Grundlagen können Sie Erfolgsfaktoren der Innovation fördern und Ihre Mitarbeiter als kreative Akteure anspornen.

Literatur

Anderson, N., de Dreu, C. K., & Nijstad, B. A. (2004). The routinization of innovation research: a constructively critical review of the state-of-the-science. *Journal of Organizational Behavior, 25,* 147–173.

Andrew, J. P., Manget, J., Michael, D. C., Taylor, A., & Zablit, H. (2010). *Innovation 2010. A return to prominence–and the emergence of a new world order. BCG Report.* Boston: The Boston Consultig Group.

Arnold, R. (1997). *Betriebspädagogik.* Berlin: Erich Schmidt.

Feinstein, I. (2010). *Innovationsklima. Eine mehrebenenanalytische Untersuchung der Antezedenzien und Konsequenzen.* Taunusstein: Driesen.

Pflüger, N. (2008). *Einführung in die Betriebspädagogik. Geschichte, Grundbegriffe, Abgrenzungen, Aufgabenfelder und Ziele.* Norderstedt: Books on Demand.

Innovation und Kreativität

2

Zusammenfassung

Zu Beginn dieses Kapitels erfahren Sie, warum es wichtig ist, dass Sie sich mit Innovationspotenzialen in Ihrem Betrieb beschäftigen. Sie entfalten ein Verständnis von Kreativität und Innovation, das es Ihnen ermöglicht, Erfolgsfaktoren der Innovation glaubwürdig zu fördern und Ihre Mitarbeiter als kreative Akteure zu mobilisieren. Des Weiteren erwerben Sie Grundkenntnisse im Innovationsmanagement. Zunächst erfahren Sie, was gemeint ist, wenn in diesem Buch von Kreativität, Ideen, Invention und Innovation die Rede ist. Sie lernen außerdem die Merkmale von Innovation kennen und erhalten einen Überblick über die verschiedenen Innovationsarten. Darüber hinaus lernen Sie den Ablauf von kreativen Prozessen nachzuvollziehen. Abschließend zeigt Ihnen dieses Kapitel erste Möglichkeiten auf, wie Sie das Gelernte am besten in der Praxis umsetzen.

2.1 Begriffsbestimmung

Bei der Klärung, was sich hinter den Begriffen Kreativität und Innovation verbirgt, beschränkt sich dieses Buch auf die wesentlichen Elemente, die zum Verständnis des Inhalts sinnvoll beitragen. Für einen umfassenden Einblick in die wissenschaftlichen Aufarbeitungen der Konzepte nutzen Sie bitte die Literaturhinweise, die am Ende des Kapitels angefügt sind.

© Springer-Verlag Berlin Heidelberg 2015
L. Rütten, *Kreative Mitarbeiter,* DOI 10.1007/978-3-662-46052-8_2

▶ **Wichtig!** Es existieren zahlreiche Definitionen zu den Begriffen Kreativität und Innovation. Sorgen Sie dafür, dass in Ihrem Betrieb eine klare und einheitliche Definition der Begriffe besteht.

Ein explizites Verständnis von Kreativität und Innovation ist die Grundlage, um Innovationsblockaden im Betrieb zu erkennen und zu beseitigen. Nur so können Sie Erfolgsfaktoren der Innovation glaubhaft fördern und Ihre Mitarbeiter zu mehr Kreativität aktivieren. An dieser Stelle werden die Begriffe Idee, Kreativität, Invention und Innovation und deren Zusammenhänge kurz skizziert.

Ausgangspunkt einer jeden Innovation ist der Mensch. Weicht seine eigene Vorstellung von der Wirklichkeit ab, kann er eine Fähigkeit benutzen, die ihn einzigartig macht: seine *Kreativität*. Sie erlaubt es, von einem Soll-Zustand zu einem Ist-Zustand zu gelangen.

▶ **Kreativität** „Kreativität ist die Fähigkeit einer Person, neue Ideen und Produkte hervorzubringen, die den Umständen, unter denen sie geschaffen werden, angemessen sind" (Gerrig und Zimbardo 2008).

Folgt man der Definition der Psychologen Richard J. Gerrig und Philip G. Zimbardo (2008), die sie in Anlehnung an ihre beiden Kollegen Robert J. Sternberg und Todd I. Lubart (1999) aufgestellt haben, ist Kreativität ein Denkprozess. Das Rohmaterial sind Gedanken, die durch Kreativität zu Ideen verarbeitet werden. Es lohnt sich, den Begriff *Idee* zu konkretisieren.

▶ **Idee** „Unter einer Idee ist ein strukturiert gefasster Gedanke zu verstehen, der entweder spontan oder unter Zuhilfenahme von Kreativität entsteht. Eine Idee muss nicht formalisiert sein und entwickelt sich in ihrem Bestehen kontinuierlich fort" (Vahs und Brem 2013).

Erst durch die Weiterentwicklung von Ideen können Lösungen oder Neuerungen entstehen. Diese bezeichnet man zunächst als *Invention*.

▶ **Invention** „Die Invention oder Erfindung ist eine notwendige Vorstufe der Innovation. Sie beschränkt sich auf den Prozess der Ideengenerierung und die erstmalige Umsetzung einer neuen Idee. Die Invention kann sowohl geplant (wenn sie bestimmte vorher festgelegte Ziele erfüllt) als auch ungeplant (zufällig) erfolgen" (Vahs und Brem 2013).

Die praktische Anwendung der Ideen, um die gemeinsamen Ziele von Mitarbeitern und Betrieb zu erreichen, wird als *Innovation* bezeichnet. Es geht also um eine ökonomische Wissensverwertung und um wirtschaftlichen Erfolg. Im engeren Sinn umfasst Innovation die Einführung, im weiteren Sinn die Bewährung einer neuen Leistung am Markt oder eines Prozesses im Betrieb (Vahs und Brem 2013).

▶ **Innovation** Innovation ist „das Ergebnis eines kreativen Prozesses von verschiedenen Akteuren aus einer oder mehreren Organisationen, der zu einer qualitativ neuartigen Zweck/Mittel-Kombination führt, die von einer Organisation erstmalig auf dem Markt oder im Betrieb (Produktion oder Administration) eingeführt wird" (Gemünden und Salomo 2004).

Wie die Wirtschaftswissenschaftler Jürgen Hauschildt und Sören Salomo (2007) mit der Unterscheidung mehrerer Bedeutungsdimensionen aufzeigen, ist der Begriff Innovation darüber hinaus umstritten:

* *Inhaltliche Dimension.* Was bedeutet neu?
* *Intensitätsdimension.* Wie neu ist etwas?
* *Subjektive Dimension.* Für wen ist etwas neu?
* *Prozessuale Dimension.* Wo beginnt und wo endet eine Neuerung?
* *Normative Dimension.* Geht die Neuheit einher mit (wirtschaftlichem) Erfolg?

2.2 Vier Merkmale der Innovation

Die Innovationsforscher Dietmar Vahs und Alexander Brem (2013) erkennen vier Merkmale der Innovation: Neuheit, Unsicherheit, Komplexität und Konfliktgehalt. Als Ergebnis eines Prozesses lässt sich Innovation anhand dieser Merkmale näher beschreiben. Die Auswirkungen der Merkmale können Ihren Umgang mit Innovation und Kreativität – gewollt oder ungewollt – stark beeinflussen.

* *Neuheit.* Der Grad an Neuheit ist das zentrale Kriterium einer Innovation. Eine Idee, Option oder Lösung ist neu, wenn sie einen Nutzen erzielt „und über den bisherigen Erkenntnis- und Erfahrungsstand hinausgeht" (Vahs und Brem 2013).
* *Unsicherheit.* Mit der Neuheit geht Unsicherheit einher. Zu Beginn eines Innovationsprozesses lässt sich das Ergebnis nicht vorhersagen, und der Zeit- und Kostenaufwand lässt sich durch Erfahrung und Prognose nur schwer abschätzen. Unklar bleibt oft, ob eine Innovation bei ihrer Umsetzung und Einführung ein Erfolg wird. Man braucht für die mit Innovationsvorhaben einhergehenden Entscheidungen eine Grundlage, aber Informationen verursachen angesichts der vielen Alternativen hohe Kosten. Man bekommt Probleme mit der Bewer-

tung der Informationen, die jedoch durch geeignete Bewertungstechniken reduziert werden können.

- *Komplexität.* Am Anfang eines Innovationsprozesses steht ein unklares Problem. Der zeitliche Verlauf des Problemlöseprozesses ist ebenfalls ungewiss. Darüber hinaus ist Innovation eine Querschnittsfunktion. Innovationsvorhaben durchdringen Unternehmen in sämtlichen Bereichen und hinsichtlich jeglicher Aktivität, da viele Zusammenhänge und Verknüpfungen bestehen. Diese Zusammenhänge, Verknüpfungen und Sachverhalte bedingen sich oft wechselseitig und verändern sich teilweise zufällig oder unvorhergesehen – auch inmitten eines Innovationsprojektes.
- *Konfliktgehalt.* Unsicherheit und Komplexität tragen dazu bei, dass Innovationsvorhaben konfliktbehaftet sein können. Beispiele hierfür sind innere (individuelle) Konflikte im Umgang mit einer Innovation, soziale Konflikte, Konflikte zu den Unternehmensstandards, Konflikte zum bereits vorhandenen Produkt, Konflikte zur Unternehmensphilosophie, Konflikte zum Unternehmensimage, Konflikte zur öffentlichen Meinung oder Konflikte zur geltenden Rechtslage.

Während Innovationsprojekten treten die Merkmale an unterschiedlichen – zuweilen unerwarteten – Stellen zutage. Durch diese Merkmale und die zu erwartenden Auswirkungen scheinen Innovation und Kreativität für manche Betriebe im Vorfeld als unerreichbar.

Durch den gezielten Einsatz von Denkwerkzeugen und die Orientierung an Prozessmodellen der Innovation kann man den Merkmalen begegnen und mit ihnen konstruktiv umgehen. Dies bedeutet: Sie und Ihre Mitarbeiter müssen im Vorfeld weder Neuheit und Unsicherheit noch Komplexität oder mögliche Konflikte scheuen.

▶ **Wichtig!** Innovation ist mit den Merkmalen Neuheit, Unsicherheit, Komplexität und Konfliktgehalt verbunden. Diese Merkmale lassen Innovation für Betriebe zu einem unwegsamen Terrain werden, das lieber vermieden wird. Durch geeignete Denkwerkzeuge und die Orientierung an Prozessmodellen kann man diesen Merkmalen konstruktiv begegnen.

2.3 Vier Differenzierungskriterien der Innovation

In der wissenschaftlichen Betrachtung von Innovation hat sich neben der Definition über bestimmte Eigenschaften und der Unterscheidung von Merkmalen die Unterscheidung von Innovationsarten etabliert. Vahs und Brem (2013) empfehlen ausgehend von vier Kernfragen vier Differenzierungskriterien der Innovation:

Gegenstandsbereich: Worauf bezieht sich die Innovation?

- *Produktinnovationen.* Produkte sind im weiteren Sinne die von einem Unternehmen angebotenen materiellen (Sachgüter) und immateriellen Leistungen (Dienstleistungen), die auf spezifische Weise Kundenbedürfnisse (Kundennutzen) befriedigen. Durch die Einführung von Produktinnovationen auf den Markt wird von Unternehmen das Ziel verfolgt, die eigene Wettbewerbsposition zu verteidigen oder auszubauen (Herstellernutzen).
  Beispiel: Die Einführung des Kurznachrichtendienstes *Short Message Service (SMS)* erweiterte den Kundennutzen eines Mobiltelefons vom Telefongespräch auf die Kurznachricht. Bald kamen Farbbildschirme, integrierte Kameras und die Nutzbarmachung des Internets hinzu (Weber 2009).
- *Prozess-/Verfahrensinnovationen beziehungsweise organisatorische Innovationen.* Prozess- und Verfahrensinnovationen sind Veränderungen, welche die Leistungserstellung effizienter oder effektiver machen. Produktinnovationen gehen oft mit Prozessinnovationen einher und ziehen teilweise organisatorische Innovationen mit sich. Organisatorische Innovationen bezeichnen eine Veränderung der Aufbau- und Ablauforganisation, also der Unternehmensstruktur.
  Beispiel: 1874 entwickelte J. E. Pindecker einen dampfbetriebenen Rasierapparat mit 30 Klingen. Mit dessen Hilfe sollten Barbiere überflüssig werden. Durch die Verbesserung des Prozesses hätten sechs Männer mit an den Barbierstuhl fixiertem Kopf binnen fünf Sekunden rasiert werden können. Die Maschine wurde nicht gebaut und vermutlich zahlreichen Männern das Leben gerettet (Spiegel Online GmbH 2011).
- *Sozialinnovationen.* Sozialinnovationen haben den Menschen im Unternehmen zum Gegenstand. Ziele von Sozialinnovationen können beispielsweise die Erhöhung der Arbeitszufriedenheit, Verbesserung der Motivation und eine Reduktion der Krankenstände sein.
  Beispiel: *Google Zürich* besticht durch bunte Sitzbälle und ein rundes Sofa im Empfangsbereich. In die Cafeteria gelangt man unter anderem über eine spiralförmige Metallrutsche. Als Besprechungsräume dienen ausrangierte Seilbahnkabinen. Die Einrichtungsplanung erfolgte durch die Google-Mitarbeiter selbst (Rühle 2010).
- *Geschäftsmodellinnovationen.* Eine Geschäftsmodellinnovation ist die bewusste Optimierung oder Neuentwicklung eines Geschäftsmodells, um Kundenbedürfnisse auf eine neue und bessere Weise zu befriedigen. Es geht um einen Wettbewerbsvorteil durch Differenzierung gegenüber den Konkurrenten. Sie führen in der Regel tief greifende und strategische Neuerungen für die Struktur eines Unternehmens mit sich.

Beispiel: Dadurch, dass er Transport und Zusammenbau der Möbel zusammen mit Sechskantschlüssel und Aufbauanleitung in die Hände seiner Kunden übergab, konnte der Schwede Ingvar Kamprad vom Hof Elmtaryd in der Nähe des Dorfes Agunnaryd mit seinem neuen Geschäftsmodell den Grundstein für einen multinationalen Konzern mit weit über 100.000 Mitarbeitern legen: *IKEA* (Jungbluth 2008).

Auslöser: Wodurch wird die Innovation veranlasst?

- *Market Pull-Innovation.* Pull-Innovationen gehen vom Markt aus. Sie werden durch Kundenbedürfnisse initiiert. Ihre Erfolgswahrscheinlichkeit am Markt ist hoch.
  Beispiel: Kunden trugen an *Sony* den Wunsch heran, die eigene Musik an jedem Ort hören zu können. Mit dem *TPS-L2* entwickelte das japanische Elektronikunternehmen 1979 einen tragbaren Kassettenspieler, den *Walkman* (Vahs und Brem 2013).
- *Technology Push-Innovation.* Durch Forschung entstehen Innovationen, für die passende Anwendungsgebiete gefunden werden müssen. Erfolgswahrscheinlichkeiten für den neuen Markt lassen sich schwer einschätzen. Oft sind Push-Innovationen Basisinnovationen.
  Beispiel: Computertomographie, Mobiltelefon, Glasfaserleitungen und Süßstoff sind alltagsnahe und viel zitierte Beispiele für eine Push-Innovation (Lynn et al. 1996).

Neuheitsgrad: Wie neu ist die Innovation?

- *Basisinnovationen.* Die Entdeckung unbekannter Zusammenhänge kann grundlegend für viele Erfindungen sein und eine Folge weiterer Innovationen mit sich bringen.
  Beispiel: Das Internet ist eine Basisinnovation. Es eröffnet weitere Einsatzbereiche und Anwendungsmöglichkeiten. Die Auswirkungen auf das Wirtschafts- und Gesellschaftsleben können als noch nicht abgeschlossen betrachtet werden.
- *Verbesserungs-/Anpassungs-/Folgeinnovationen.* Unter Folgeinnovationen wird die Fortentwicklung und Verbesserung von Produkten und Dienstleistungen verstanden. Die meisten Innovationen sind Weiterentwicklungen von bereits vorhandenen Erkenntnissen oder bereits eingeführten Produkten und Prozessen.
  Beispiel: Die Fortentwicklung von der Segelschifffahrt mithilfe der Basisinnovation Dampfmaschine zur von der Windenergie unabhängigen maschinenbetriebenen Schifffahrt (Geels 2002).

Veränderungsumfang: Welche Veränderungen werden durch die Innovation erforderlich?

• *Inkrementelle Innovationen.* Bei diesen handelt es sich um die Fort- oder Weiterentwicklung vorhandener Innovationen. Sie wirken generisch beziehungsweise evolutionär. Sie geschehen in bereits bekannten Anwendungsgebieten. Sie lassen sich risikolos durchführen, sind einfach zu steuern und verbessern die Kosten-Nutzen-Relation.
   Beispiel: Die Weiterentwicklung der einfachen Lenkung von Fahrzeugen zur Servolenkung kann als inkrementelle Innovation gelten.
• *Radikale Innovationen.* Diese wirken revolutionär. Sie sind völlig neu und bringen oft einschneidende und komplexe Veränderungen mit sich. Entsprechend sind sie risikobehafteter.
   Beispiel: Die Einführung von Passagierflugzeugen wurde seinerzeit als radikale Innovation im Transportbereich aufgefasst.

▶ **Wichtig!** Innovation ist nicht gleich Innovation. Mithilfe der Differenzierungskriterien Gegenstandsbereich, Auslöser, Neuheitsgrad und Veränderungsumfang lassen sich Innovationsarten beschreiben. Eine solche Feinunterscheidung macht bewusst, wie vielseitig Innovation ist – und wie vielseitig an einem Innovationsvorhaben mitgewirkt werden kann.

2.4 Der kreative Prozess

Allen Innovationsarten ist gemein, dass sie in mehr oder weniger formalisierten Prozessen entstehen. Erweitert um Aspekte der Umsetzung, Einführung und Etablierung werden solche Prozesse als Innovationsprozesse bezeichnet. Diese werden im besten Fall bewusst gestaltet und professionell moderiert und gemanagt – vor allem bei Schwierigkeiten oder besonders wichtigen Fällen mithilfe eines Facilitators.

▶ **Facilitator** Ein Facilitator ist eine externe Person, die ein Team durch Dialog und das Streben nach Klarheit beim Erreichen seiner Ziele mit einem geeigneten Prozess und einer geeigneten Struktur unterstützt. Er ermöglicht den Teammitgliedern eine aktive Beteiligung und die Berücksichtigung verschiedener Perspektiven. Er gewährleistet eine geeignete Teamstruktur und einen zweckmäßigen methodischen und zeitlichen Prozess. Dies bietet einen sicheren Rahmen für die Teilnehmer, sodass diese ihre Fähigkeiten, Fertigkeiten und Kenntnisse einbringen, Ideen entwickeln, Lösungen erarbeiten und Entscheidungen treffen können.

Der Facilitator ist inhaltlich neutral. Er bezieht nicht Partei. Er nimmt sowohl auf der Sach- als auch auf der Beziehungsebene eine positive und empathische Grundhaltung ein. Er hat hohe methodische Kompetenz in Bezug auf Veränderungsprozesse, Teamprozesse, Konflikte und verfügt über vielseitige Fähigkeiten, Fertigkeiten und Kenntnisse für Problemlöse- und Entscheidungsvorgänge (in Anlehnung an: Schwarz 2002).

Im besten Fall orientieren sich Facilitatoren und innerbetriebliche Prozessmoderatoren an fundierten Modellen. Für Innovationsprozesse gibt es eine Vielzahl solcher Modelle. Das erste wissenschaftliche Modell dieser Art formulierte der Sozialpsychologe Graham Wallas. Es gilt als das Ausgangsmodell für einen Großteil der später hinzugekommenen Modelle. Wallas führte dazu 1926 die Beobachtungen des Physiologen Hermann von Helmholtz (1896) und des Mathematikers Henri Poincaré (1908) zusammen. Sein Modell umfasst vier Stufen im kreativen Prozess:

1. *Preparation*. In der Vorbereitungsphase erfolgt der bewusste Versuch, sich eines Problems oder einer Aufgabe anzunehmen und – ohne Erfolg – zu einer Lösung zu gelangen. Diese Stufe kann die Umformulierung oder Neuformulierung des Problems umfassen. Das Problem wird internalisiert.
2. *Incubation*. In der Inkubationsphase entsteht durch unterbewusste mentale Mechanismen zu dem Problem eine nützliche Lösung.
3. *Illumination*. In der Illuminationsphase dringt diese Lösung ins Bewusstsein und äußert sich plötzlich in einem Heureka-Moment oder Aha-Erlebnis.
4. *Verification*. In der Verifikationsphase wird die ins Bewusstsein gedrungene Erkenntnis überprüft und mit weiterer Anstrengung artikuliert und umgesetzt.

Abbildung 2.1 zeigt die Phasen im kreativen Prozess in Anlehnung an Wallas' Überlegungen. Wallas' Phasenmodell haben Wissenschaftler seit der Beschreibung aus dem Jahr 1926 empirisch überprüft und in der Folge weiterentwickelt. Auf plötzli-

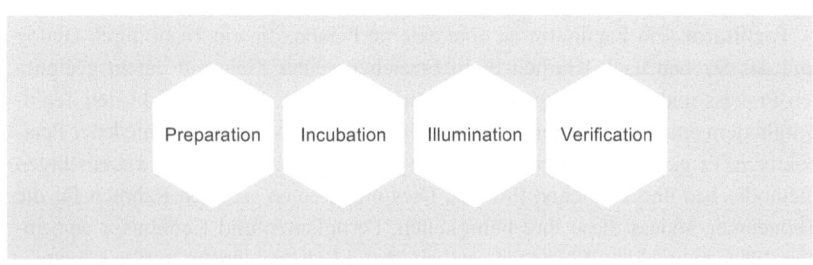

Abb. 2.1 Kreativer Prozess nach Wallas (1926)

che Einfälle und den Eifer des Unterbewusstseins müssen Sie und Ihre Mitarbeiter also nicht warten. Nutzen Sie die auf Wallas' Modell aufbauenden, systematischen Prozessmodelle der Innovation (s. Kap. 9.2). Diese sind für die betriebliche Praxis besonders geeignet. Im wissenschaftlichen Mainstream sticht darüber hinaus das fünfphasige Ablaufschema der Psychologin Teresa Amabile (1996) hervor:

1. *Problem or task presentation.* Ein Problem wird von Akteuren erkannt oder von außen an sie herangetragen und daraufhin von ihnen als Aufgabe angenommen.
2. *Preparation.* In dieser Vorbereitungsphase bauen die beteiligten Akteure jeweils ein problemrelevantes Informationsrepertoire auf oder reaktivieren gespeicherte oder gemerkte Informationen.
3. *Response generation.* Unter Rückgriff auf diese Informationen werden dann Lösungsmöglichkeiten entworfen.
4. *Response validation.* Nachfolgend wird aus den Lösungsmöglichkeiten ein Lösungsansatz ausgewählt. Dieser wird anschließend anhand von Fakten oder festgelegten Kriterien auf seine Umsetzbarkeit hin überprüft.
5. *Outcome.* Abschließend wird die Lösung umgesetzt. Erfolg oder Misserfolg stellen sich als Ergebnis ein. Oder es werden in Hinblick auf das Ziel Fortschritte errungen und die Phasen des kreativen Prozesses wiederholt, um Erfolg zu erlangen.

Amabiles Modell (1996) ist nicht linear, sondern in Form von sich rückbeziehenden Schleifen zu verstehen. Pausen oder Unterbrechungen zwischen den Phasen können zur Auflösung von kognitiven Blockaden und externen Zwängen beitragen und verblasste Motivation wiederherstellen. Diese Erklärung ist gegenüber Wallas' tiefenpsychologischer Beschreibung eine nachvollziehbare Begründung für plötzliche Einfälle.

▶   **Wichtig!** Innovation ist kein Zufall. Wer nicht nach Ideen sucht, dem stehen nicht plötzlich welche gegenüber. Vielmehr ist Innovation die Folge eines kreativen Prozesses, an dem eine oder mehrere Personen beteiligt sind. Dieser wird im besten Fall bewusst gestaltet und professionell moderiert und gemanagt.

2.5   Wie Sie das Gelernte in der Praxis umsetzen

Fazit für die Praxis

Sorgen Sie für Klarheit. Es existieren zahlreiche Definitionen zu den Begriffen Kreativität und Innovation. Führen Sie in Ihrem Betrieb eine klare und einheitli-

che Definition der Begriffe ein. Sie können auf die Definitionen aus diesem Kapitel zurückgreifen oder diese für Ihre Zwecke abwandeln oder vereinfachen.
Innovation ist nicht gleich Innovation. Mithilfe der Differenzierungskriterien Gegenstandsbereich, Auslöser, Neuheitsgrad und Veränderungsumfang
lassen sich Innovationsarten beschreiben. Eine solche Feinunterscheidung zu
verbreiten, zeigt Mitarbeitern und anderen Führungskräften auf, wie vielseitig
Innovation ist – und wie vielseitig an einem Innovationsvorhaben mitgewirkt
werden kann. Innovation ist die Folge eines kreativen Prozesses, an dem eine
oder mehrere Personen beteiligt sind. Im besten Fall wird dieser bewusst gestaltet und professionell moderiert. Vor allem bei Schwierigkeiten oder wichtigen
Bestrebungen sollten Sie einen professionellen Facilitator für Ihr Innovationsvorhaben hinzuzuziehen.

Der britische Premierminister Winston Churchill hat 1944 in einer Rede an der US-
amerikanischen Harvard University gesagt: „Die Reiche der Zukunft sind die Reiche des Geistes." In diesem Kapitel haben Sie den Grundstein für ein Reich der Innovation gelegt. Sie haben sich mit den Begrifflichkeiten Kreativität, Idee, Invention und Innovation vertraut gemacht. Sie haben die mit Innovation verbundenen
Merkmale (Neuheit, Unsicherheit, Komplexität, Konfliktgehalt) kennengelernt
und sich mit den unterschiedlichen Innovationsarten (differenziert entsprechend
ihres Gegenstandsbereiches, Auslösers, Neuheitsgrads und Veränderungsumfangs)
befasst. Außerdem haben Sie die Schritte eines kreativen Prozesses nachvollzogen.
    Dies ist die Grundlage, auf der Ihnen im Weiteren solche Denkwerkzeuge, Me-
thoden und Veränderungsmöglichkeiten mit auf den Weg gegeben werden, mit
denen Sie als Führungsperson bei Ihren Mitarbeitern Innovationskraft stärken und
mit ihnen Innovationsvorhaben umsetzen können. Probieren Sie folgende Aktivitäten aus, um die Konzepte und Erkenntnisse aus diesem Kapitel stärker zu durchdringen und anzuwenden:

Aktivitäten

- *Notieren Sie.* Wie definieren Sie Kreativität? Wann ist für Sie ein Unternehmen innovativ?
- *Überlegen Sie.* Auf welchen Konzepten oder theoretischen Erwägungen ba-
  sieren diese Definitionen? Welche Konsequenzen bringen diese Definitionen
  für Ihr alltägliches Handeln mit sich?
- *Erstellen Sie eine Mindmap (s. Kap. 9.3.2.2).* Welche Führungspersönlich-
  keiten hatten eine Vorbildfunktion für Sie? Welche Führungsqualitäten ste-
  chen bei diesen Personen hervor?

- *Recherchieren Sie.* Welche Führungsperson gibt es in Ihrer Branche, die Kreativität bei den Mitarbeitern anregen konnte und Innovation möglich machte? Kontrastieren Sie, wie eine Führungsperson denken, meinen und handeln würde, die Kreativität und Innovation sabotiert. Welche Konsequenzen hätte dieses Negativbild?

Folgende Literatur hilft Ihnen, die Inhalte dieses Kapitels zu vertiefen:

Weiterführende Literatur
Disselkamp, M. (2012). Innovationsmanagement. *Instrumente und Methoden zur Umsetzung im Unternehmen.* Wiesbaden: Springer Gabler.
Hauschildt, J., & Salomo, S. (2007). *Innovationsmanagement.* München: Vahlen.
Vahs, D., & Brem, A. (2013). *Innovationsmanagement. Von der Idee zur erfolgreichen Vermarktung.* Stuttgart: Schäffer-Poeschel.

Literatur

Amabile, T. M. (1996). *Creativity in context.* Oxford: Westview Press.
Geels, F. W. (2002). Technological transitions as evolutionary reconfiguration processes: a multi-level perspective and a case-study. *Research Policy, 31,* 1257–1274.
Gemünden, H. G., & Salomo, S. (2004). Innovationsmanagement. In G. Schreyögg, & A. von Werder (Hrsg.), *Unternehmensführung und Organisation* (S. 505–514). Stuttgart: Schäffer-Poeschel.
Gerrig, R. J., & Zimbardo, P. G. (2008). *Psychologie.* München: Pearson.
Von Helmholtz, H. (1896). Vorträge und Reden. Brunswick: Vieweg.
Jungbluth, R. (2008). *Die 11 Geheimnisse des IKEA-Erfolgs.* Köln: Bastei Lübbe.
Lynn, G. S., Morone, J. G., & Paulson, A. S. (1996). Marketing and discontinuous innovation: The probe and learn process. *California Management Review, 38*(3), 8–37.
Poincaré, H. (1908). *Science et méthode.* Paris: Flammarion.
Rühle, A. (2010). *„Seid nicht böse!".* Besuch bei Google. München: Süddeutsche Zeitung.
Schwarz, R. (2002). *The skilled facilitator. A comprehensive resource for consultants, facilitators, managers, trainers, and coaches.* San Francisco: Jossey-Bass.
Spiegel Online GmbH. (2011). Spiegel Online. Abgerufen am 15. August 2014 von Erfindung des Elektrorasierers: Eine glatte Eins! http://www.spiegel.de/fotostrecke/erfindung-des-elektrorasierers-fotostrecke-107008-11.html. Zugegriffen: 15. Aug. 2014.
Sternberg, R. J., & Lubart, T. I. (1999). The concept of creativity: Prospects and paradigms. In R. J. Sternberg (Hrsg.), *Handbook of creativity* (S. 3–15). Cambridge: Cambridge University Press.
Wallas, G. (1926). *The art of thought.* London: Watts & Co.
Weber, C. (2009). *Das Handy in Alltag und Spielfilm.* Hamburg: Academic Transfer.

Handlungsfelder und betriebliche Innovationspotenziale

3

Zusammenfassung

Dieses Kapitel verschafft Ihnen einen Überblick über mögliche Handlungsfelder für mehr Kreativität und Innovation in Ihrem Betrieb. Diese sechs Handlungsfelder sind mit den Begriffen Müssen, Sollen, Dürfen, Können, Wollen und Machen verbunden.

Das erste und das letzte Handlungsfeld ist mit dem betrieblichen Alltag verknüpft. Innovation sollte nicht losgelöst vom übrigen Betriebsgeschehen betrachtet werden. Es ist ein Unterschied, ob Ihr Betrieb innovativ ist oder ob er tatsächlich Innovationen hervorbringt.

Sie erfahren außerdem, worauf bei Innovationsvorhaben die meisten Probleme zurückzuführen sind und worin sich Innovationskultur und Innovationsklima unterscheiden.

3.1 Handlungsfelder betrieblicher Innovation

Der Organisationsforscher Karl E. Weick (1985) versteht innovatives Handeln von Mitarbeitern als Folge von ökologischen Veränderungen, also Veränderungen in der betrieblichen Umwelt. Neuerungen verlangen das Ausbrechen aus Routinen.

Der Kreativitätsforscher Helmut Schlicksupp (2004) geht davon aus, dass die Überlebensfähigkeit der meisten Unternehmen davon abhängt, ob die Unternehmen in der Lage sind,

© Springer-Verlag Berlin Heidelberg 2015
L. Rütten, *Kreative Mitarbeiter,* DOI 10.1007/978-3-662-46052-8_3

- ihre Produkte, Verfahren oder Leistungen wirtschaftlicher beziehungsweise kostengünstiger auszuüben;
- die Ergebnisqualitäten der Tätigkeiten anzuheben;
- weitere Anwendungsfelder für bisherige Tätigkeiten zu finden;
- die bisherigen Tätigkeiten anpassend zu verändern;
- neue Tätigkeiten hervorzubringen und zu vermarkten.

Erfolgreiche Unternehmen verfolgen Innovationsvorhaben, die in einem vorgegebenen Zeitraum mit verfügbaren Ressourcen bestimmte Lösungen oder Ergebnisse erreichen sollen. Das führt dazu, dass mehr Betriebe nach Mitarbeitern suchen, die in Sachen Kreativität und Innovation Höchstleistungen erzielen.

In der Literatur zur Organisationsentwicklung etablierte sich in Anlehnung an den Wirtschaftswissenschaftler Jeffrey Pfeffer (1982) sowie an die Organisationswissenschaftler W. Graham Astley und Andrew van de Ven (1983) eine Einteilung des Betriebes in vier Analyseebenen:

- *Mikroebene.* Betrachtung von Individuen als kleinsten Einheiten der Organisation
- *Mesoebene.* Betrachtung einer Abteilung, Arbeitsgruppe oder eines Teams als Untereinheiten der Organisation
- *Makroebene.* Betrachtung der Organisation als Gesamtheit
- *Metaebene.* Betrachtung der Gesamtorganisation in ihrer Umwelt

Abbildung 3.1 zeigt diese Systemebenen. Um Innovationsfähigkeit und Innovationsbereitschaft zu fördern, lässt sich auf sämtlichen innerbetrieblichen Systemebenen ansetzen: auf der Ebene der Gesamtorganisation, des Teams und des Individuums.

▶   **Wichtig!** Die Förderung von Innovationspotenzialen kann im Betrieb auf unterschiedlichen Ebenen ansetzen: in der Gesamtorganisation, im Team und bei Mitarbeitern als Individuen.

Im Zusammenhang mit innovativen Unternehmen tauchen oft, wie auch in diesem Buch, zwei Begriffe auf: *Innovationskultur* und *Innovationsklima.* Vielleicht sind diese für Sie ein erster Analyserahmen für innerbetriebliche Veränderungsmöglichkeiten:

▶ **Innovationskultur** Innovationskultur bezeichnet „die Gesamtheit aller Normen, Wertvorstellungen und Denkhaltungen, welche als kollektives Orientierungsmuster das Verhalten der Mitarbeitenden und des Unternehmens bestimmen" (Thommen 2008).

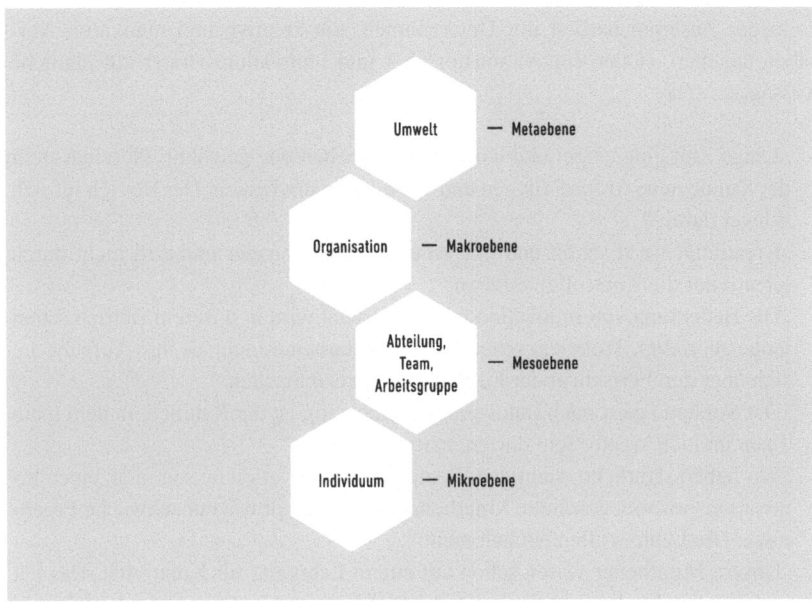

Abb. 3.1 Betriebliche Systemebenen nach Pfeffer (1982) sowie Astley und van de Ven (1983)

Innovationskultur ist der Teil der Unternehmenskultur, der sich auf das Innovationsgeschehen beschränkt. Innovationsklima unterscheidet sich von der Innovationskultur wesentlich:

▶ **Innovationsklima** Innovationsklima bezeichnet die Gesamtheit der geteilten und bewussten Wahrnehmung der betrieblichen und der persönlichen (qualifikatorischen und motivationalen) Möglichkeiten zur Entwicklung und Umsetzung neuer und nützlicher Ideen, Produkte oder Prozesse (in Anlehnung an: Feinstein 2010).

Die Folge des Innovationsklimas sind individuelle Verhaltensweisen, Gefühle und Einstellungen, die das betriebliche Miteinander prägen. Das Klima ist zeitlich weniger stabil als die Kultur und kann schneller verändert und beeinflusst werden. Es unterscheidet sich zwischen Abteilungen und Teams – im Gegensatz zur sich auf den gesamten Betrieb erstreckenden Kultur.

Der Wirtschaftswissenschaftler Hans Corsten (1989) hat die in der betriebswirtschaftlichen Literatur genannten Schwachstellen im betrieblichen Innovationsablauf in einer Metaanalyse zusammengeführt. Er schlussfolgerte, dass die Schwachstellen „auf die beiden folgenden Komponenten zurückgeführt werden können: Innovationsfähigkeit und Innovationsbereitschaft" (Corsten 1989).

In der Zusammenarbeit mit Unternehmen, die kreative und innovative Vorhaben angehen, stoßen Innovationsforscher und Innovationsberater auf ähnliche Aussagen:

- „Lange Zeit ging es gut und wir konnten arbeiten wie gewohnt. Plötzlich stellt der Kunde neue Anforderungen und wir müssen umdenken. Der Betrieb tut sich schwer damit."
- „Kreativität ist ja schön und gut. Aber ich bin Manager und will nicht durch Kreativität die Kontrolle verlieren."
- „Die Bedeutung von Innovation und Kreativität wird in unserem Betrieb schon lange gepredigt. Trotzdem sehen es viele Mitarbeiter nicht als ihre Aufgabe an, sich über den Fortschritt der Firma Gedanken zu machen."
- „Der Vorstand giert nach Innovation. Gleichzeitig ist der Rahmen, in dem mein Team und ich kreativ sein dürfen, extrem begrenzt."
- „Wir haben sämtliche wichtigen Elemente für Innovation beisammen: einen Innovationsprozess, geschulte Mitarbeiter. Trotzdem gibt es nur schwache Ergebnisse. Die Leute wollen einfach nicht."
- „Unsere Mitarbeiter waren schon auf einem Lehrgang für Kreativität. Das hat nichts gebracht, das funktioniert in der Praxis nicht. Es sah aus wie ,basteln und bunt anmalen'."

Denkt man die oben genannten Aussagen andersherum, merkt man, dass sich für den Erfolg zu Innovationen ein Müssen, ein Sollen, ein Dürfen, ein Können, ein Wollen und ein Machen gesellen müssen – Kategorien, die sich wissenschaftlich für Innovationsvorhaben gut fassen lassen (Rütten 2013):

- *Müssen.* Betriebe sind einem Innovationsdruck ausgesetzt. Es herrscht ein Zwang zur Innovation. Nur durch Innovation vermögen sie es, sich Veränderungen anzupassen. Für Fortschritt – zur aktiven Mitgestaltung des Umfeldes, innerhalb dessen ein Betrieb agiert – braucht es Innovation.
- *Dürfen.* Betriebe eröffnen Innovationsfreiräume. Sie erlauben ihren Mitarbeitern, an den Innovationsvorhaben mitzuwirken. Die Mitarbeiter sind die zentralen Akteure im Innovationsprozess.
- *Sollen.* Betriebe brauchen eine Innovationsstruktur. Innovationsvorhaben dürfen auf keinen Fall aus dem Ruder laufen. Sie brauchen Ordnung. Man kann einen innovationsförderlichen Rahmen setzen und Innovationsvorhaben organisieren.
- *Können.* Betriebe bauen die Innovationsfähigkeiten ihrer Mitglieder aus. Ihre Fähigkeiten und Kenntnisse mit Bezug zur Kreativität gilt es zu fördern. Der Betrieb qualifiziert die Mitarbeiter für Kreativität und Innovation. Geschieht dies nicht, bleiben Strukturen und Freiräume ungenutzt.

- *Wollen.* Betriebe regen die Innovationsbereitschaft an. Sie unterstützen den Willen ihrer Mitarbeiter zu mehr Kreativität und Innovation und machen Schluss mit Demotivation und falschen Anreizen.
- *Machen.* Betriebe nutzen Innovationsprozesse. Sie setzen die Kreativität ihrer Mitarbeiter gezielt ein und lassen Innovation geschehen.

Abbildung 3.2 gibt einen Überblick über die **Handlungsfelder systemischen Innovationsmanagements**, wie sie im Vorangegangenen dargestellt wurden und in diesem Buch weiterverfolgt werden. Die Handlungsfelder Müssen und Machen sind unmittelbar mit der betrieblichen Praxis verknüpft. Ansatzpunkte für das Sollen und das Dürfen liefern die Makro- und Mesoebene, für das Können und das Wollen die Meso- und Mikroebene. Ausgangspunkt eines jeden Innovationsvorhabens ist das **Müssen** als Grund für Veränderung und Wandel.

Innovationsfähigkeit und Innovationsbereitschaft stehen auf Ebene des Individuums stellvertretend für das **Können** und **Wollen** als Determinanten menschlichen Verhaltens (Rütten 2013). Die Wirtschaftswissenschaftler Norbert Thom und Michèle Etienne (2000) stellen fest: „Die erfolgreiche Bewältigung von Innovationsaufgaben setzt das Vorhandensein beider Komponenten bei den Mitarbeitern voraus, wobei das Können und das Wollen nicht als voneinander unabhängig zu verstehen sind, sondern vielmehr als zwei sich gegenseitig beeinflussende und stimulierende Vorgänge."

Innovationsfähigkeit und Innovationsbereitschaft kommen nur sinnvoll zum Tragen, wenn auf der Ebene von Team beziehungsweise Gesamtorganisation geeignete Innovationsstrukturen entwickelt und Innovationsfreiräume etabliert werden. Diese bedingen als das **Sollen** und das **Dürfen** das Handeln der Mitarbeiter (Rütten 2013).

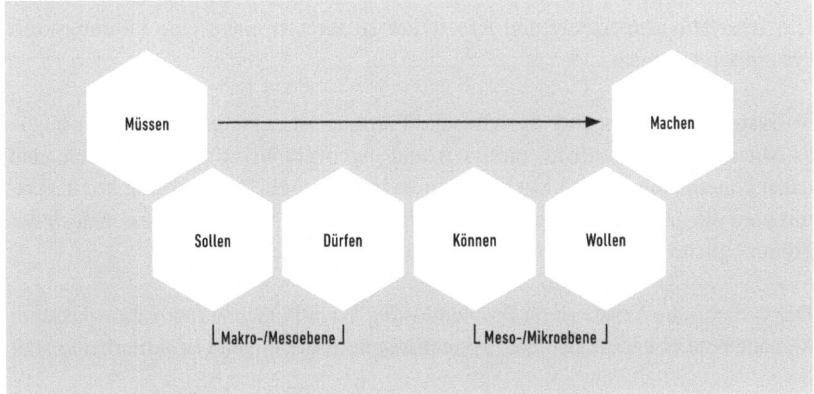

Abb. 3.2 Handlungsfelder systemischen Innovationsmanagements

Diese Potenziale des Handelns müssen genutzt werden. Das **Machen** ist durch die Umsetzung von Innovationsvorhaben in einem Innovationsprozess gekennzeichnet.

Die Aufteilung strukturiert Handlungsempfehlungen für die praktische Umsetzung durch Führungskräfte, statt, wie durch die Begriffe Innovationskultur und Innovationsklima, (lediglich) einen Analyserahmen für den betrieblichen Ist-Zustand zu liefern. So gelingt es, Potenziale mit Handlungsaufforderungen für die Gegenwart zu verbinden, statt Soll-Zustände für die Zukunft auszugeben, ohne in der Gegenwart den ersten Schritt zu machen.

Sie sollten auf Ihren Eindruck vertrauen, um die für Ihren Betrieb relevanten Handlungsfelder zu identifizieren. Sie können sich mit Mitarbeitern und anderen Führungskräften austauschen, um anhand ihrer Aussagen relevante Handlungsfelder zu erkennen.

3.2 Systemische Führung – der Umgang mit relevanten Handlungsfeldern

In Sachen Kreativität und Innovation den ersten Schritt zu machen, ist Aufgabe des Innovationsmanagements – also Ihre Aufgabe. Der Begriff *Management* kann auf zwei Weisen verstanden werden (Schierenbeck 2003):

* *Management als Institution.* Im Fokus stehen Unternehmen, Betriebe, Manager sowie andere Führungspersonen und Mitarbeiter mit Leitungsfunktion.
* *Management als Funktion.* Hierunter sind Aufgaben wie Arbeitsteilung und Koordination gefasst. Management besteht in aufeinander abgestimmten Tätigkeiten zum Leiten und Lenken eines Betriebes.

Um Innovationspotenziale und Kreativität zu fördern, muss eine Führungskraft systemisch managen.

▶ **Systemische Führung** Systemische Führung ist „eine erlernbare Kunst, die es Mitarbeitern ermöglicht, motiviert und eigenverantwortlich zu arbeiten, und dabei Unternehmens- und Mitarbeiterziele in bestmöglichen Einklang bringt. Damit wird die größte Leistungsfähigkeit der Mitarbeiter und infolgedessen auch der größtmögliche Unternehmenserfolg gewährleistet" (Achouri 2011).

Der systemische Ansatz ist für Problemlösung, Kreativität und Innovation passend: Management orientiert sich dem systemischen Ansatz folgend am Mitarbeiter statt an Regeln und Gesetzmäßigkeiten. Der einzelne Mitarbeiter bildet die kleinste Einheit einer Organisation, sein Denken und Handeln setzen sich dann über Teams und Abteilungen fort.

Die Organisationmitgliedschaft basiert auf Verträgen, die langfristig wirken. Durch die Arbeit der Mitarbeiter wird das Erreichen betrieblicher Ziele möglich (Berthel und Becker 2013). In der Regel bestehen mehrere Ziele, die durch einen festgelegten Prozess als solche deklariert wurden. Das wirtschaftliche Überleben und Fortbestehen bildet das zentrale Ziel jedes Betriebes. Dieses und weitere Ziele eines Betriebes können sich mit den persönlichen Zielen der Mitarbeiter decken oder sich überschneiden. Sie können auch gegensätzlich sein und zu Zielkonflikten führen. Ziele bedeuten oft Kompromisse, und nicht jedes Mitglied eines Betriebes verfügt über die gleichen Chancen, seine jeweiligen Zielvorstellungen in den Betrieb einzubringen. Die Ziele eines Betriebes sind an die Existenz des Betriebes geknüpft und über einzelne Personen hinaus beständig. Das bedeutet jedoch nicht, dass die Betriebsziele änderungsresistent wären (Berthel und Becker 2013).

▶ **Wichtig!** Die Grundannahme lautet: Betriebe folgen keinem Regelkreismodell. Sie bilden ein offenes System. Der Mitarbeiterfokus der systemischen Führung ist für mehr Kreativität und Innovation geeignet. Dieser Ansatz ermöglicht den Mitarbeitern, ihre Innovationsfähigkeit und Innovationsbereitschaft einzusetzen. Er bringt Betriebs- und Mitarbeiterziele in Einklang.

Insgesamt lassen sich Betriebe als System aus Menschen und Sachen verstehen. Diese Systemeinheiten lassen sich nicht zerlegen. Sie stehen miteinander in einer formalen oder informalen Beziehung und bilden eine Systemstruktur (Springer Gabler Verlag 2014). Über die Systemstruktur können und sollten Mitarbeiter- wie Betriebsziele in einem bestimmten Ausmaß realisiert werden.

Versteht man ein Unternehmen wie ein kybernetisches Regelkreismodell (beispielsweise wie das Heizsystem eines Hauses), dann soll das Management dazu beitragen, einen Soll-Zustand zu erreichen. Die Ziele eines Betriebes sollen erreicht werden oder ein eingetretener Zustand erhalten bleiben. Dazu werden die notwendigen Abläufe so weit wie möglich vorausgesehen und Störungen von vornherein ausgeschaltet. Man spricht von einem geschlossenen System.

Dieses Management im Sinne von klassischer Geschäftsführung gehorcht vor allem den Gesetzen technischer Systeme. Im Vordergrund steht das unkreative, algorithmische Denken, das Denken in berechenbaren Gesetzmäßigkeiten. Das Neue und der Weg zum Neuen, zum noch Unbekannten, lassen sich durch klassisches Management nicht erreichen.

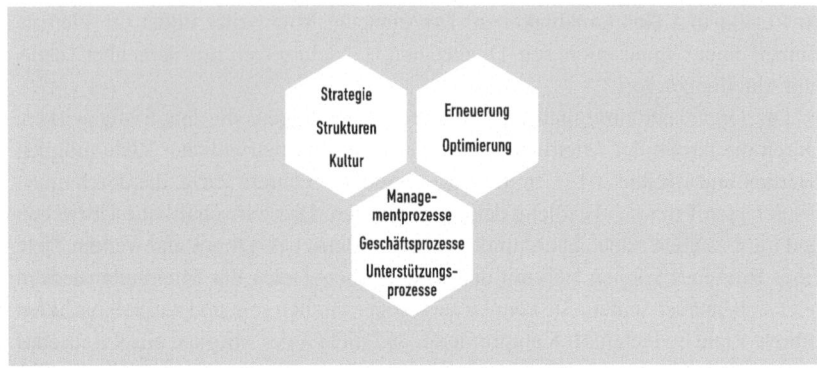

Abb. 3.3 Systemische Ordnungsmomente, Entwicklungsmodi und Prozesse entsprechend des St. Galler Managementmodells nach Rüegg-Stürm (2003)

Aber ein Betrieb und seine Leistungserstellung sind kein Perpetuum mobile. Die Beziehungen eines offenen Systems sind durch Wandel in der Systemumwelt oder durch Umgestaltungen im System veränderlich. Betriebe sind offene Systeme. Der betriebliche Alltag kann bewusst auf bestimmte Wirkungen und Ziele ausgerichtet werden.

Dem klassischen Management gegenüber stehen systemische Managementansätze, bei denen die Gestaltung von Rahmenbedingungen im Mittelpunkt der Bestrebungen von Führungskräften steht. Systemische Ansätze folgen der Auffassung, dass das Verhalten von Menschen in einem sozialen System determiniert, aber nicht vorhersehbar und berechenbar ist.

Abbildung 3.3 zeigt in Anlehnung an Rüegg-Stürm (2003) systemische Ordnungsmomente, Entwicklungsmodi und Prozesse im Betrieb, wie sie das *St. Galler Managementmodell* unterscheidet. Über Interaktionsthemen wie Ressourcen, Normen und Werte, Anliegen und Interessen steht der Betrieb mit Anspruchsgruppen wie Staat, Konkurrenz, Lieferanten, Kapitalgebern, Kunden und Mitarbeitern in Kontakt und berührt gesellschaftliche, natürliche, technologische und wirtschaftliche Umweltsphären. Aufgabe der Ordnungsmomente (Strategie, Strukturen und Kultur), Entwicklungsmodi (Erneuerung, Optimierung) und Prozesse (Managementprozesse, Geschäftsprozesse, Unterstützungsprozesse) ist es, dem betrieblichen Alltag einen Rahmen zu geben. Dies richtet die Arbeit auf die Erzielung bestimmter Wirkungen und Ergebnisse aus.

3.3   Wie Sie das Gelernte in der Praxis umsetzen

Fazit für die Praxis

Die Förderung von Innovationspotenzialen setzt auf unterschiedlichen Ebenen eines Betriebes an: in der Gesamtorganisation, im Team und bei Individuen. Betriebe folgen keinem Regelkreismodell. Sie sind offene Systeme. Anhand von Handlungsfeldern können Sie auf die Rahmenbedingungen Einfluss nehmen, innerhalb derer die Systemmitglieder – Ihre Mitarbeiter – agieren. Der Mitarbeiterfokus der systemischen Führung ist für mehr Kreativität und Innovation geeignet. Dieser Ansatz ermöglicht den Mitarbeitern, ihre Innovationsfähigkeit und Innovationsbereitschaft einzusetzen. Er bringt Betriebs- und Mitarbeiterziele in Einklang.

Entscheidend ist es zunächst, Innovationszwänge zu akzeptieren (Müssen). Anschließend können die Entwicklung geeigneter Innovationsstrukturen (Sollen) und das Etablieren von Innovationsfreiräumen (Dürfen) einen geeigneten Rahmen herstellen. Ergänzt wird dies um den Ausbau von Innovationsfähigkeit (Können) und das Wecken von Innovationsbereitschaft (Wollen). Mit welchem Handlungsfeld Sie beginnen, ist Ihre Entscheidung.

Der Künstler Friedensreich Hundertwasser sagte über das Träumen: „Wenn einer allein träumt, ist es nur ein Traum. Wenn viele gemeinsam träumen, ist das der Anfang einer neuen Wirklichkeit." In diesem Kapitel haben Sie das Konzept systemischer Führung kennengelernt. Mit systemischer Führung rücken Sie Ihre Mitarbeiter in den Mittelpunkt und treten so den Anfang einer neuen Wirklichkeit an.

Sie haben gelernt, auf welchen Ebenen Betriebe betrachtet werden können, und dass Innovationskultur und Innovationsklima Ihnen als Analyserahmen dienen können. Als Handlungsfelder wurden Ihnen die Bereiche des Müssens, des Sollens, des Dürfens, des Könnens, des Wollens und des Machens vorgestellt, die das Buch im Weiteren vertiefend aufgreift. Innerhalb dieser Handlungsfelder lassen sich Innovationsfähigkeit und Innovationsbereitschaft fördern. Probieren Sie folgende Aktivitäten aus, um die Konzepte und Erkenntnisse aus diesem Kapitel stärker zu durchdringen und anzuwenden:

Aktivitäten

- *Überlegen Sie.* Verhalten Sie sich als Führungskraft aufgaben- beziehungsweise zielorientiert oder mitarbeiterorientiert? Woran machen Sie dies fest? Kennen Sie eine Führungskraft, die das Gegenteil verkörpert? Wie handelt diese?
- *Priorisieren Sie.* Die Beeinflussung welcher Handlungsbereiche erscheint Ihnen in Ihrem Betrieb als wichtig? In welcher Reihenfolge wollen Sie auf die Rahmenbedingungen für Innovation gestaltend Einfluss nehmen?

- *Befragen Sie Ihre Mitarbeiter.* Welche Hindernisse blockieren Innovation und Kreativität in Ihrem Team, Ihrer Abteilung, Ihrem Betrieb? Welche Chancen für Veränderung zu mehr Kreativität und Innovation sehen Ihre Mitarbeiter?
- *Erfinden Sie.* Finden Sie für Ihren Betrieb Aussagen, wie sie in diesem Kapitel unmittelbar vor der Erläuterung der Handlungsfelder beispielhaft aufgeführt sind?

Folgende Literatur hilft Ihnen, die Inhalte dieses Kapitels zu vertiefen:

Weiterführende Literatur
Achouri, C. (2011). *Wenn Sie wollen, nennen Sie es Führung. Systemisches Management im 21. Jahrhundert.* Offenbach: Gabal.
Malik, F. (2009). *Systemisches Management, Evolution, Selbstorganisation. Grundprobleme, Funktionsmechanismen und Lösungsansätze für komplexe Systeme.* Bern: Haupt.
Rüegg-Stürm, J. (2003). *Das neue St. Galler Management-Modell. Grundkategorien einer integrierten Managementlehre. Der HSG-Ansatz.* Bern: Haupt.
Zillner, S., & Krusche, B. (2012). *Systemisches Innovationsmanagement. Grundlagen, Strategien, Instrumente.* Stuttgart: Schäffer-Poeschel.

Literatur

Astley, W. G., & van de Ven, A. H. (1983). Central perspectives and debates in organization theory. *Administrative Science Quaterly, 28*(2), 245–273.
Berthel, J., & Becker, F. G. (2013). *Personal-Management. Grundzüge für Konzeptionen betrieblicher Personalarbeit.* Stuttgart: Schäffer-Poeschel.
Corsten, H. (1989). *Die Gestaltung von Innovationsprozessen. Hindernisse und Erfolgsfaktoren im Organisations-, Finanz- und Informationsbereich.* Berlin: Erich Schmidt.
Feinstein, I. (2010). *Innovationsklima. Eine mehrebenenanalytische Untersuchung der Antezedenzien und Konsequenzen.* Taunusstein: Driesen.
Pfeffer, J. (1982). *Organizations and organization theory.* Marshfield: Pitman.
Rütten, L. (2013). Innovationsklima und Personalmanagement. Von der personalpolitischen Beherrschung des außergewöhnlichen Falles ‚Innovation'. Zugleich Rheinisch-Westfälische Technische Hochschule Aachen (Aachen, 2012) zur Erlangung des akademischen Grades Bachelor of Arts RWTH Aachen University (B.A. RWTH) im Fach Betriebspädagogik und Wissenspsychologie. Norderstedt: Books on Demand.
Schierenbeck, H. (2003). *Grundzüge der Betriebswirtschaftslehre.* München: Oldenbourg.
Schlicksupp, H. (2004). *Innovation, Kreativität und Ideenfindung.* Würzburg: Vogel.

Thom, N., & Etienne, M. (2000). Organisatorische und personelle Ansatzpunkte zur Förderung eines Innovationsklimas im Unternehmen. Aktuelle Tendenzen im Innovationsmanagement, 269–281.

Thommen, J.-P. (2008). *Lexikon der Betriebswirtschaft. Managementkompetenz von A bis
Z*. Zürich: Versus.

Weick, K. E. (1985). *Der Prozeß des Organisierens*. Frankfurt a. M.: Suhrkamp.

Müssen: Innovationszwänge akzeptieren

4

Zusammenfassung

In diesem Kapitel erfahren Sie, welche Auswirkungen Kontextfaktoren wie die Wettbewerbssituation und die Komplexität der betrieblichen Umwelt auf einen Betrieb haben und warum Sie und Ihre Mitarbeiter zu Wandel und Veränderung gezwungen sind.

Dieses Kapitel hilft Ihnen, die Innovationszwänge zu verstehen, denen Sie und Ihre Mitarbeiter gegenüberstehen. Dazu werden Sie in die Mechanismen von Veränderung und Wandel eingeführt und für zwei miteinander wetteifernde Prinzipien in der betrieblichen Leistungserstellung sensibilisiert.

Weil Sie als Entscheidungsträger mit Personalverantwortung Veränderung und Wandel nicht nur verstehen und akzeptieren sollen, sondern auch gegenüber anderen Führungskräften und Mitarbeitern Notwendigkeiten des Handelns herausstellen müssen, ermöglicht Ihnen ein erstes Denkwerkzeug, sich den negativen Kontrast zu Wandel – nämlich Stillstand – für Ihren Betrieb auszumalen.

4.1 Konzeptioneller Überblick: Innovationszwänge

Wandel und Veränderung sind Phänomene, die bereits der Naturwissenschaftler Charles R. Darwin (1859) in seinen Grundlagen zur *Evolutionstheorie* als entscheidend herausgestellt hat. Verbreitet ist die Evolutionstheorie vorwiegend in den Naturwissenschaften zur Beschreibung und Erklärung ökologischer Systeme. Darwin erklärte, wie sich einfache zu hochkomplexen Organismen entwickeln konnten.

© Springer-Verlag Berlin Heidelberg 2015
L. Rütten, *Kreative Mitarbeiter*, DOI 10.1007/978-3-662-46052-8_4

Die Mechanismen, mit denen diese Entwicklung stattfinden, bezeichnet man als Variation, Selektion und Retention. Sie gelten nach Weick (1985) auch für Betriebe:

• *Variation.* Veränderungen im Betrieb oder in dessen Umwelt ziehen die Aufmerksamkeit von Führungskräften oder Mitarbeitern auf sich. Die Mitglieder thematisieren den Wandel. Der Betrieb entwirft Anpassungsmöglichkeiten an diese Veränderungen oder Möglichkeiten zur aktiven Beeinflussung und setzt diese um.
• *Selektion.* Wie wirkungsvoll die Umsetzung auf die Veränderung reagiert, entscheidet über den Erfolg oder Misserfolg der Umsetzung. Und möglicherweise entscheidet sie über den Erfolg oder Misserfolg des gesamten Betriebes.
• *Retention.* Die Umsetzung behält der Betrieb im Erfolgsfall als Routine oder zukünftiges Reaktionsmuster bei.

Innovation stellt für Unternehmen die zentrale Reaktion auf wechselnde Rahmenbedingungen in ihrer Umwelt dar. Diese Dynamik erfordert von Unternehmen Flexibilität. Der beobachtbare Innovationsdruck verlangt eine fortwährende Anpassung des Unternehmens an seine Umwelt.

Ein Unternehmen muss nicht ständig Veränderung bewältigen. Eher wechseln sich Kontinuität und Diskontinuität ab. Die Wirtschaftswissenschaftler Rüdiger Klimecki und Markus Gmür (2005) leiten aus diesem Streben nach dynamischer Stabilität zwei Ziele ab: „Effizienz unter gegenwärtigen Bedingungen und [...] langfristige Anpassungsfähigkeit". Management handelt für dauerhafte Effizienz nach dem Stabilisierungsprinzip. Für Anpassungsfähigkeit folgt es dem Flexibilisierungsprinzip:

• *Stabilisierungsprinzip.* Bewährte Entscheidungen setzt das Management laufend fort und wendet sie auf zukünftige Entscheidungen an. Es erfolgt eine effiziente Leistungserstellung, solange die ursprünglichen Anforderungen und Rahmenbedingungen erhalten bleiben.
• *Flexibilisierungsprinzip.* Es erfolgt eine Anpassung an die sich verändernden Bedingungen der Unternehmensumwelt. Das Management erhält langfristig Effektivität aufrecht, wozu es kurzfristig Effizienz zurückstellt.

Die Anwendung des Flexibilisierungsprinzips steht dem Stabilisierungsprinzip gegenüber. Erfolgreiche Betriebe wenden beide Prinzipien an. So sind sie effizient in ihrer Leistungserstellung und bleiben zugleich anpassungsfähig.

Ob das Stabilisierungsprinzip für Routine oder das Flexibilisierungsprinzip für Veränderung zur Anwendung kommt, ist von betrieblichen **Kontextfaktoren** – der **Wettbewerbssituation** (Cooper 1984; Milio 1971; Tang 2006) und der **Komplexität der Umwelt** (Baldridge und Burnham 1975; Barrett 2010; Schweitzer et al. 2011) – abhängig:

- *Wettbewerbssituation.* Die Wettbewerbssituation gilt in der Wirtschaftswissenschaft als eine entscheidende Einflussgröße für die Notwendigkeit von Innovation. Je mehr und je stärkerem Wettbewerb sich ein Betrieb gegenüber sieht, desto mehr benötigt er Innovationen, um Wettbewerbsvorteile zu realisieren.
- *Komplexität der Umwelt.* Der Grad an Komplexität der betrieblichen Umwelt macht Innovation zu einer Notwendigkeit. Nur durch Innovation wird ein Betrieb internen wie externen Anspruchsgruppen – beispielsweise Lieferanten, Mitarbeitern oder Kunden – durch sein Wirken gerecht.

▶ **Wichtig!** Veränderungen in der betrieblichen Umwelt und sich wandelnder Wettbewerb nötigen jeden Betrieb zu Anpassung und Mitgestaltung, um das Überleben zu sichern. Dazu können Sie in Ihrer Führungsarbeit das Flexibilisierungsprinzip und das Stabilisierungsprinzip berücksichtigen.

4.2 Veränderung die Hand geben

Praxisbeispiel: Veränderung umarmen
Die Praxisbeispiele bilden eine fiktive, fortlaufende Erzählung, in deren Mittelpunkt Frau Neumann und ihre Mitarbeiter bei der niedersächsischen KuhlmanCity GmbH stehen. Die in der Praxis etablierten Vorgehensweisen dienen als Anregungen und sollen die Innovationsförderung aus dem Betriebsgeschehen heraus illustrieren. Am Ende jedes Praxisbeispiels finden Sie Fragen zur Vertiefung und Reflexion.

Herr Althoff ist Geschäftsführer der mittelständischen AlthoffPack GmbH, die in Nordrhein-Westfalen in der Verpackungsmittelindustrie tätig ist. Es gibt 90 Mitarbeiter, die im Schichtbetrieb ihre Arbeit verrichten. Sie müssen sich diese Informationen nicht merken. Mit der AlthoffPack GmbH geht es bergab, eine schleichende Entwicklung, die weniger mit den Mitarbeitern in der Produktionshalle als vielmehr mit Herrn Althoff selbst zusammenhängt. Ihm ist bekannt, dass der Trend bei Verpackungsmitteln zu mehr Nachhaltigkeit, Materialinnovation und neuen Recyclingmethoden geht. Aber im Moment geht es dem Unternehmen gut. Die Zahlen stimmen. Schlafende Hunde soll man nicht wecken, denkt Herr Althoff. Ein Jahr später muss das Unternehmen Insolvenz anmelden. Der offensichtlichste Grund liegt darin, dass das Unternehmen selten Aufträge aus der ansonsten wirtschaftsstarken Region bekommt.

Anders geht Frau Neumann mit Veränderungen um: Sie ist Mitte 50 und hat kürzlich ihren Arbeitgeber gewechselt. Bei der KuhlmanCity GmbH in Niedersachsen ist sie für den Geschäftsbereich Produktion verantwortlich. Das Unternehmen ist ein mittelständischer Hersteller von Stadtmöblierung. Geschäftsführerin ist Frau Kuhlman. Frau Neumann wird bei ihrer Arbeit im oberen Management durch ihren Assistenten, Herrn Hansen, tatkräftig unterstützt. Beide arbeiten so gut zusammen, dass der Laden läuft. Frau Neumann kann sich genügend Zeit für wichtige Innovationsprojekte nehmen. Ein Jahr später hat das Unternehmen zahlreiche neue Produkte für individualisierte Bewegt-Werbung entwickelt und steht an der Spitze eines neuen Branchentrends.

Frage: In welchem Verhältnis stehen in diesem Praxisbeispiel Routine und Veränderung, Stabilität und Flexibilität?

▶ **Wichtig!** Als Entscheidungsträger mit Personalverantwortung müssen Sie überlegen, ob und wie Sie auf Veränderung reagieren. Sie verantworten die Konsequenzen, die ein Nichtstun für den Betrieb mit sich bringt – spätestens dadurch, dass Ihr eigenes Gehalt ausbleibt.

Angenommen Sie oder Ihre Mitarbeiter und Kollegen haben keine Lust auf Flexibilität. Sie können mit Veränderung und Wandel nichts anfangen. Sie wollen, dass alles beim Alten bleibt, und halten Nichtstun für die bessere Alternative zu Kreativität und Innovation. Um sich Klarheit zu verschaffen, wie wichtig Kreativität, Innovation und Veränderung für jedes Unternehmen und jeden Einzelnen sind, kann sich das Denkwerkzeug *Do-Nothing-Szenario* als brauchbar erweisen. Es spielt auf den ersten Blick den Innovationsfeinden in die Hände.

Durch die Anwendung klären Sie, was die Konsequenzen aus Nichtstun wären. Sie erhalten einen Überblick über die Vorteile, die sich aus einer Problemlösung oder Innovation und gestalteter Veränderung ergeben können. Darüber hinaus erhalten Sie eine Reihe von alternativen Problemen, die Sie in Folge des Nichtstuns lösen müssen.

Denkwerkzeug: Do-Nothing-Szenario
Schwierigkeit: gering
  Dauer: 30 bis 60 min
  Sozialform: allein, im Team (max. 5 Personen)
  Durchführung:
1. *Vorannahme transformieren.*
Machen Sie sich frei von Vorannahmen, die Sie zu purem Aktionismus verleiten oder die „Wir-tun-nichts"-Option von vornherein ausschließen.
2. *Folgen antizipieren.*
Überlegen Sie, was passieren würde, wenn man nichts tut. Versuchen Sie, so nüchtern wie möglich zu bleiben. Bleiben Sie bei den Fakten. Übertreiben Sie nicht. Diskutieren Sie im Team. Nutzen Sie gegebenenfalls die Meinung von Experten. Entscheiden Sie sich für das am wenigsten übertriebene Ergebnis.
3. *Szenario formulieren.*
Formulieren Sie gemeinsam mündlich oder schriftlich ein Szenario des Nichtstuns. Nutzen Sie dazu gegebenenfalls Tonaufnahmen oder skizzenhafte Mitschriften. Erzählen Sie, was in einem bestimmten Zeitraum für Ereignisse und Konsequenzen eintreten, wenn niemand etwas unternimmt.
  Quellen: WiPro o.J.e.; Kreativpromenade 2014a.

Sie merken schon bei der Anwendung des ersten Denkwerkzeugs: „Die Quelle jeder Innovation ist der Mensch" (Klotz et al. 2007). Niemand ist so sehr Experte für Ihren Betrieb wie Sie und Ihre Mitarbeiter. Niemand kann in Ihrem Betrieb so gut mit Veränderungen umgehen wie die Mitglieder des Betriebes selbst.

4.3 Wie Sie das Gelernte in der Praxis umsetzen

Fazit für die Praxis

Veränderung und Wandel sind stetige Begleiter jedes Betriebes. Veränderungen in der betrieblichen Umwelt und sich wandelnder Wettbewerb nötigen jeden Betrieb zu Anpassung und Mitgestaltung. Nur so kann er sein Überleben sichern. Dazu können Sie sich in Ihrer Führungsarbeit die Berücksichtigung des Flexibilisierungsprinzips und des Stabilisierungsprinzips aneignen.

Es reicht nicht, zu erkennen, dass Wandel auf einen Betrieb Einfluss nimmt. Als Entscheidungsträger mit Personalverantwortung müssen Sie überlegen, ob und wie Sie auf Veränderung reagieren. Sie verantworten die Konsequenzen, die ein Nichtstun für den Betrieb mit sich bringt. Nutzen Sie das Do-Nothing-Szenario. Es hilft, ein Bewusstsein für die Unausweichlichkeit der Veränderung und die Notwendigkeit eines bewussten und gezielten Umgangs mit dieser Veränderung zu schaffen.

Der Schriftsteller Eric Hoffer stellte fest: „In Zeiten des Wandels erbt der lernende Mensch die Welt, während der Gelehrte wunderbar für eine Welt ausgerüstet ist, die nicht mehr existiert." Wandel ist ein Umstand jeder Unternehmung und geht mit Wettbewerb und Veränderungen in der Unternehmensumwelt einher. Dies zu erkennen, ist entscheidend für individuelles und organisationales Lernen.

In diesem Kapitel stand der Wandel im Mittelpunkt. Sie haben gelernt, dass die entwicklungsorientierten Prinzipien der Evolution auch für Unternehmen gelten und entsprechend Flexibilität und Stabilität zu abweichenden Prinzipien in erfolgreichen Unternehmen werden. Die Anstöße für Wandel und Veränderung im Unternehmen bieten oft ein sich verändernder Wettbewerb oder sich verändernde Umweltbedingungen. Betriebe können sich gegen Veränderung sperren, aber Denkwerkzeuge wie das Do-Nothing-Szenario zeigen auf, dass Nichtstun im Zusammenhang mit Veränderung für Betriebe negative Konsequenzen mit sich bringt. Probieren Sie folgende Aktivitäten aus, um die Konzepte und Erkenntnisse aus diesem Kapitel stärker zu durchdringen und anzuwenden:

Aktivitäten

- *Überlegen Sie.* Befindet sich Ihr Betrieb in einer Phase des Wandels oder der Routine? Meinen Sie, Ihr Betrieb braucht momentan mehr Stabilität oder mehr Flexibilität?
- *Befragen Sie fünf Personen.* Steht Innovation in Ihrem Betrieb für eine lästige Pflicht oder eine günstige Gelegenheit?
- *Recherchieren Sie.* Wann hat Ihr Betrieb zuletzt eine Innovation hervorgebracht? War sie nicht nur neu, sondern auch nützlich und nachhaltig?
- *Erproben Sie.* Setzen Sie die Methode des Do-Nothing-Szenarios im kleineren Kreis mit Mitarbeitern zu einem möglichen Projekt oder Vorhaben Ihres Betriebes ein.

Folgende Literatur hilft Ihnen, die Inhalte dieses Kapitels zu vertiefen:

Weiterführende Literatur
Day, G. S., & Schoemaker, P. J. (2006). *Peripheral vision. Detecting the weak signals that will make or break your company. Seven steps to seeing business opportunities sooner.* Boston: Harvard Business Review Press.
Disselkamp, M. (2012). *Innovationsmanagement. Instrumente und Methoden zur Umsetzung im Unternehmen.* Wiesbaden: Springer Gabler.
Christensen, C. M., von den Eichen, S. F., & Matzler, K. (2013). *The Innovators Dilemma: Warum etablierte Unternehmen den Wettbewerb um bahnbrechende Innovationen verlieren.* München: Vahlen.

Literatur

Baldridge, J., & Burnham, R. A. (1975). Organizational innovation: individual, organizational and environmental impacts. *Administrative Science Quaterly, 20*(2), 165–176.
Barrett, C. (2010). Smart people, smart ideas and the right environment drive innovation. *Research Technology Management, 53*(1), 40–43.
Cooper, R. G. (1984). The strategy-performance link in product innovation. *R & D Management, 14*(4), 247–259.
Darwin, C. R. (1859). *On the origin of species by means of natural selection, or the preservation of favoured races in the struggle for life.* London: John Murray.
Klimecki, R. G., & Gmür, M. (2005). *Personalmanagement. Funktionen, Strategien, Entwicklungsperspektiven.* Stuttgart: Lucius & Lucius.
Klotz, U. (2007). Vom Taylorismus zur „Open Innovation". Innovation als sozialer Prozess. In D. Streich & D. Wahl (Hrsg.), *Innovationsfähigkeit in einer modernen Arbeitswelt. Personalentwicklung, Organisationsentwicklung, Kompetenzentwicklung. Beiträge der Tagung des BMBF* (S. 181–194). Frankfurt a. M.: Campus.
Kreativpromenade. (2014a). *Denkwerkzeuge* (Unveröffentlichtes Dokument). Aachen: Lukas Rütten und Lobsang Zelle GbR.
Milio, N. (1971). Health care organizations and innovation. *Journal of Health and Social Behavior, 12*(2), 163–173.
Schweitzer, F. M., Gassmann, O., & Gaubinger, K. (2011). Open innovation and its effectiveness to embrace turbulent environments. *International Journal of Innovation Management, 15*(6), 1191–1207.
Tang, J. (2006). Competition and innovation behaviour. *Research Policy, 35,* 68–82.
Weick, K. E. (1985). *Der Prozeß des Organisierens.* Frankfurt a. M.: Suhrkamp.
WiPro. (o.J.e). *Do nothing.* (Lehrstuhl für Betriebswirtschaftslehre mit Schwerpunkt Technologie- und Innovationsmanagement der Rheinisch-Westfälischen Technischen Hochschule (RWTH) Aachen, Hrsg.). von WiPro: http://www.innovationsmethoden.info/methoden/do-nothing. Zugegriffen: 29. Juli 2014.

Sollen: Innovationsstruktur entwickeln 5

Zusammenfassung

In diesem Kapitel erfahren Sie, welche Strukturen Innovationspotenziale ermöglichen. Es hilft Ihnen, die mit einem Innovationsvorhaben verknüpften Personen und Personengruppen zu identifizieren und sie für eine Innovationsaufgabe in einem Projektteam zusammenzubringen. Sie erfahren mehr über die für ein Innovationsvorhaben relevanten Anspruchsgruppen und deren Interessen und Ziele.

Sie werden feststellen, dass man Innovation am besten als Projekt abwickelt und dass ein bunt gemischtes Innovationsteam die stärksten Innovationspotenziale birgt.

Schließlich werden Sie in diesem Kapitel lernen, wie die Arbeit im Team abläuft, welche Phänomene Sie bei der Arbeit im Team möglicherweise beobachten und wie Sie die Zusammenarbeit des Teams für mehr Kreativität fördern.

5.1 Konzeptioneller Überblick: Innovationsstruktur

Betriebe benötigen für erfolgreiche Innovationsvorhaben eine Innovationsstruktur. Diese muss es den Mitarbeitern als den zentralen Akteuren im Innovationsprozess erlauben, an entsprechenden Vorhaben mitzuwirken. Sie muss Innovation für Führungskräfte initiierbar und begleitbar machen.

Für eine funktionierende Innovationsstruktur lassen sich mehrere Bedingungen und Voraussetzungen benennen: Basis für ein kreatives Gemenge an Innovationsakteuren bildet die organisationale Struktur eines Betriebes. Sie äußert sich in

© Springer-Verlag Berlin Heidelberg 2015
L. Rütten, *Kreative Mitarbeiter,* DOI 10.1007/978-3-662-46052-8_5

starker Spezialisierung (Damanpour 1991) und einer damit einhergehenden hohen Komplexität betrieblicher Strukturen (Kimberly und Evanisko 1981; Damanpour 1991). Innovationsaffin sind Betriebe mit sogenannter Projekt- beziehungsweise Matrixstruktur (Staw 1990).

Entscheidend für Innovationsvorhaben ist die Teamstruktur: Innovationsförderlich sind die heterogenen Hintergründe der Teammitglieder – bezeichnet als arbeitsbezogene Diversität (Nehmeth und Wachtler 1983; Paulus 2000; Hülsheger et al. 2009) –, die Teamgröße (Curall et al. 2001) und ein hoher innerer Zusammenhalt des Teams – von Fachleuten Teamkohäsion genannt (Payne 1990; Hülsheger et al. 2009).

Teamprozesse eröffnen Innovationspotenziale. Bei geeigneter Reflexivität und unter Berücksichtigung abweichender Meinungen sowie der Integrationsfähigkeit unterschiedlicher Anspruchsgruppen wird eine Idee deutlich wahrscheinlicher zu einer erfolgreichen Innovation (West und Anderson 1996; West et al. 1999; De Dreu et al. 2000; Taggar 2002).

Den größten Einfluss auf gelungene Zusammenarbeit im Team sehen die Organisationspsychologen Nerdinger, Blickle und Schaper (2008) dementsprechend in der sorgfältigen Teamzusammensetzung (dem Teamdesign) und der Förderung und Entwicklung der Zusammenarbeitsfähigkeit bestehender Teams (dem Teambuilding).

► **Wichtig!** Eine förderliche Innovationsstruktur wurzelt in einem starken Innovationsteam. Sinnvolles Teamdesign und mitgliederorientiertes Teambuilding begünstigen den Teamerfolg.

5.2 Organisationale Struktur

Praxisbeispiel: Strukturen schaffen
Im Laufe ihres ersten Jahres bei der KuhlmanCity GmbH hat Frau Neumann die Erkenntnis beschäftigt, dass Universitäten eine eigene Stadt in einer Stadt sind. Sie möchte eine Produktpalette für die Möblierung eines Hochschulcampus entwickeln. Sie nennt das Projekt Campus Headway und möchte in einem dreitägigen Workshop die Grundzüge für die Produktpalette ausarbeiten lassen.

Normalerweise arbeitet jede Abteilung bei ihren Vorhaben und Projekten munter vor sich hin, aber Frau Neumann wählt – wie es ihre Art ist – einen anderen Ansatz. Mit Herrn Meyer verpflichtet Sie einen Facilitator für Innovationsprozesse. Seine Aufgabe ist es, den Workshop zu moderieren. Mit seiner Unterstützung sucht sie Köpfe aus mehreren Bereichen des Unternehmens für ein interdisziplinäres Projektteam zusammen: einen erfahrenen Mitarbeiter aus der Produktion, eine Kollegin, die im Vertrieb mit Unis in Kontakt steht, einen jungen Querkopf aus der Marketingabteilung, eine Praktikantin aus der Verwaltung. Außerdem gewinnt sie einen alten Freund aus der gemeinsamen Zeit an der Uni für das Projekt und erweitert dadurch das Projektteam von Campus Headway um einen Außenstehenden. Bald kann es losgehen.

Frage: Welchen Ansatz verfolgt Frau Neumann bei der Zusammenstellung ihres Projektteams, und welche Vorteile können sich für Problemlöse- und Entscheidungsteams ergeben?

5.2.1 Innerbetriebliche Komplexität

Dass innerbetriebliche **Komplexität** innovationsförderlich ist, wirkt in Zeiten flacher Hierarchien zunächst kontraintuitiv. Mit innerbetrieblicher Komplexität wird eine stark ausgebaute **organisationale Struktur** hinsichtlich Hierarchie inklusive Positionen, Stellen und Abteilungen verstanden.

Das Konzept der *Organisationalen Ambidextrie* des Soziologen Robert B. Duncan (1976) erklärt jedoch, dass Unternehmen die Gegenwart ausnutzen und die Zukunft ausspähen müssen. Einfacher gesagt: Unternehmen müssen sowohl bestehende Kompetenzen nutzen als auch neues Wissen in neuen Bereichen erschließen. Das Wort Ambidextrie entstammt dem Lateinischen und bedeutet, auf beiden Körperseiten eine rechte Hand zu haben. Der Begriff wird verwendet, wenn auf zwei Dinge gleichzeitig und gleich stark geachtet werden soll.

Das Modell besagt weiter, dass eine hohe Komplexität, geringe Formalisierung und geringe Zentralisierung das Finden von Ideen begünstigen. Umgekehrt fördern geringe Komplexität, hohe Formalisierung und starke Zentralisierung die Implementation von Neuem. Betriebe mit vielfältigen und differenzierten Aufgabenstrukturen initiieren mehr Innovationen – und Betriebe mit formalisierten und zentralisierten Strukturen implementieren mehr Innovationen.

▶ **Wichtig!** Sie müssen für Innovationserfolg nicht den gesamten Betrieb umkrempeln. Vielmehr sollten Sie – passend zur Struktur des Gesamtbetriebes – entweder der Konzeption von Innovationen oder der Einführung und Etablierung von Innovationen besondere Beachtung schenken.

5.2.2 Spezialisierung

Weiterer Einflussfaktor ist der Grad an **Spezialisierung** innerhalb eines Betriebes. Spezialisierung meint die Beschränkung auf einen Teil des Ganzen. Dazu werden die in einem Betrieb anfallenden Aufgaben vor dem Hintergrund strategischer Überlegungen so verteilt, dass eine Optimierung der Arbeitsabläufe eintritt. Dies führt zu einer Konzentration auf die eigenen Aufgabenbereiche.

Spezialisierung entsteht durch Arbeitsteilung und Koordination, beispielsweise in Form einer Trennung von Produktion und Verwaltung. Dies geht einher mit einer gesteigerten Produktivität in Routinephasen. In Innovationsprojekte können die spezialisierten Fachleute individuell ihre fachlich tiefe – in der Gesamtheit fachlich breite – Wissensbasis einbringen (Kimberly und Evanisko 1981). Die Wissensspezialisierung trägt zur gegenseitigen Befruchtung von Ideen bei (Aiken und Hage 1971).

> ▶ **Wichtig!** Fachwissen und Kenntnisse im Spezialbereich sind besondere Innovationspotenziale, die ein Betrieb fördern sollte. Ohne diese Kenntnisse kann bei einem Innovationsvorhaben benötigtes Wissen fehlen.

5.2.3 Matrix- und Projektstruktur

Es ist sinnvoll, Spezialisten aus unterschiedlichen Abteilungen zusammenzubringen. Dies ermöglicht es, auf unterschiedliches Fachwissen zurückzugreifen. Der Innovationserfolg wird durch eine nicht nur multidisziplinäre Zusammensetzung des Teams, sondern eine interdisziplinäre Zusammenarbeit der Teammitglieder viel wahrscheinlicher. Grundlegende Weichenstellungen für dieses Zusammenwirken geschehen durch Festlegungen hinsichtlich der **Teamstruktur**.

Bei einer **Matrixstruktur** werden mehrere Aspekte einer Handlung im Entscheidungsprozess berücksichtigt. So bezieht man beispielsweise die zu erfüllenden Funktionen und die im Betrieb herzustellenden Produkte ein. Die Annäherung an ein Innovationsvorhaben aus verschiedenen Blickwinkeln verwirklicht die Matrixstruktur auf besondere Weise. Matrixstrukturen sind innovationsförderlich.

Eine Matrixstruktur funktioniert organisch: Die Rollen und Autoritätsbeziehungen sind bewusst vage gehalten. Durch eine erhöhte Kommunikation und vergrößerte Verantwortung soll die Effektivität gesteigert werden. In diesem Sinne halten Gareth R. Jones und Ricarda B. Bouncken (2008) fest: „Die Matrix basiert deshalb auf einer minimierten vertikalen Kontrolle durch die formale Hierarchie und einer maximalen horizontalen Kontrolle durch die Nutzung von Integrationsmechanismen – Teams –, welche die gegenseitige Abstimmung fördern."

In Matrixstrukturen liegen geringe bis keine bürokratischen Strukturen vor. Konflikte können durch fehlende Weisungsbefugnisse und Weisungsbeziehungen entstehen. Jones und Bouncken verweisen (2008) jedoch auf vier Vorteile der Matrixstruktur:

- *Interdisziplinäre Zusammenarbeit.* Die Matrixstruktur ermöglicht eine funktions- und hierarchieübergreifende Zusammenarbeit in interdisziplinären Teams.
- *Kommunikation.* Mit der Matrix geht eine Öffnung der Kommunikation funktionaler Spezialisten im Betrieb einher.
- *Integrierte Spezialisten.* Die Matrixstruktur führt zu einer effektiven Nutzung der im Betrieb vorliegenden Fähigkeiten von spezialisierten Angestellten.
- *Dualer Fokus.* Die Matrixstruktur ermöglicht einen dualen Fokus in der Bewertung von Ideen durch die Berücksichtigung von positiven Qualitäten und den Kosten oder Aufwänden einer Idee.

Im Sinne der Matrixstruktur ist für Innovationsvorhaben die Zusammenarbeit in Teams zu empfehlen. Die Ambivalenz in der Bedeutung von hoher beziehungsweise geringer innerbetrieblicher Komplexität für Innovationsvorhaben legt nahe, diese Teams nicht dauerhaft zu erhalten. Vielmehr sollten Sie das Team zeitlich befristet und aufgabenorientiert als Projekt zusammenführen.

▶ **Projekt** Ein Projekt ist „ein Vorhaben, das im Wesentlichen durch Einmaligkeit der Bedingungen in ihrer Gesamtheit gekennzeichnet ist, wie z. B. eine klare Zielvorgabe, eine zeitliche, finanzielle, personelle oder andere Begrenzung, Abgrenzung gegenüber anderen Vorhaben sowie eine […] spezifische Organisation" (DIN 69901-5 2009).

Aufgrund der Einmaligkeit eines Innovationsvorhabens ist es sinnvoll, dieses durch eine spezifische Organisationsform abzuwickeln, die nicht zwangsläufig Bestandteil der klassischen Aufbauorganisation sein muss. Die Arbeitswissenschaftler Christopher Schlick, Ralph Bruder und Holger Luczak (2010) erläutern weiter: „Häufig überschreiten Projekte in ihrem Umfang die Grenzen festgelegter Bereiche, haben eine wirtschaftlich besondere Bedeutung und sind mit besonderen Risiken versehen. Sie erfordern die flexible und dynamische Einbindung und Mitwirkung verschiedener Spezialisten und die gemeinsame Nutzung vorhandener Ressourcen."

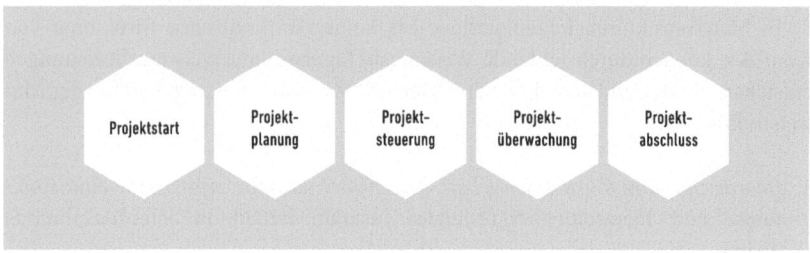

Abb. 5.1 Teilprozesse des Projektmanagements nach Project Management Institute Inc. (2004)

▶ **Wichtig!** Um Unsicherheit entgegenzutreten und die Interdisziplinarität in Ihrem Betrieb optimal auszunutzen, empfiehlt es sich, in Projektteams an Innovationsvorhaben zu arbeiten.

Abbildung 5.1 zeigt die notwendigen Phasen des Projektmanagements. Das Project Management Institute (PMI), ein im Jahr 1969 gegründeter, weltweit tätiger US-amerikanischer Projektmanagementverband, schlägt folgende Teilprozesse vor (Project Management Institute 2004):

1. *Projektstart.* Projektauftrag und Projektziele spezifizieren (s. Kap. 6.3.2), Projektorganisation (Team, Prozesse, Tools) festlegen.
2. *Projektplanung.* Ausarbeitung und regelmäßige Aktualisierung eines Projektstrukturplans, mit dem die Projektziele mithilfe von Projektphasen und Meilensteinen vor dem Hintergrund einer realistischen Aufwandseinschätzung realisiert und Termine, Ressourcen und Kosten mit einem Netzplan im Blick gehalten werden sollen.
3. *Projektsteuerung.* Laufende Koordination, Kommunikation und Information, um Planung und Projektziele durch Anpassungen sowie Abnahmen und Freigaben zu erreichen.
4. *Projektüberwachung.* Verfolgen des Projektfortschritts und Erkennen erforderlicher Korrekturmaßnahmen.
5. *Projektabschluss.* Ergebnisabnahme, Erfahrungssicherung (s. Kap. 6.2.5), Ressourcenübergabe und Ergebnismarketing (Erhöhung der Akzeptanz der Ergebnisse) sowie Auflösung der Projektorganisation.

▶ **Projektmanagement** Projektmanagement meint die „Gesamtheit von Führungsaufgaben, -organisation, -techniken und -mitteln für die Initiierung, Definition, Planung, Steuerung und den Abschluss von Projekten" (DIN 69901-5 2009).

Die oben aufgeführten Aspekte im Blick zu halten kann schwierig sein. Versuchen Sie es, beispielsweise mit der im Anhang dieses Kapitels aufgeführten Literatur zum Projektmanagement. Wenn Sie dies überfordert oder Ihnen dies zu komplex erscheint, sollten Sie einen professionellen Facilitator für Ihr Innovationsprojekt hinzuzuziehen. Zunächst gilt es jedoch, das passende Team zusammenzustellen.

5.3 Teams

Praxisbeispiel: Treiben Sie es bunt!
Angespornt von seiner Kollegin Frau Neumann, will der ehrgeizige Herr Pfeiffer, Leiter im Instandhaltungs- und Reinigungsbereich der Kuhlman-City GmbH, nach Veränderungsmöglichkeiten suchen lassen. Um weniger Kosten zu verursachen als das Projektteam von Campus Headway, leitet Herr Pfeiffer die Teamsitzung selbst. Er musste auf viele Leute aus seinem in die Jahre gekommenen Kernteam zurückgreifen und konnte für seine zehnköpfige Gruppe nur zwei weitere Mitglieder gewinnen: Frau Rose, die sich in der Altherrengruppe falsch vorkommt, und Herrn Anders, einen jungen Produktdesigner. Bald ist in der Gruppe klar, dass das bisherige Konzept alternativlos ist. Nachdem Herr Anders beim Vortragen seiner Argumente zugunsten eines neuen Konzeptes zum vierten Mal unterbrochen wird, schafft es Herr Pfeiffer schließlich, die Leute im Konferenzraum zu einer Abstimmung zu bringen. Als er den Raum verlässt, denkt er, die Rose brauchst du nicht mehr einzuladen, die ist echt nur 'ne Tippse.

Anders beginnt der von Frau Neumann beauftragte Facilitator Herr Meyer. Jeder wird willkommen geheißen, und Herr Meyer sorgt von Anfang an dafür, dass alle Teammitglieder sich wohlfühlen und mitmachen möchten. Mit seinem systematischen Herangehen ermöglicht er es jedem Einzelnen, zu Wort zu kommen. Jede Idee zählt, und manchmal können die Teammitglieder auf den Ideen anderer aufbauen oder zunächst Gegensätzliches miteinander in Verbindung bringen. Freilich tauchen kritische Stimmen auf, aber der Facilitator würdigt diese als wichtige Kriterien für die abschließende Entscheidungsfindung, ohne dass der aktuelle Ideenstrom abreißen könnte.

Frage: Inwiefern unterscheidet sich die Projektarbeit in den Projekten von Herrn Pfeiffer und von Frau Neumann?

5.3.1 Teamstruktur

5.3.1.1 Merkmale von Teams

Team Ein Team ist „eine Mehrzahl von Personen, die über längere Zeit in direktem Kontakt steht, wobei sich Rollen ausdifferenzieren, gemeinsame Normen entwickelt werden und Kohäsion, d. h. ein Wir-Gefühl besteht" (von Rosenstiel 2003).

Die funktionalen Vorteile eines Teams liegen auf der Hand (Nerdinger et al. 2008):

- *Koordination.* Die Arbeit verschiedener Personen wird koordiniert.
- *Repräsentation.* Ein Team repräsentiert die betroffenen und beteiligten Anspruchsgruppen (Fisch et al. 2001).
- *Verantwortung.* Die Teammitglieder sind für ihre getroffenen Entscheidungen gemeinsam verantwortlich.
- *Gemeinsame Stärke.* In einem Team lassen sich qualitativ stärkere Lösungen und Konzepte entwickeln und zur Umsetzung treiben, als wäre man auf sich gestellt.

Aber nicht jede Gruppe ist ein Team. Teams können von Gruppen anhand folgender Kriterien unterschieden werden (Heinrich 2002):

- *Kleingruppe.* Ein Team ist in der Regel eine Kleingruppe, bei der sämtliche Mitglieder miteinander in Kontakt treten (Face-to-face-Kommunikation).
- *Relative Dauer.* Ein Team wird dauerhaft oder zumindest für einen längeren Zeitraum gebildet.
- *Zielorientiert.* Ein Team ist eine zielorientierte Gemeinschaft.
- *Kooperativ.* Ein Team pflegt einen Arbeitsstil aus kooperativer Interaktion und kollektiver Verantwortlichkeit.
- *Hierarchieübergreifend.* Ein Team pflegt – im deutlichen Gegensatz zur Gruppe – eine hierarchieübergreifende Arbeitsform.
- *Teamgeist.* Ein Team ist durch einen ausgeprägten Gemeinschaftssinn unter den Teammitgliedern und eine starke Teamkohäsion geprägt.

Falls eine Gruppe eines oder mehrere dieser Kriterien nicht oder nur teilweise erfüllt, verschwendet sie ihre Kraft: Statt sich auf die Aufgabenbewältigung zu konzentrieren, müssen die Mitglieder untereinander viel Energie in den Aufbau und die Aufrechterhaltung vorteilhafter Beziehungen investieren.

Eine Konzentration der Energie auf die Beziehungs- statt auf die Sachebene kann auch Ausdruck einer Fehleinschätzung sein: Bei der Aufgabenzuteilung an

das Team wurde davon ausgegangen, dass die Aufgabe nur durch das Team angemessen gelöst werden kann. Zu Beginn oder im Laufe der Teamarbeit stellt sich
heraus, dass ein Einzelner für die Aufgabenbewältigung geeigneter ist als das gesamte Team. Teammitglieder lenken dann ihre Energie auf die Beziehungsebene.
Eine Aufwendung ihrer Energie für die Aufgabenbewältigung wäre in ihren Augen
Verschwendung. Für Problemlöse- und Entscheidungsaufgaben gilt daher: Wenn
ein Einzelner eine Aufgabe mit angemessenem Aufwand bewältigen kann, sollte
dieser Einzelne die Aufgabe bearbeiten – nicht ein Team.

▶   **Wichtig!** Kreativität und innovatives Handeln können auf zwei Weisen
    bei einem Innovationsvorhaben zum Tragen kommen: als Teamkreativi-
    tät und als individuelle Kreativität. Der Schlüssel für erfolgreiche Inno-
    vationsvorhaben liegt darin, ein Zusammenwirken zu ermöglichen,
    durch das beides Raum zur Entfaltung bekommt.

5.3.1.2 Teamgröße

Im Hinblick auf die **Teamgröße** wurden Innovationsteams, auch bezeichnet als
Problemlöse- und Entscheidungsteams, wissenschaftlich gut untersucht: Optimal
bestehen solche Teams aus fünf Personen (Brandstätter und Brodbeck 2004).

▶   **Wichtig!** Die Faustregel zur geeigneten Teamgröße lautet: so viele Mit-
    glieder wie nötig, so wenige wie möglich.

Nerdinger et al. (2008) verdeutlichen: „Fünf Personen finden noch relativ leicht
Kompromisse zwischen den verschiedenen Meinungen. Da aufgrund der über-
schaubaren Größe sämtliche Mitglieder die Möglichkeit haben, sich an der Diskussion zu beteiligen, ist auch die Zufriedenheit relativ groß und das Gesamtergebnis
wird in der Regel von allen Beteiligten mitgetragen" (Nerdinger et al. 2008).
    Zu zweit denkt es sich besser als alleine und zu dritt besser als zu zweit. Dies
gilt auch für vier bis fünf Personen. Bei mehr Personen wird eine Grenze über-
schritten, an der dieser Mehrwert ins Gegenteil umschlägt. Der Erziehungswis-
senschaftler David Perkins (2003) spricht von einer Gegenreaktion, einem *Five-
Brain-Backlash*: Wenn ein Team über fünf Personen hinauswächst, steigt die Komplexität derart an, dass der zusätzliche Input kontraproduktiv wird: Mit mehr als
fünf Mitgliedern übersteigt die Teamgröße eine Grenze, an der ein zusätzlicher
Beitrag nicht mehr die steigende Komplexität kompensiert. Dies gilt selbst dann,
wenn unter den Teammitgliedern Konflikte ausbleiben.
    Manche Aufgabenstellungen sind so komplex, dass mehr als fünf Personen mit-
arbeiten müssen. Dann empfiehlt es sich, die benötigte Personenzahl sinnvoll an-

hand von Aufgabenpaketen zu teilen. Setzen Sie jeweils einen Teamleiter für die sich ergebenden Teams ein und bestimmen Sie eine gemeinsame, übergeordnete Führung.

5.3.1.3 Zusammensetzung der Teammitglieder

In der Regel sind Mitarbeiter und Führungskräfte aus unterschiedlichen Abteilungen in Innovationsprojekten involviert. Zuweilen werden auch die Eigentümer aktiv. Neben diesen internen Anspruchsgruppen gibt es externe Beteiligte: Fremdkapitalgeber, Lieferanten, Dienstleister, Kooperationspartner und die Kunden. Wettbewerber, Staat und Gesellschaft üben indirekt Einfluss (Hofbauer und Sangl 2006).

Jüngst etablieren sich zur stärkeren Berücksichtigung von externen Beteiligten, vor allem der Kunden, sogenannte *open innovation*-Ansätze. Beziehen Sie Außenstehende in den Innovationsprozess ein und öffnen Sie sich systematisch für einen stärkeren Einfluss von außen (Müller-Prothmann und Dörr 2014; Möslein und Neyer 2009; Faber 2008; Wagner 2013).

▶ **Open Innovation** „Open Innovation beschreibt den Innovationsprozess als einen vielschichtigen offenen Such- und Lösungsprozess, der zwischen mehreren Akteuren über die Unternehmensgrenzen hinweg abläuft. [...] Zentraler Gedanke ist, dass zum einen durch die aktive Integration von Kunden und Nutzern in sämtlichen Phasen des Innovationsprozesses Bedürfnisinformationen besser erhoben werden können als durch klassische Maßnahmen der Marktforschung oder eines Trendscoutings. Zum anderen soll durch die Nutzung eines großen heterogenen Netzwerks an externen Experten die Lösungssuche verbessert werden. Dies geschieht nicht in Form klassischer Forschungs- und Entwicklungskooperationen, sondern durch einen offenen Aufruf an ein großes undefiniertes Netzwerk an Akteuren, an einer Entwicklungsaufgabe mitzuwirken (,Crowdsourcing‘)" (Reichwald und Piller 2009).

Innovationsvorhaben können Sie nur erfolgreich umsetzen, wenn Sie wissen, wer die Beteiligten an Ihrem Vorhaben sind und wer – positiv wie negativ – von Ihrem Vorhaben betroffen sein könnte. Es lohnt sich, den Blick auf die Betroffenen zu lenken: Deren Einbindung kann aus Betroffenen Beteiligte machen und so Ihr Vorhaben positiv bereichern (Hauschild und Salomo 2011). Tabelle 5.1 zeigt die Stakeholder und beispielhaft ihre Interessen und Zielen bei Innovationsvorhaben.

Das Denkwerkzeug *Stakeholder-Analyse* hilft Ihnen, sich Klarheit zu verschaffen, wer Beteiligte und Betroffene an Ihrem Vorhaben sind, wie diese zu Ihrem Vorhaben stehen und welche Schritte Sie unternehmen müssen, um Ihre Ideen reibungslos umzusetzen.

Tab. 5.1 Stakeholder und beispielhaft ihre Interessen und Ziele bei Innovationsvorhaben

Unternehmensinterne Stakeholder	Interessen und Ziele
Eigentümer (Kapitaleigentümer, Eigentümerunternehmer)	Erhaltung, Verzinsung und Wertsteigerung des investierten Kapitals, Selbstständigkeit/ Entscheidungsautonomie
Management	Macht, Einfluss, Prestige, Entfaltung eigener Ideen und Fähigkeiten
Mitarbeiter	Sinnvolle Betätigung, Entfaltung der Fähigkeiten, zwischenmenschliche Kontakte, Zugehörigkeit, Status, Anerkennung, Prestige
Unternehmensexterne Stakeholder	Interessen und Ziele
Fremdkapitalgeber	Sichere Kapitaleinlage, Vermögenszuwachs
Lieferanten	Stabile Liefermöglichkeiten
Kunden	Möglichst hohe Produktqualität, günstige Preise (Preis-Leistungs-Verhältnis), adäquate Serviceleistungen
Konkurrenten	Einhaltung fairer Grundsätze und Spielregeln
Staat und Gesellschaft	Positive Beiträge zur Infrastruktur, Einhaltung von Rechtsvorschriften und Normen, Erhaltung einer lebenswerten Umwelt

Mit der Stakeholder-Analyse beantworten Sie im Vorfeld zwei Fragen:

• Wer unterstützt Ihr Innovationsvorhaben?
• Woher drohen Widerstände gegen Veränderung und Neues?

Vielfältige Erwartungen, Befürchtungen, Widerstände und Unterstützung sind mit diesen Gegnern und Befürwortern verbunden. Die Betrachtung der Personen und Institutionen, die positive oder negative Interessen an Ihrem Vorhaben hegen, ermöglicht Ihnen zweierlei: Einerseits können Sie Unterstützer frühzeitig mit in das Vorhaben einbinden und andererseits die Widerstände der Gegner kanalisieren oder diesen entgegenwirken.

Denkwerkzeug: Stakeholder-Analyse
Schwierigkeit: hoch
   Dauer: 60 bis 90 min
   Sozialform: allein, im Team (max. 5 Personen)
   Durchführung:
1. *Stakeholder identifizieren.*
   Identifizieren Sie schriftlich mithilfe nachstehender Leitfragen die in Ihr Innovationsvorhaben involvierten Stakeholder.

- Wer könnte das Innovationsvorhaben torpedieren?
- Wer könnte das Innovationsvorhaben unterstützen?
- Wem nutzt das Innovationsvorhaben?
- Wer könnte Interesse an dem Vorhaben hegen?
- Wem schadet das Vorhaben?
- Für wen ist das Vorhaben mit Aufwand außerhalb seiner Routine verbunden?
- Wer sind die Ansprechpartner für die benötigten Ressourcen?
- Wer stützt das Innovationsvorhaben ideell?
- Wer entscheidet über das Projekt?

2. *Stakeholder gruppieren.*
   Gruppieren Sie die identifizierten Stakeholder nach internen und externen Anspruchsgruppen. Beschränken Sie sich im Weiteren auf höchstens zehn der wichtigsten Stakeholder.

3. *Stakeholder analysieren.*
   Analysieren Sie die mit Ihrem Innovationsvorhaben verbundenen Erwartungen, Befürchtungen und Einstellungen der Stakeholder. Fixieren Sie die Ergebnisse schriftlich. Bewerten Sie mit einer einfachen Skala den erwarteten Grad an Unterstützung oder Widerstand und die Relevanz des Stakeholders für Ihr Vorhaben.

4. *Stakeholder einbinden.*
   Suchen Sie nach Möglichkeiten, um Unterstützer optimal einzubeziehen und Störern konstruktiv zu entgegnen. Leiten Sie daraus einen Maßnahmenkatalog mit konkreten Handlungsschritten ab und binden Sie auf diese Weise die relevanten Stakeholder ein.

*Quellen:*Kilian et al. 2007; Kreativpromenade 2014a.

Sie können Ihr Team nach Beteiligten und Betroffenen zusammenstellen und es über die Grenzen des Betriebes ausweiten. Eine feinere Auswahl ermöglicht darüber hinaus die Berücksichtigung von Diversitätsmerkmalen.

► **Wichtig!** Über die Teamzusammensetzung hinaus lohnt sich eine Stakeholder-Analyse im Vorfeld von Innovationsvorhaben oder als Suche nach Unterstützern und Gegnern bei der Umsetzungsplanung einer Idee oder Lösung.

Im Teamdesign werden wesentliche Merkmale des Teams – Fähigkeiten der Mitglieder, Ziele, Größe etc. – so gestaltet, dass Zusammenarbeit im Team ermöglicht wird. Für Innovationsvorhaben ist eine heterogene Teamzusammensetzung geeigneter als eine homogene.

> **Wichtig!** Heterogene Zusammensetzungen regen im Team wie im gesamten Betrieb unterschiedliche Perspektiven und Verhaltensweisen an. Dies ermöglicht mehr Kreativität.

In vielen Betrieben bringen die Innovationsverantwortlichen ähnliche Personen zusammen, um an einer Fragestellung zu arbeiten. Homogene Teams sind in der Regel effizienter. Es treten wegen ähnlicher Merkmale weniger Spannungen und Gegensätze auf. So bleiben zum Beispiel für ein technisches Entwicklungsprojekt die Entwickler unter sich. Wenn das Projekt bis zu einem bestimmten Stadium entwickelt ist, wird es dann an die nächste Abteilung übergeben.

Heterogene Teams sind weniger effizient, aber für Kreativität und Innovation effektiver. Durch die Vielfalt der Teammitglieder sichern sie Ideenreichtum und das Hinterfragen von Althergebrachtem. Der Begriff *Diversity* bedeutet *Vielfalt*, *Vielfältigkeit* oder *Mannigfaltigkeit*. Fünf Dimensionen der Vielfalt in Gruppen unterscheidet die Ökonomin Désirée Ladwig (2003):

- *Demografische Merkmale.* Alter, Geschlecht, körperliche Konstitution (körperliche, geistige Behinderung etc.), kultureller Hintergrund (Geburtsland, familiäre Wurzeln etc.), Ausbildung, Familienstand.
- *Know-how und Erfahrungen.* Aufgabenbezogenes Wissen, Fähigkeiten aus unterschiedlichen Karrierewegen, frühere Einsatzgebiete, Berufserfahrungen.
- *Wertesystem.* Werte, Glauben, Überzeugungen.
- *Charakter und Persönlichkeit.* Verhalten, Auftreten.
- *Sozialer Status.* Rang, Position, Macht oder Autorität, Netzwerkzugehörigkeit.

Eine heterogene Zusammenstellung nach Merkmalen **arbeitsbezogener Diversität** ist für Innovationsteams wichtig. Nutzen Sie sogenannte tätigkeitsbezogene oder arbeitsbezogene Merkmale für die Zusammenstellung von Innovationsteams, wie sie die Wirtschaftswissenschaftler Marilyn Loden und Judy B. Rosener (1991) vorschlagen:

- Funktionen,
- Arbeitsinhalte und Arbeitsfelder,
- Zugehörigkeit zu Abteilungen,
- Gewerkschaftszugehörigkeit,

- Dauer der Beschäftigung,
- Arbeitsort,
- Managementstatus.

Durch Diversity Management können Sie versuchen, die Vielfalt konstruktiv in Ihrem Betrieb zu nutzen. Es geht nicht nur um Toleranz für Minderheiten oder Anderssein. Begreifen Sie und Ihre Mitarbeiter Vielfalt als positiv und nützlich. Es kann eine produktive und kreativitätsförderliche Arbeitsatmosphäre entstehen. Im Teamdesign kann sich dieser Weg in mehr Kreativität und stärkeren Innovationen auszahlen.

Praxistipp: Diversität fördern

In der Personalwerbung:
- Betonen Sie bei der Personalwerbung die hohe Bedeutung von Diversitätsmerkmalen für Ihren Betrieb! Das Technikunternehmen *Bosch* sagt beispielsweise über sich selbst: „Wir bekennen uns zu unserer regionalen und kulturellen Herkunft und betrachten zugleich Vielfalt als Zugewinn und als Voraussetzung für unseren weltweiten Erfolg" (Robert Bosch GmbH, o. J.).
- Gestalten Sie Ihre Stellenangebote und Bewerbungsaufrufe so, dass Sie sich – wenn es tatsächlich so ist – als ein Unternehmen präsentieren, das Wert legt auf Diversität. So sucht das Energieversorgungsunternehmen *Evonik Industries* mit den Worten „Arbeiten Sie gerne mit Menschen aus unterschiedlichen Kulturen zusammen?" (Evonik Industries AG, o. J.) nach neuen Mitarbeitern. Es geht aber nicht nur um andere Kulturen. Sie könnten fragen, ob Ihr Bewerber gerne mit Mitarbeitern aus verschiedenen Berufsgruppen zusammenarbeitet. Nicht nur Ihre Rechtsabteilung wird es Ihnen danken, wenn Sie merkmalsneutral formulieren!
- Nutzen Sie gegebenenfalls fremdsprachige Medien und Inserate!
- Bei der Einstellung oder Besetzung einer Stelle könnten Sie darauf achten, ob jemand im Ausland gelebt und gearbeitet oder studiert hat. Die Forschung hat aufdecken können, dass dies Kreativität dauerhaft anhebt (Maddux und Galinsky 2009).

In der Personalentwicklung:
- Richten Sie Ihren Blick auf Diversität, jedoch in die entgegengesetzte Richtung. Ähnlich gestrickte Teammitglieder haben ähnliche Lernziele und nutzen ähnliche Lernwege.

- Zur Förderung von Diversität können speziell zugeschnittene interne Netzwerke und Mentoring-Programme sinnvoll sein. Beispielsweise unterhält die *Telekom Deutschland* ein Mentoring *Frauen in Führungspositionen* (Deutsche Telekom AG 2006), die *Deutsche Bank* hat ein Netzwerk für schwule, lesbische, bi-, trans- und intersexuelle Kollegen (Deutsche Bank 2014).
- So wie Sprachtandems dazu beitragen können, sprachliche Barrieren abzubauen, können Generationentandems Berührungsängste jüngerer und erfahrener Kollegen in einen Gewinn für beide Seiten wandeln.

In der Personallenkung:
- Am Anfang sollte eine von Management und Mitarbeitern getragene Betriebsvereinbarung zur Förderung der Gleichbehandlung stehen. Der Autobauer *Volkswagen* hat eine solche Vereinbarung zwischen Mitarbeitern und Management unter dem Titel *Partnerschaftliches Verhalten am Arbeitsplatz* (Volkswagen AG 2008) bereits 1996 abgesprochen.
- In der Besetzung von Teams und Abteilungen kann Diversität als Inputfaktor lohnenswerte Perspektiven- und Ideenvielfalt sichern. Ziehen Sie neben zwingenden Besetzungsgründen Diversitätsmerkmale heran und versuchen Sie ein Team als „buntes Puzzle" zu besetzen.
- In Teams und Abteilungen durchgeführte Diversity-Audits können die positive Einstellung zur Vielfalt in Ihrem Betrieb fördern. Neue Mitglieder können dann ein Team bereichern, wenn sie neue Gedanken und Meinungen hineintragen können und nicht dasselbe denken wie die Übrigen. Diversität und Pluralität zu fördern fördert den Ideenreichtum!
- Loben Sie den positiven Umgang mit Diversität in Feedback-Gesprächen oder stellen Sie bei negativem Umgang die Bedeutung von vielfältigen Ideen und Meinungen für kreative Prozesse heraus.
- Achten Sie auf den internen Sprachgebrauch! Dieser sollte politisch korrekt und nicht diskriminierend sein. Die Übersetzung wichtiger Dokumente in verbreitete Sprachen kann sich als sinnvoll erweisen.

In der Personalbindung:
- Die eigene Lebensweise und Kultur in Verbindung mit dem Beruf ausgestalten zu können, erfordert einen flexiblen Umgang in der Arbeitsgestaltung. Sorgen Sie für flexible Arbeitszeiten und Teilzeitarbeit, ermöglichen Sie die Arbeit über ein Homeoffice, geben Sie die Option zu Sabbaticals. Setzen Sie sich für betriebliche Gesundheitsvorsorge und Kinderbetreuung ein.

- Kleidungsvorschriften können Diversität beeinflussen. Die Aufhebung von Kleidungsvorschriften kann helfen, dass Ihre Mitarbeiter ihre Verschiedenheit ausdrücken können. Bewusst gesetzte Kleidungsvorschriften helfen, Befangenheit gegenüber Kollegen und Kunden abzubauen.
- In der Kantine hilft eine kultursensible Kennzeichnung von Speiseangeboten.
- Die Berücksichtigung religiöser und kulturspezifischer Feiertage bei der Schicht- und Urlaubsplanung wird Ihnen hoch angerechnet werden.
- Arbeitsplätze lassen sich in diesem Sinn spezialisieren und zugänglicher machen, beispielsweise für Arbeitnehmer mit Kind oder Menschen mit Behinderung.
- Überprüfen Sie, ob es ein gleichgestelltes Entlohnungssystem gibt.
- Stellen Sie sicher, dass Diversität in Ihrem Wissensmanagement berücksichtigt wird. Gewährleisten Sie die Nutzbarkeit der Wissensmanagement-Anwendungen. Lassen Sie Lernende die Rolle des Lehrenden einnehmen und integrieren Sie ihre Perspektive in die Wissensvermittlung.

Quelle: Pullen 2010.

5.3.1.4   Perspektivenwechsel absichtlich herbeiführen

Die Förderung von Diversität bedeutet ein langfristiges Programm für Unternehmen. Und die Zusammenstellung von Teams nach Diversitätsmerkmalen ist nur zu Beginn möglich. Wenn Sie mitten im Projekt stecken und Ihr Team nicht so vielfältig ist, wie Sie es sich wünschen, können sie mithilfe von geeigneten Denkwerkzeugen absichtlich Perspektivwechsel in homogenen Teams herbeiführen.

▶   **Wichtig!** Führen Sie bei wenig unterschiedlichen Mitarbeitern Perspektivwechsel herbei, indem Sie geeignete Denkwerkzeuge nutzen, die unterschiedliche Aspekte eines Themas schlaglichtartig beleuchten.

Mit dem Denkwerkzeug *Sechs Denkhüte* nach Edward de Bono (1999) können Sie versuchen, einen Perspektivwechsel zu simulieren. Das Denkwerkzeug setzt bei einer systematischen Trennung unterschiedlicher Grundhaltungen des Denkens an. Sachlichkeit wird von Emotionen getrennt, positive Haltungen von negativen.

Die sechs Denkhüte gewährleisten die Übernahme unterschiedlicher Rollen und Perspektiven. So kann ein Innovationsteam eingefahrene Denkmuster aufbrechen, sich die Gegenargumente zur eigenen Position vergegenwärtigen und vielfältige Ansichten und konträre Denkweisen über die eigene Position hinaus in die Problemlösung einbeziehen.

Denkwerkzeug: Sechs Denkhüte
Schwierigkeit: hoch
Dauer: 60 bis 90 min
Sozialform: allein, im Team (6 bis 18 Personen; optimal eine durch sechs teilbare Personenanzahl)
Durchführung:
1. *Thema festlegen.*
   Legen Sie ein zu diskutierendes Thema fest, das aktuell, relevant und durch Sie veränderbar ist.
2. *Denkhüte vorstellen.*
   Vergegenwärtigen Sie sich die Denkhüte sowie die Verbindung zwischen Farbe und jeweiliger Denkweise:
   - *Weißer Denkhut.* Er symbolisiert neutrales und analytisches Denken. Die Rollenträger beschäftigen sich ausschließlich mit Zahlen, Daten und Fakten.
   - *Roter Denkhut.* Er symbolisiert emotional gefärbtes und subjektives Denken. Die Rollenträger haben eine Meinung und betrachten ihre positiven und negativen Gefühle zum Thema. Es kann innere Widersprüchlichkeit zutage kommen.
   - *Schwarzer Denkhut.* Er symbolisiert einen rationalen Kritiker. Die Rollenträger nehmen eine pessimistische Grundhaltung ein, heben die negativen Aspekte hervor und machen auf Einwände, Gefahren, Risiken, Schwierigkeiten und Unmögliches aufmerksam.
   - *Gelber Denkhut.* Er symbolisiert den konstruktiven und realistischen Optimisten. Die Rollenträger führen positive Argumente, Chancen und Vorteile und den Wert und Nutzen der Sache in ihren Argumenten an.
   - *Grüner Denkhut.* Er symbolisiert die Innovation, Neuheit und Assoziation. Die Rollenträger produzieren neue Ideen und kreative Vorschläge zur Sache, ohne mit einer Idee zurückzuhalten oder sie kritisch zu hinterfragen.
   - *Blauer Denkhut.* Er symbolisiert die Ordnung und Struktur. Die Rollenträger versuchen, Argumentationsstränge und Gedankengänge der

übrigen Teilnehmer aufzugreifen, zu bündeln, zu strukturieren und anderen Gedanken gegenüberzustellen, und tragen zu einer sachlichen Zugänglichkeit der Diskussion bei. Zuweilen wird dieser Denkhut ausschließlich vom Moderator eingenommen.

3. *Diskutanten von Beobachtern trennen.*
   Einigen Sie sich auf sechs freiwillige Teilnehmer. Weisen Sie die übrigen Personen an, als Beobachter ohne weitere Vorgaben die Diskussion wahrzunehmen und zu verfolgen.

4. *Hüte wählen.*
   Verteilen Sie die Denkhüte so, dass jede Perspektive vertreten ist. Vergeben Sie folgenden Auftrag: Versetzen Sie sich in Ihre Rolle und die dazugehörige Denkweise und vergegenwärtigen Sie sich erste Argumente.

5. *Diskutieren.*
   Beginnen Sie die erste Diskussionsrunde. Überwachen Sie als Moderator die Rolleneinhaltung. Lassen Sie die Teilnehmer nacheinander zu Wort kommen und sich gegeneinander in Stellung bringen. Unterbrechen Sie nach zehn Minuten die erste Diskussionsrunde. Fixieren Sie während der Diskussion die einzelnen Argumente schriftlich und gut lesbar.
   Schließen Sie weitere Diskussionsrunden an. Geben Sie die sechs Hüte dem Rotationsprinzip folgend weiter, denn ein schneller Rollenwechsel kann eine zusätzliche Bereicherung durch neue Einsichten bieten.

6. *Lösungsvorschläge sammeln.*
   Sammeln Sie nach der Diskussion gemeinsam mit allen Teilnehmern Lösungsvorschläge unter Vergegenwärtigung dessen, was die Rollenträger an Argumenten und Sichtweisen vorgetragen haben.

7. *Lösungsvorschläge auswerten.*
   Werten Sie gemeinsam die Lösungsvorschläge durch eine Punktbewertung (s. Kap. 9.3.2.3) aus.

8. *Diskussion und Lösung auswerten.*
   Reflektieren Sie zur Akzeptanzerhöhung der Lösung gemeinsam die Beobachtungen und Erfahrungen. Beginnen Sie mit den Diskutanten, lassen Sie nachfolgend die Beobachter zu Wort kommen.

Sechs Denkhüte in der Praxis:
Es findet sich folgender Vorschlag, der auf de Bonos Original-Methode zurückzuführen ist: Statt die Hüte zu verteilen und Diskutanten und Beob-

achter zu trennen, nehmen die Teilnehmer gemeinsam die zugeordnete Rolle des jeweiligen Huts ein und gehen diese nacheinander durch.
Quellen: de Bono 1999; Kilian et al. 2007; Backera et al. 2007; Brunner 2008; Luther 2013; Kreativpromenade 2014a; WiPro o.J.b.

Das Denkwerkzeug *Walt Disney-Strategie* funktioniert ähnlich. Hintergrund dieser Methode ist der Bericht, dass Walt Disney bei der Planung seines Freizeitparks drei verschiedene Räume verwendet haben soll.

Der erste Raum war mit vielen inspirierenden Skizzen vorheriger Ideen eingerichtet. Disney habe sich Zeit zum Träumen genommen, ohne sich an Regeln zu halten oder sich einzuschränken. Eine kreative Stimmung habe vorgeherrscht.

Der nächste Raum diente dem Entwerfen. Disney war hier Realist. Ein nüchternes Zimmer habe der Konzentration auf die erdachten Visionen und deren Umsetzung in Schritte erleichtert.

Schließlich habe sich Disney in einen engen Raum unter einer Treppe begeben, in dem es heiß war. Disney habe Schwachstellen gesucht und sein entwickeltes Konzept schärfster Kritik unterzogen. Wenn Fragen oder Lücken aufkamen, begab er sich abermals in den ersten Raum. Dort versuchte er die kreative Stimmung aufzugreifen und erneut Ideen zur Abrundung seines Plans zu finden.

Diese Wechsel habe Disney durchgeführt, bis sein Plan reif für die Umsetzung war. Der Erfolg des Disney-Imperiums deutet es an: Es macht Sinn, im innovativen Prozess den Schritt des Träumers, des Realisten und des Kritikers zu durchleben.

Das Ziel der Walt Disney-Strategie besteht darin, einen bewussten Perspektivenwechsel bei der Entwicklung neuer Konzepte und Ideen sicherzustellen, der eine systematische Analyse der Fakten und eine kritische Würdigung der Neuerungen miteinschließt.

Denkwerkzeug: Walt Disney-Strategie
Schwierigkeit: hoch
    Dauer: 60 bis 90 min
       Sozialform: allein, im Team (3 bis 15 Personen; optimal eine durch drei teilbare Personenanzahl)
       Durchführung:
1. *Thema festlegen.*
    Legen Sie ein zu diskutierendes Thema fest, das aktuell, relevant und durch Sie veränderbar ist.

2. *Perspektiven vorstellen.*

Vergegenwärtigen Sie sich die drei Rollen des Träumers, des Realisten und des Kritikers und die damit verknüpften Denkweisen.

- *Träumer.* Er symbolisiert optimistisches und begeisterungsfähiges Denken und ist überzeugt, dass alles möglich und umsetzbar ist. Die Rollenträger formulieren Ziele, ohne bis ins Detail zu wissen, wie sie dort hingelangen.
- *Realist.* Er symbolisiert analytisches Denken und lässt das Umfeld, in dem die Idee realisiert werden soll, nicht aus den Augen. Unter Einbezug der gegebenen Rahmenbedingungen überlegen die Rollenträger, wie die Idee umgesetzt werden kann und wann sie als erreicht gilt. Sie entwerfen Maßnahmenkataloge.
- *Kritiker.* Er symbolisiert einen rationalen Kritiker. Die Rollenträger nehmen eine pessimistische Grundhaltung ein, heben die negativen Aspekte hervor und machen auf Einwände, Gefahren, Risiken, Schwierigkeiten und Unmögliches aufmerksam. Sie sind nicht grundsätzlich gegen eine Umsetzung des Traums. Sie analysieren die Maßnahmenvorschläge des Realisten und suchen nach Lösungen für die von Ihnen wahrgenommenen Probleme.

3. *Diskutanten von Beobachtern trennen.*

Einigen Sie sich auf freiwillige Teilnehmer. Weisen Sie die übrigen Personen an, als Beobachter ohne weitere Vorgaben die Diskussion wahrzunehmen und zu verfolgen.

4. *Rollen wählen.*

Verteilen Sie die Rollen so, dass jede Perspektive vertreten ist. Vergeben Sie folgenden Auftrag: Versetzen Sie sich jeweils in Ihre Rolle und die dazugehörige Denkweise und vergegenwärtigen Sie sich erste Argumente.

5. *Diskutieren.*

Beginnen Sie die erste Diskussionsrunde. Überwachen Sie als Moderator die Rolleneinhaltung. Lassen Sie die Teilnehmer nacheinander zu Wort kommen und sich gegeneinander in Stellung bringen. Unterbrechen Sie nach zehn Minuten die erste Diskussionsrunde. Fixieren Sie während der Diskussion die einzelnen Argumente schriftlich und gut lesbar.

Schließen Sie weitere Diskussionsrunden an. Geben Sie die Rollen dem Rotationsprinzip folgend weiter, denn ein schneller Rollenwechsel kann eine zusätzliche Bereicherung durch neue Einsichten bieten.

6. *Lösungsvorschläge sammeln.*
   Sammeln Sie nach der Diskussion gemeinsam mit allen Teilnehmern
   Lösungsvorschläge unter Vergegenwärtigung dessen, was die Rollenträger an Argumenten und Sichtweisen vorgetragen haben.
7. *Lösungsvorschläge auswerten.*
   Werten Sie gemeinsam die Lösungsvorschläge durch eine Punktbewertung (s. Kap. 9.3.2.3) aus.
8. *Diskussion und Lösung auswerten.*
   Reflektieren Sie zur Akzeptanzerhöhung der Lösung gemeinsam die
   Beobachtungen und Erfahrungen. Beginnen Sie mit den Diskutanten,
   lassen Sie nachfolgend die Beobachter zu Wort kommen.

Walt-Disney-Strategie in der Praxis:
   Statt die Perspektiven zu verteilen und Diskutanten und Beobachter zu
   trennen, nehmen die Teilnehmer gemeinsam die Rollen der Reihe nach ein
   und gehen diese nacheinander durch.
   Es ist möglich, diese Methode allein anzuwenden.
   Diese Methode lässt sich um die weitere Rolle eines Neutralen erweitern,
   der zunächst das Problem analysiert, bevor die drei Rollen ihre Beiträge
   leisten. Bei der Problemanalyse kann man sich am Denkwerkzeug der sechs
   W-Fragen (s. Kap. 9.3.2.1) orientieren.
   Quellen: Kilian et al. 2007; Brunner 2008; Disselkamp 2012; Luther
   2013; Kreativpromenade 2014a; Müller-Prothmann und Dörr 2014; WiPro
   o.J.m.

5.3.1.5 Teamkohäsion

Ein weiterer innovationsförderlicher Aspekt ist eine starke **Teamkohäsion**. Teamkohäsion – das Zusammengehörigkeits- und Wir-Gefühl eines Teams – bezeichnet das Ausmaß wechselseitiger positiver Gefühle. Die Stärke der Teamkohäsion
hängt ab von den Motiven der Mitglieder, den Anreizen, die mit der Zugehörigkeit
zum Team verbunden sind (spannende Aufgabe, Prämien etc.), den Erwartungen
der Mitglieder und Vergleichserfahrungen durch die Zugehörigkeit zu anderen
Teams (Nerdinger et al. 2008).

Die einzelnen Teammitglieder identifizieren sich mit dem gesamten Team. Am
auffälligsten wird dies in der Sprache: Die Teammitglieder sprechen voneinander
als „wir". Eine hohe Teamkohäsion gilt als weiteres strukturelles Merkmal innovativer Teams. Erfolgreiches Teambuilding kann die Teamkohäsion stärken.

Auf den ersten Blick steht die Teamkohäsion im Widerspruch zu einer innovationsförderlichen Teamzusammensetzung. Homogen zusammengesetzte Teams

bedeuten eine stärkere Kohäsion. Kohäsion führt dazu, dass die Mitglieder ihre Meinungen, Ziele und Ansprüche an das Team angleichen. Je kohäsiver ein Team, desto entschiedener weist es Individuen zurück, die nicht die erforderliche Konformität zeigen. Kohäsion fördert uniforme Identitätsbildung. Je stärker sich die einzelnen Tätigkeiten im Team ähneln, desto höher ist die Kohäsion. Eine externe Bedrohung verstärkt die Kohäsion. Interner Wettbewerb – beispielsweise bei unterschiedlichen Löhnen oder verschiedenen Arbeitsbedingungen – führt zu einer Minderung der Kohäsion.

Vergegenwärtigen Sie sich: Es muss ein Team geben, bevor ein Zusammenhalt im Team entstehen kann. Sie müssen nicht Personen aussuchen, die gut miteinander auskommen. Sie müssen Personen aussuchen, die hilfreich bei den anstehenden Aufgaben mitwirken können. Bringen Sie diese zusammen.

Da die Zusammenstellung eines Teams angesichts unterschiedlicher Einflussgrößen und Randbedingungen in der Regel nicht optimal ist, stellt die Teamentwicklung eine ergänzende Maßnahme für bestehende Teams dar. Teamentwicklung kann die Grundlagen für ein Zusammengehörigkeitsgefühl im Team legen oder dieses stärken. Teamentwicklungsmaßnahmen führt in der Regel ein von außen kommender Trainer oder Berater durch. Mit Teamentwicklung verfolgen Betriebe folgende Ziele (Kauffeld 2001):

- das Verständnis für die Rollen der Teammitglieder und die Beschaffenheit des Teams verbessern,
- die Kommunikation und gegenseitige Unterstützung stärken,
- ablaufende Gruppenprozesse klären,
- effektive Problembewältigung unterstützen,
- einen positiven Umgang mit Konflikten ermöglichen,
- die Zusammenarbeit der Teammitglieder verstärken,
- die Zusammenarbeit mit anderen Teams ermöglichen,
- den Blick für das Aufeinander-angewiesen-Sein schärfen.

▶ **Wichtig!** Lassen Sie sich beim Teambuilding durch einen externen Trainer oder Berater unterstützen. Er baut einen geschützten Rahmen für die Teamentwicklung auf und verfügt über eine neutrale Haltung. Dies schafft die Basis für ein solides Zusammengehörigkeitsgefühl, das Schwierigkeiten und Rückschläge überdauert.

Eine Zusammenarbeit, bei der ein Wir-Gefühl aufkommen soll, muss auf einem festen Fundament aufbauen. In Sachen Innovation erscheinen starre Gesetzmäßigkeiten hinderlich. Externe Trainer oder Berater empfehlen Teams jedoch, zu Beginn Arbeitsregeln festzulegen, auf die sich jeder während der Zusammenarbeit berufen kann.

Praxistipp: Regeln für die erfolgreiche Zusammenarbeit im Team
Als mögliche Regeln für die erfolgreiche Zusammenarbeit im Team kommen infrage:

- *Die Sitzung muss Freude machen!* Diese Regel schafft eine Grundlage der Zusammenarbeit und Kooperation. Wenn jeder vor Augen hat, dass es Freude macht, sorgt ein Projektteam für sich und schützt sich: vor Überstunden, vor mangelnden Pausen, vor Perfektionismus, vor Überarbeitung etc.
- *Jeder muss das Sitzungsziel kennen!* Nur wer ein klares Ziel ansteuert – also eines, das spezifisch, messbar, konkret, akzeptiert und terminiert ist (s. Kap. 6.3.2) –, weiß, warum er eine bestimmte Leistung erbringen soll. Ein klares Sitzungsziel ist der erste Schritt zu genügender Motivation und die Grundlage für jegliche Leistung.
- *Keine Diskussion über die Methode!* Eines der größten Probleme in Innovationsprojekten sind Diskussionen über die Methode. In Sachen Innovation lassen sich die Erfolgsaussichten einer einzelnen Methode im Vorfeld zerreden. Unterbinden Sie Methoden-Diskussionen, wenn Sie eine Methode festgelegt haben. Gleiches gilt für den gesamten Prozess. Falls die Anwendung einer Methode oder eines Denkwerkzeuges scheitert, ist der Zeitverlust in der Regel nicht hoch.
- *Es spricht eine Person zur selben Zeit!* Es ist eine simple Regel der Kommunikation. Es geht bei all diesen Arbeitsregeln nicht um eiserne Gesetzmäßigkeiten, aber diese Regel kann Ihnen im Chaos helfen, einem Gespräch Struktur zu geben.
- *Jeder darf sich äußern, niemand muss sich äußern!* Wenn Sie größtmögliche Perspektivenvielfalt erreichen wollen und Ihre Mitarbeiter oder weitere Beteiligte und Betroffene größtmöglich in die Ideenfindung und Entscheidung einbinden wollen, sollte jeder Gehör finden können.
- *Jeder darf ausreden!* Diese Regel hat neben Gründen der Höflichkeit in Innovationsprojekten den Sinn, dass jede Idee umrissen wird, ohne dass vorschnelle Bewertung und Kritik sie verschlingt, und bildet als Arbeitsregel eine Grundlage für die Trennung von divergentem Denken und konvergentem Denken (s. Kap. 7.2.4).
- *Jede Idee zählt!* Diese Regel sorgt für die Durchsetzung des divergenten Denkens in der Ideenfindung. Wenn eine Idee ausgesprochen wurde, sollte sie zunächst gleichwertig neben den anderen stehen. Mit Abschluss der Ideenfindung wird in einer gemeinsamen Entscheidungsfindung die Idee bewertet. Wichtig kann es sein, die Regeln für das divergente Den-

ken und die Regeln für das konvergente Denken des Teams über diese
Arbeitsregeln hinaus vorzustellen (s. Kap. 7.2.4). Achten Sie strikt auf
die Einhaltung der Regeln.

- *Der Moderator ist neutral!* Dies ist ein Anspruch, der Führungskräfte
  herausfordert. Wer die Sitzung leitet, sollte Neutralität besitzen. Sie sind
  dann für die richtige Durchführung des Prozesses und der Methoden verantwortlich, nicht für die richtigen Ergebnisse. Nehmen Sie eine Grundhaltung absoluter Neutralität ein und beteiligen Sie sich nicht an der
  Ideenfindung und ebenso nicht an der Entscheidungsfindung!
- *Feedback – konstruktiv und sachlich!* Achten Sie als Moderator darauf,
  dass Feedback-Geber und Feedback-Nehmer sich an Feedback-Regeln
  (s. Kap. 8.4) halten. Verweisen Sie zu Beginn von Feedback-Phasen auf
  diese Regeln und setzen Sie diese konsequent durch.
- *Interne Störungen haben Vorrang!* Diese Regel stellt sicher, dass Sie
  Pausen machen, Nebengespräche geklärt werden, die Raumtempera-
  tur reguliert wird etc. Jegliche Form von interner Störung sollte sofort
  geklärt werden. Andernfalls werden die Kernprozesse beeinträchtigt. Ihr
  Innovationsprojekt scheitert sonst beispielsweise an mangelnder Belüf-
  tung.

Quellen: Schulz et al. 2007; Scholz 2010; Kreativpromenade 2014b.

Der Psychologe Bruce Tuckman (1965) erkannte, dass jedes Team fünf Teamphasen durchläuft:

1. *Forming.* Die Teilnehmer lernen sich kennen und schätzen sich gegenseitig ein.
   Sie orientieren sich in der für sie neuen Situation und erkunden die an das Team
   gestellte Aufgabe. Sie verhalten sich bedeckt, unselbstständig, unsicher und
   austestend.
2. *Storming.* Die Teilnehmer zeigen Widerstand gegenüber der Einflussnahme des
   Teams auf ihr eigenes Verhalten oder gegen Anforderungen, die sich aus der
   Aufgabe des Teams ergeben. Es treten erste Teamkonflikte auf, innerhalb derer
   die Teammitglieder ihre Rolle klären. Diese Phase kann für Teammitglieder
   belastend sein. Das Zusammengehörigkeitsgefühl ist wenig entwickelt.
3. *Norming.* In dieser Phase zeigt sich wechselseitige Offenheit unter den Teammitgliedern. Es entwickelt sich ein Wir-Gefühl. Standards des gemeinsamen
   Umgangs, der Zusammenarbeit, des Leistungsanspruchs und akzeptablen Verhaltens werden vom Team etabliert und die zugewiesenen Rollen angenommen.

Es findet ein offener Austausch relevanter Informationen und der Interpretation dieser statt. Meinungen kommen zum Ausdruck.

4. *Performing.* In dieser Phase findet die konstruktive Zusammenarbeit statt. Strukturelle Fragen sind gelöst und die Teamstrukturen unterstützen die Aufgabenbewältigung. Die Mitglieder werden in der Erfüllung der ihnen zugewiesenen Rollen flexibler und funktional. Das Team arbeitet zusammen. Die Teamenergie ist auf die Arbeit an der Aufgabe konzentriert. Lösungen werden möglich.

5. *Adjourning.* In dieser Phase findet die Loslösung der Teammitglieder statt. Zentraler Bestandteil dieser Phase ist die Selbsteinschätzung dessen, was geleistet wurde. Gefühlsmäßig herrschen Sorgen gegenüber der Trennung und Beendigung der Zusammenarbeit vor.

In jedem Fall benötigt ein Team Zeit, um arbeitsfähig zu werden. Kommen neue Mitglieder hinzu, durchlebt das Team die Phasen abermals. In jeder Phase finden sich im Kleinen die Phasen als Subprozesse wieder.

▶ **Wichtig!** Teams durchlaufen fünf Teamphasen (Forming, Norming, Storming, Performing, Adjourning). Die Teammitglieder brauchen Zeit, um als Team arbeitsfähig zu werden.

Nach dem Leistungszenit fällt die Zusammenarbeit stark ab, da Teams starre Normen entwickelt haben, Abweichungen von diesen nicht toleriert werden und sie aufgrund einer starken internen Kommunikation weniger offen für Anregungen von außen sind. In der Folge kommen weniger innovative Problemlösungen zustande (Gebert 2004).

5.3.2 Innovationsförderliche Teamprozesse

5.3.2.1 Reflexivität gegen Groupthink

Für Problemlöse- und Entscheidungsteams bedeutsame **Teamprozesse** sind die Reflexivität des Teams, die Berücksichtigung abweichender Meinungen im Team und die Integrationsfähigkeit unterschiedlicher Anspruchsgruppen.

Die **Reflexivität** eines Teams meint, dass Teams über ihre Ziele und Prozesse der Zusammenarbeit nachdenken und kommunizieren und sich momentanen oder zu erwartenden Umständen anpassen (West et al. 1997). „Es geht also um zwei Komponenten, einerseits das bewusste gemeinsame Nachdenken, andererseits das entsprechende Handeln, um innovativer und effektiver zu werden […].

Dieses konfliktbehaftete Verhandeln über Ziele, Aufgaben, Rollen und Prozesse ist konstitutiv [... und] generell wichtig für Effizienz und Effektivität eines Teams" (Kriz und Nöbauer 2002). Im Sinne der Unterscheidung von Konflikten im Team (s. Kap. 6.3.4) lassen sich Aufgabenreflexivität und Beziehungsreflexivität unterscheiden.

Reflexivität wirkt einem schwerwiegenden Problem entgegen: Groupthink. Groupthink bezeichnet eine immense Widrigkeit in der Informationsverarbeitung von Teams und ist eines der von Wissenschaftlern meistbeachteten gruppendynamischen Phänomene.

▶ **Groupthink** Groupthink ist ein „Denkmodus, in den Personen verfallen, wenn sie Mitglied einer hochkohäsiven Gruppe sind, wenn das Bemühen der Gruppenmitglieder um Einmütigkeit ihre Motivation, alternative Wege realistisch zu bewerten, übertönt"(Janis, 1972) (Janis 1972).

Als Gründe für Groupthink werden eine hohe Gruppenkohäsion, strukturelle Fehler in der Teamorganisation (Abschottung nach außen, direktive Führung, Fehlen von standardisierten Entscheidungsprozessen, homogene Gruppen) sowie ein proaktiver situativer Kontext (Stress, vorherige Misserfolge, exzessive Entscheidungsschwierigkeiten, moralische Dilemmata) ausgemacht.

Beim Groupthink werden Entscheidungen gefällt, ohne dass mögliche Alternativen realistisch eingeschätzt wurden. Dies macht Fehleinschätzungen wahrscheinlicher. Nerdinger et al. (2008) machen auf folgende Symptome des Groupthink aufmerksam:

• *Selbstüberschätzung.* Selbstüberschätzung des Teams mit einhergehender Illusion der Unfehlbarkeit, die zu unrealistischem Optimismus führt. Überzeugung des Teams, durch sein Entscheiden und Handeln hohe moralische Standards zu vertreten.
• *Engstirnigkeit.* Engstirnigkeit entsteht zum einen durch kollektive Rationalisierung, bei der man sich die tatsächlichen Gründe des Handelns nicht eingesteht. Man konstruiert scheinbar rationale Gründe. Auch kann es zur Stereotypisierung von Außenstehenden kommen: Das Team trifft ungeprüfte oder unzutreffende Annahmen über das Verhalten oder die Reaktion von Außenstehenden.
• *Uniformitätsdruck.* Uniformitätsdruck zeigt sich durch Selbstzensur, bei der aufkommende Zweifel unterdrückt und nicht geäußert werden. Dies geschieht oft durch den übermächtigen Einfluss einer Führungs- oder Entscheidungsperson im Team. Es kommt eine Illusion der Einstimmigkeit auf, bei der die Mitglieder eines Teams davon ausgehen, dass die anderen der gleichen Meinung sind, obwohl zu keiner Zeit die Meinungen aller Teilnehmer erfragt wurden. Darüber hinaus bildet sich Gruppendruck gegen Argumente aus, welche die gemeinsame

Illusion infrage stellen, wobei keine Gegenargumente angeführt werden, sondern die Integrität der Person infrage gestellt wird. Teilweise lassen sich selbst ernannte Wächter ausmachen, die Informationen zensieren und nur die Illusion unterstützende Fakten an die Gruppe weiterleiten.

Die Konsequenzen von Groupthink äußern sich als Fehler im Entscheidungsprozess durch eine unvollständigen Generierung von Entscheidungsalternativen, eine unvollständige Reflexion der Handlungsziele, eine Unterschätzung der Risiken der präferierten Alternative, eine fehlende Neubewertung anfänglich verworfener Alternativen, eine fehlerhafte Informationssuche, eine selektive Informationsverarbeitung oder eine fehlenden Ausarbeitung von Plänen für Eventualitäten. Abweichende Meinungen sollten deshalb vom Team gehört, aufgegriffen und sinnvoll integriert werden. Dies gelingt durch die Orientierung an einem Prozessmodell der Innovation (s. Kap. 9) und durch die konsequente Trennung von Phasen des divergenten Denkens und Phasen des konvergenten Denkens (s. Kap. 7.2.4) währenddessen.

5.3.2.2 Berücksichtigung abweichender Meinungen

Mit der **Berücksichtigung abweichender Meinungen** im Team *(Minority Dissent)* ist gemeint: Die Mehrheitsführer werden vom Widerspruch durch die Meinungsminderheit überrascht. Sie versuchen diesen Widerspruch zu verstehen und hinterfragen ihre eigene Perspektive, statt vorschnell zu entscheiden.

▶ **Wichtig!** Innovationsförderliche Teamprozesse sind solche, die sich Groupthink entgegenstellen und dafür sorgen, dass sich Heterogenität und Diversität der Teammitglieder während der Problemlöse- und Entscheidungsfindung in unterschiedlichen Ideen und Bewertungskriterien beziehungsweise Bewertungen wiederfinden. Dazu zählen die Reflexivität des Teams, die Berücksichtigung abweichender Meinungen im Team und die Integrationsfähigkeit unterschiedlicher Ansprüche.

Minority Dissent hat Einfluss darauf, dass kein voreiliger Konsens durch eine Kompromisslösung gefunden wird. Das Team erweitert die mehrheitsfähige Lösung kreativ, sodass die Lösung dem Widerspruch der Minderheit begegnet. Abweichende Meinungen werden angehört, hinterfragt, verstanden, aufgegriffen und in die Lösung integriert (De Dreu und West 2001).

5.3.2.3 Integrationsfähigkeit

Integrationsfähigkeit umfasst eine aktive und eine passive Komponente. Die aktive Komponente bezieht sich auf die Fähigkeit, „sich selbst gut in ein Sozialgefüge integrieren zu können, seine Rolle anzunehmen und konstruktiv mit anderen Menschen zusammenzuarbeiten" (Niermeyer 2007).

Die passive Komponente beinhaltet die Fähigkeit, „andere Menschen erfolgreich in ein Team [...] zu integrieren, sodass eine gewinnbringende Zusammenarbeit stattfinden kann. In diesem Fall muss man nicht unbedingt selbst Teil dieses Gefüges sein" (Niermeyer 2007). Als Notwendig für die Integration zeigt es sich, die Gefühle und Einstellungen anderer Menschen zu erkennen, ihre Gefühle erspüren und akzeptieren zu können.

▶ **Integrationsfähigkeit** Integrationsfähigkeit meint die Fähigkeit, „sich oder andere wirkungsvoll in ein bestehendes Sozialgefüge zu integrieren, unterschiedliche Interessen, Ziele und Meinungen effektiv zu bündeln und Menschen sinnvoll miteinander zu verknüpfen" (Niermeyer 2007).

Rainer Niermeyer (2007) nennt acht Kennzeichen der Integrationsfähigkeit:

• Interessen, Ziele und Meinungen werden auf ein gemeinsames Ziel ausgerichtet.
• Gemeinsamkeiten unterschiedlicher Positionen werden herausgearbeitet.
• Es findet eine Vermittlung konfliktärer Personen oder Gruppen statt.
• Es besteht Interesse an unterschiedlichen Meinungen.
• Die Teammitglieder werden einbezogen.
• Neue und benachteiligte Mitarbeiter werden eingebunden.
• Es besteht Konsens- und Dialogorientierung, Kompromissbereitschaft und Moderationsfähigkeit.
• Verdeckte Spannungen und Konflikte werden aufgedeckt.

5.4   Wie Sie das Gelernte in der Praxis umsetzen

Fazit für die Praxis

Eine förderliche Innovationsstruktur hat ihre Basis in einer geeigneten Organisationsstruktur. Sie äußert sich für ein Innovationsvorhaben in einem starken Innovationsteam. Sie müssen für Innovationserfolg nicht den gesamten Betrieb umkrempeln. Vielmehr sollten Sie entweder der Konzeption von Innovationen oder der Einführung und Etablierung von Innovationen besondere Beachtung schenken.

Der Schlüssel für erfolgreiche Innovationsvorhaben liegt darin, ein Zusammenwirken aus individueller und Teamkreativität zu ermöglichen. So bekommen beide Raum zur Entfaltung.

Es empfiehlt sich, Innovationsvorhaben in Projektteams zu organisieren. So treten Sie Unsicherheit entgegen und nutzen die in Ihrem Betrieb verfügbare

Interdisziplinarität optimal aus. Die Faustregel zur geeigneten Teamgröße lautet: so viele Mitglieder wie nötig, so wenige wie möglich. Fachwissen und Kenntnisse sollten Sie fördern. Ohne diese Kenntnisse kann bei einem Innovationsvorhaben benötigtes Wissen fehlen. Setzen Sie Teams heterogen zusammen nach Merkmalen arbeitsbezogener Diversität. Dies regt im Team wie im gesamten Betrieb unterschiedliche Perspektiven und Verhaltensweisen an. Führen Sie bei wenig unterschiedlichen Mitarbeitern Perspektivwechsel herbei. Nutzen Sie Denkwerkzeuge, um die unterschiedlichen Aspekte eines Themas systematisch aus verschiedenen Blickwinkeln zu beleuchten.

Lassen Sie sich beim Teambuilding durch einen externen Trainer oder Berater unterstützen. Er kann einen geschützten Rahmen für die Teamentwicklung aufbauen und verfügt über eine neutrale Haltung. Dies schafft die Basis für ein solides Zusammengehörigkeitsgefühl, das Schwierigkeiten und Rückschläge überdauert.

„Es ist die lange Geschichte der Menschen (und auch der Tiere), dass diejenigen, die lernten, zusammenzuarbeiten und zu improvisieren, am effektivsten obsiegt haben." Der Naturwissenschaftler Charles Darwin stellt durch diese Aussage die Bedeutung der Zusammenarbeit heraus. Zusammenarbeit in Teams ist für Kreativität und Innovation von zentraler Bedeutung. Der Erfolg des Teams hängt stark von Ihren strukturellen Entscheidungen ab.

In diesem Kapitel konnten Sie Ansätze für ein zu Ihrem Betrieb passendes System der Innovation finden. Sie haben erfahren, dass für Ihr Innovationssystem bestimmte Personen und Personengruppen identifiziert werden sollten. Bringen Sie diese am besten in einem gemischten Projektteam zusammen. Probieren Sie folgende Aktivitäten aus, um die Konzepte und Erkenntnisse aus diesem Kapitel stärker zu durchdringen und anzuwenden:

Aktivitäten

- *Erproben Sie.* Identifizieren Sie zu einem bestehenden mittelgroßen Projekt oder zu einem aktuellen Problem in Ihrem Betrieb die zugehörigen Stakeholder durch eine Stakeholder-Analyse. Welche Einflüsse und Zusammenhänge erkennen Sie? Eröffnet Ihnen die Stakeholder-Analyse neue Handlungsmöglichkeiten?
- *Erstellen Sie Tabellen.* Welchen Diversitätsmerkmalen lassen sich die Mitarbeiter Ihrer Abteilung zuordnen? Über welche Diversitätsmerkmale verfügen die Kollegen auf Ihrer Führungsebene? Über welche Diversitätsmerkmale verfügen Sie selbst?

- *Erstellen Sie eine Mindmap (s. Kap. 9.3.2.2).* In welchen beruflichen und privaten Bereichen sind Sie Spezialist? Wozu besitzen Sie Fachwissen?
- *Erproben Sie.* Setzen Sie das Denkwerkzeuge sechs Denkhüte oder die Walt-Disney-Strategie im kleineren Kreis mit Mitarbeitern zu einem möglichen Projekt oder Vorhaben Ihres Betriebes ein. Welche Erfahrungen haben Sie gemacht, systematisch die Perspektive zu wechseln?
- *Planen (und beginnen) Sie.* Wählen Sie ein Innovationsvorhaben oder ein geeignetes Problem aus, das Sie in Ihrem Betrieb weiterverfolgen möchten. Welche fünf Personen wären für Ihr Team ideal?

Folgende Literatur hilft Ihnen, die Inhalte dieses Kapitels zu vertiefen.

Weiterführende Literatur
zu Teams und Teamführung
Bürger, M. (2014). *Champions League für Manager – Erfolg durch Vielfalt*. Wiesbaden: Springer Gabler.
Krüger, W. (2012). *Teams führen*. München: Haufe.
Niermeyer, R. (2008). *Teams führen*. München: Haufe-Lexware.
Van Dick, R., & West, M. A. (2013). *Teamwork, Teamdiagnose, Teamentwicklung*. Göttingen: Hogrefe.
zu Projektmanagement
Jakoby, W. (2010). *Projektmanagement für Ingenieure. Gestaltung technischer Innovationen als systemische Problemlösung in strukturierten Projekten*. Wiesbaden: Vieweg + Teubner.
Litke, H.-D., Kunow, I., & Schulz-Wimmer, H. (2012). *Projektmanagement*. München: Haufe.
Portny, S. E. (2011). *Projektmanagement für Dummies*. Weinheim: Wiley.
zu Open Innovation und Crowdsouring
Ili, S. (2010). *Open Innovation umsetzen: Prozesse, Methoden, Systeme, Kultur*. Ettlingen: Symposion.
Reichwald, R., & Piller, F. (2009). *Interaktive Wertschöpfung: Open Innovation, Individualisierung und neue Formen der Arbeitsteilung*. Wiesbaden: Springer Gabler.

Literatur

Aiken, M., & Hage, J. (1971). The organic organization and innovation. *Sociology, 5*(1), 63–82.
Backera, H., Malorny, C., & Schwarz, W. (2007). *Kreativitätstechniken. Kreative Prozesse anstoßen, Innovationen fördern*. München: Carl Hanser.

Brandstätter, H., & Brodbeck, F. (2004). Problemlösen und Entscheiden in Gruppen. In H. Schuler (Hrsg.), *Organisationspsychologie* (S. 282–445). Göttingen: Hogrefe.

Brunner, A. (2008). *Kreativer denken. Konzepte und Methoden von A–Z*. München: Oldenbourg.

Curall, L. A., Forrester, R. H., Dawson, J. F., & West, M. A. (2001). It's what you do and the way that you do it: team task, team size, and innovation-related group processes. *European Journal of Work & Organizational Psychology, 10*(2), 187–204.

Damanpour, F. (1991). Organizational innovation: A meta-analysis of effects of determinants and moderators. *Academy of Management Journal, 34*(3), 555–590.

De Bono, E. (1999). *Six thinking hats*. New York: Back Bay.

De Dreu, C. K., & West, M. A. (2001). Minority dissent and team innovation: The importance of participation in decision making. *Journal of Applied Psychology, 86*(6), 1191–1201.

De Dreu, C. K., de Vries, N. K., Franssen, H., & Altink, W. M. (2000). Minority dissent in organizations: Factors influencing willingness to dissent. *Journal of Applied Social Psychology, 30*(12), 2451–2466.

Deutsche Bank. (18.06.2014). *Deutsche Bank Nachrichten*. Deutsche Bank mit eigenem Wagen beim Christopher Street Day in Berlin: https://www.deutsche-bank.de/de/content/company/nachrichten/Deutsche-Bank-mit-eigenem-Wagen-beim-Christopher-Street-Day-in-Berlin.htm. Zugegriffen: 23. Juli 2014.

Deutsches Institut für Normung. (2009). *DIN 69901-5 (2009). Projektmanagement – Projektmanagementsysteme – Teil 5: Begriffe*. Berlin: Beuth.

Deutsche Telekom AG. (2006). *Diversity-Management bei der Deutschen Telekom*. Bonn: Deutsche Telekom AG.

Disselkamp, M. (2012). *Innovationsmanagement. Instrumente und Methoden zur Umsetzung im Unternehmen*. Wiesbaden: Springer Gabler.

Duncanc, R. B. (1976). The ambidextrous organization: Designing dual structures for innovation. *The management of organization design, 1*, 167–188.

Faber, M. J. (2008). *Open nnovation. Ansätze, Strategien und Geschäftsmodelle*. Wiesbaden: Gabler.

Fisch, R., Beck, D., & Englich, B. (2001). *Projektgruppen in Organisationen*. Göttingen: Hogrefe.

Gebert, D. (2004). *Innovation durch Teamarbeit. Eine kritische Bestandsaufnahme*. Stuttgart: Kohlhammer.

Hauschildt, J., & Salomo, S. (2011). *Innovationsmanagement*. München: Vahlen.

Heinrich, M. (2002). Gruppenarbeit: Theoretische Hintergründe und praktische Anwendungen. In H. Kasper & W. Mayrhofer (Hrsg.), *Personalmanagement, Führung, Organisation* (S. 289–334). Wien: Linde.

Hofbauer, G., & Sangl, A. (2006). *Professionelles Produktmanagement: Der prozessorientierte Ansatz, Rahmenbedingungen und Strategien*. Erlangen: Publicis.

Hülsheger, U. R., Anderson, N., & Salgado, J. F. (2009). Team-level predictors of innovation at work: A comprehensive meta-analysis spanning three decades of research. *Journal of Applied Psychology, 94*(5), 1128–1145.

Janis, I. L. (1972). *Victims of groupthink*. Boston: Houghton-Mifflin.

Jones, G. R., & Bouncken, R. B. (2008). *Organisation. Theorie, Design und Wandel*. Hallbergmoos: Pearson.

Kauffeld, S. (2001). *Teamdiagnose*. Göttingen: Hogrefe.

Kilian, D., Krismer, R., Loreck, S., & Sagmeister, A. (2007). *Wissensmanagement. Werkzeuge für Praktiker.* Wien: Linde.

Kimberly, J. R., & Evanisko, M. J. (1981). Organizational innovation: The influence of individual, organizational, and contextual factors on hospital adoption of technological and administrative innovations. *Academy of Management Journal, 24*(4), 689–713.

Kreativpromenade. (2014a). *Denkwerkzeuge (Unveröffentlichtes Dokument).* Aachen: Lukas Rütten und Lobsang Zelle GbR.

Kreativpromenade. (2014b). *Denkwerkzeuge (Unveröffentlichtes Dokument).* Aachen: Lukas Rütten und Lobsang Zelle GbR.

Kriz, W. C., & Nöbauer, B. (2002). *Teamkompetenz. Konzepte, Trainingsmethoden, Praxis.* Göttingen: Vandenhoeck & Ruprecht..

Ladwig, D. H. (2003). Team-Diversity. Die Führung gemischter Teams. In L. von Rosenstiel, E. Regnet, & M. Domsch (Hrsg.), *Führung von Mitarbeitern* (S. 447–459). Stuttgart: Schäffer-Poeschel.

Loden, M., & Rosener, J. B. (1991). *Workforce America! Managing employee diversity as a vital resource.* Homewood: Business One Irwin.

Luther, M. (2013). *Das große Handbuch der Kreativitätsmethoden. Wie Sie in vier Schritten mit Pfiff und Methode Ihre Problemlösungskompetenz entwickeln und zum Ideen-Profi werden.* Bonn: managerSeminare.

Maddux, W. W., & Galinsky, A. D. (2009). Cultural borders and mental barriers: The relationship between living abroad and creativity. *Journal of Personality and Social Psychology, 96*(5), 1047–1061.

Möslein, K. M., & Neyer, A.-K. (2009). Open Innovation. Grundlagen, Herausforderungen, Spannungsfelder. In A. Zerfaß, & K. M. Möslein (Hrsg.), *Kommunikation als Erfolgsfaktor im Innovationsmanagement. Strategien im Zeitalter der Open Innovation* (S. 85–104). Wiesbaden: Springer Gabler.

Müller-Prothmann, T., & Dörr, N. (2014). *Innovationsmanagement. Strategien, Methoden und Werkzeuge für systematische Innovationsprozesse.* München: Carl Hanser.

Nehmeth, C. J., & Wachtler, J. (1983). Creative problem solving as a result of majority vs minority influence. *European Journal of Social Psychology, 13,* 44–55.

Nerdinger, F. W., Blickle, G., & Schaper, N. (2008). *Arbeits- und Organisationspsychologie.* Heidelberg: Springer.

Niermeyer, R. (2007). *Coaching. Ziele entwickeln, Selbstvertrauen stärken, Erfolge kontrollieren.* München: Haufe.

Paulus, P. (2000). Groups, teams, and creativity: The creative potential of idea-generating groups. *Applied Psychology, 49*(2), 237–262.

Payne, R. (1990). Madness is our method. A comment on Jackofsky and Slocum's paper, ‚A longitudinal study of climates‘. *Journal of Organizational Behavior, 11*(1), 77–80.

Perkins, D. (2003). *King Arthur's round table. How collaborative conversations create smart organizations.* Hoboken: Wiley.

Project Management Institute, Inc. (2004). *A guide to the Project Management Body of Knowledge (PMBOK guide).* Newtown Square: Project Management Institute, Inc.

Pullen, J. (2010). *Diversity Management in kleinen und mittleren Unternehmen. Erfolgreiche Umsetzungsbeispiele.* (R. Berlin, Hrsg.) Berlin: RKW Berlin.

Reichwald, R., & Piller, F. (2009). *Interaktive Wertschöpfung: Open Innovation, Individualisierung und neue Formen der Arbeitsteilung.* Wiesbaden: Springer Gabler.

Schlick, C., Bruder, R., & Luczak, H. (2010). *Arbeitswissenschaft.* Heidelberg: Springer.

Scholz, L. (2010). *Methoden-Kiste. Methoden für Schule und Bildungsarbeit*. Bonn: Bundeszentrale für Politische Bildung.

Schulz, S., Hesebeck, B., & Lilitakis, G. (2007). *Praxishandbuch für soziales Lernen in Gruppen. Erlebnisorientiertes Arbeiten mit Kindern, Jugendlichen und Erwachsenen*. Münster: Ökotopia.

Staw, B. M. (1990). An evolutionary approach to creativity and innovation. In M. A. West & J. L. Farr (Hrsg.), *Innovation and creativity at work. Psychological and organizational strategies* (S. 287–308). Chishester: Wiley.

Taggar, S. (2002). Individual creativity and group ability to utilize individual creative resources: A Multilevel Model. *Academy of Management Journal, 45*(2), 315–330..

Tuckman, B. W. (1965). Developmental sequence in small groups. *Psychological Bulletin, 63*(6), 384–399.

Volkswagen, A. G. (2008). *Kollegialität gewinnt! Partnerschaftliches Verhalten am Arbeitsplatz*. Wolfsburg: Volkswagen AG.

Von Rosenstiel, L. (2003). *Grundlagen der Organisationspsychologie*. Stuttgart: Schäffer-Poeschel..

Wagner, P. A. (2013). *Open innovation and organizational alignment. A contingency analysis of external search strategies for innovation performance*. Aachen: RWTH Aachen.

West, M. A., & Anderson, N. R. (1996). Innovation in top management teams. *Journal of Applied Psychology, 81*(6), 680–693.

West, M. A., Garrod, S., & Carletta, J. (1997). Group decision-making and effectiveness: unexplored boundaries. In C. L. Cooper & S. E. Jackson (Hrsg.), *Creating tomorrow's organizations* (S. 293–317). Chichester: Wiley.

West, M. A., Patterson, M. G., & Dawson, J. F. (1999). A path to profit? Teamwork at the top. *Centre Piece: The Magazine of Economic Performance, 4*, 6–11.

WiPro. (o.J.b). *6-Hüte Methode*. (Lehrstuhl für Betriebswirtschaftslehre mit Schwerpunkt Technologie- und Innovationsmanagement der Rheinisch-Westfälischen Technischen Hochschule (RWTH) Aachen, Hrsg.). WiPro: http://www.innovationsmethoden.info/methoden/6-hüte-methode. Zugegriffen: 29. Juli 2014.

WiPro. (o.J.m). *Walt Disney Strategie*. (Lehrstuhl für Betriebswirtschaftslehre mit Schwerpunkt Technologie- und Innovationsmanagement der Rheinisch-Westfälischen Technischen Hochschule (RWTH) Aachen, Hrsg.). WiPro: http://www.innovationsmethoden. info/methoden/walt-disney-strategie. Zugegriffen: 29. Juli 2014.

Dürfen: Innovationsfreiräume etablieren 6

Zusammenfassung

In diesem Kapitel erfahren Sie, welche Freiräume im Denken und im Handeln Kreativität und Innovation ermöglichen. Dieses Kapitel hilft Ihnen, mit der geeigneten Einstellung und einem unterstützenden Verhalten Ihrem Innovationsteam gegenüberzutreten. In diesem Kapitel stehen Sie als Führungskraft im Mittelpunkt.

Außerdem erfahren Sie, welche Einstellungen und Verhaltensweisen ein Team zeigen sollte, um Innovation und Kreativität in die eigene Mitte zu bringen, und mit welchen Teamprozessen dies einhergeht.

Schließlich lernen Sie in diesem Kapitel, welches Führungsverhalten kreativen Mitarbeitern den Rücken stärkt und welche Arbeitsbedingungen Kreativität und Innovation fördern.

6.1 Konzeptioneller Überblick: Innovationsfreiräume

Neben einer den Rahmen absteckenden Innovationsstruktur benötigen Mitarbeiter für ein erfolgreiches Innovationsvorhaben Freiräume, in denen sie kreativ sein dürfen. In einem Betrieb mit einer starken Innovationskultur sind radikale Ideen die Regel, nicht die Ausnahme.

© Springer-Verlag Berlin Heidelberg 2015
L. Rütten, *Kreative Mitarbeiter*, DOI 10.1007/978-3-662-46052-8_6

Damit Mitarbeiter genügend Freiraum für Kreativität und Innovation empfinden, lassen sich wissenschaftlich mehrere Einflussgrößen benennen: Einfluss auf die Wahrnehmung der Mitarbeiter üben die Organisationskultur und das Organisationsklima aus. Dies äußert sich in einer klaren Innovations- und Qualitätsorientierung der Führungskräfte und des gesamten Betriebes sowie einer prozessorientierten Effizienzfokussierung, der Unterstützung für Experimente, einer hohen Fehlertoleranz und klaren Normen der Risikofreudigkeit (Miron et al. 2004; Nyström 1990; West und Anderson 1992; Madjar et al. 2002).

Auf der Teamebene sollte ein Teamklima von Partizipation, Normen und Unterstützung für Innovation, einer starken Vision, der Austragung aufgabenbezogener Konflikte und einer konstruktiven Streitkultur getragen werden (West und Anderson 1996; Hülsheger et al. 2009; De Dreu und West 2001; De Dreu et al. 2000; Tjosvold 1998).

Darüber hinaus beeinflussen Sie als Führungskraft die wahrgenommenen Innovationsfreiräume durch Ihr Führungsverhalten. Die Organisationspsychologie, Betriebspädagogik und Wirtschaftswissenschaften beschreiben innovationsförderliche und damit für den Mitarbeiter vorhersehbare Führung als demokratisch, partizipativ und offen für Vorschläge, erwartbar, delegativ, transformationell und dyadisch (Nyström 1990; Tierney et al. 1999; Shalley und Perry-Smith 2001; Axtel et al. 2000; Krause 2004, 2005; Keller 1992, 2006; Yukl 2010; Gumusluoglu und Ilsev 2009; Schriesheim et al. 2000; Scott und Bruce 1994; Tierney et al. 1999).

Innovationsfreiräume sind mit den Arbeitsbedingungen, innerhalb derer Ihre Mitarbeiter tätig werden, verbunden. Hier spielen Autonomie und Entscheidungsfreiheit, ein hohes Anforderungsniveau und eine hohe Aufgabenkomplexität sowie genügend Information und Kommunikation eine bedeutende Rolle (Janssen 2000; Oldham und Cummings 1996; Scholl 2004).

►   **Wichtig!** Für mehr Innovation und gelebte Kreativität in Ihrem Betrieb stehen Sie in der Verantwortung. Ermöglichen Sie Ihren Mitarbeitern Freiräume des Denkens und Handelns. Dazu gehören gelebte und von Ihnen vorgelebte Normen und Werte der Innovationsfreude, mitarbeiterorientiertes Führungsverhalten und das Einrichten und Ermöglichen günstiger Arbeitsbedingungen. Einen wichtigen Anteil für den Erfolg von Innovationsprozessen nehmen eine klare und umfassende Information und Kommunikation mit Mitarbeitern und weiteren Anspruchsgruppen ein.

6.2 Organisationskultur und Organisationsklima

Praxisbeispiel: Fokus schärfen
Während das Projektteam von Campus Headway in den Räumen der Kuhl-manCity GmbH schuftet, sitzt Frau Neumann in ihrem Büro. Sie weiß, dass sie in dem Team nichts zu suchen hat. Jeder würde sie beobachten und sich an ihr und ihrer Meinung orientieren. Es klopft an der Türe und Herr Gal, ein Teamleiter aus ihrem Bereich, tritt ein. Er ringt sichtlich um Fassung, und plötzlich platzt aus ihm heraus, dass man sämtliche Leuchten der Serie Xen erneut herstellen müsse. Er selbst habe das zu verantworten. Bei der Quali-tätsabnahme sei er nicht sorgfältig gewesen, dem finalen CAD-Modell fehle eine Verankerungsvorrichtung für die Befestigung auf dem Gehweg. Der finanzielle Schaden, das weiß auch Frau Neumann, ist immens. Am Ende des Gesprächs fragt Herr Gal, ob er rausgeschmissen würde. Frau Neumann verneint. Noch nie habe das Unternehmen so viel Geld in die Schulung eines Mitarbeiters gesteckt. Es sei klar, dass ein so wertvoller Mitarbeiter nicht gekündigt würde. Den Fehler ein zweites Mal wiederholen, das solle Herr Gal jedoch bitte nicht.
Fragen: Warum nimmt Frau Neumann nicht an der Teamsitzung teil? Welchen Umgang mit Fehlern und Risiken scheint Frau Neumann zu pfle-gen? Welche Normen und Orientierungsmuster würden außerdem zu ihr passen?

Innovationsfreiräume eröffnende Aspekte nehmen ihren Ausgangspunkt in den innovationsrelevanten Normen einer Organisation, wie sie sich in der **Organi-sationskultur** ausdrücken und das **Organisationsklima** beeinflussen. Von einer starken Organisationskultur und einem günstigen Organisationsklima ist die Rede, wenn es um erfolgreiche Betriebe geht. Beide Begriffe werden oft in einen Topf geworfen. Sie unterscheiden sich deutlich.

▶ **Organisationskultur** Organisationskultur bezeichnet das „Muster gemeinsam geteilter, grundlegender Annahmen, die von einer Gruppe bei der Lösung von Pro-blemen, der Anpassung an die Umwelt sowie bei der Integration ihrer Mitglieder gelernt wurden, die sich als hinreichend erfolgreich bei der Lösung dieser Prob-leme erwiesen haben und neuen Mitgliedern als die richtige Art und Weise, in der solchen Problemen zu begegnen ist, gelehrt wird" (Schein 1995).

Die Organisationskultur hat weniger die Wahrnehmung der aktuellen Situation als das übliche Verhalten der Gesamtheit der Betriebsmitglieder im Blick.

▶ **Organisationsklima** Organisationsklima meint „die relativ überdauernde Qualität der inneren Umwelt der Organisation, die durch die Mitglieder erlebt wird, ihr Verhalten beeinflusst und durch die Werte einer bestimmten Menge von Merkmalen der Organisation beschrieben werden kann" (von Rosenstiel 2003).

Das Organisationsklima bezeichnet die Wahrnehmung der aktuellen Lage durch die Mitarbeiter. Es ist zeitlich weniger stabil als die Organisationskultur und kann schneller verändert und beeinflusst werden.

Für Innovation relevante Aspekte der Organisationskultur und des Organisationsklimas sind eine starke Innovationsorientierung, eine konsequente Qualitätsorientierung, eine prozessbezogene Effizienzfokussierung, Unterstützung für Experimente, eine hohe Fehlertoleranz sowie klare Normen der Risikofreudigkeit.

Es genügt nicht, die Normen und Werte der Innovation zu verbalisieren. Vielmehr ist es für eine von außen sichtbare und nach innen glaubwürdige Kultur bedeutsam, dass die Normen und Werte konsequent praktiziert und gelebt werden.

Der Aufbau innovationsförderlicher Werte und einer starken Kultur ist nicht kurzfristig möglich. Eine Kultur kann sich nur langfristig etablieren. Kommunikationsbereitschaft und gegenseitiges Vertrauen müssen langsam und kooperativ wachsen. Die Normen und Werte der Kreativität sollten auch in der Team- und Führungskräfteentwicklung eine hervorgehobene Rolle spielen.

▶ **Wichtig!** Team- und Führungskräfteentwicklung können helfen, auf den unteren Ebenen einer Organisation kreativitätsförderliche Normen und Werte zu erkennen und ihre Bedeutung für Innovationserfolge zu verstehen. Zu diesen Normen und Werten gehören Innovationsorientierung, Qualitätsorientierung, Effizienzfokussierung, Fehlertoleranz, Risikofreude und Offenheit für neue Erfahrungen.

6.2.1   Innovationsorientierung

Innovationsorientierung drückt aus, dass im Betrieb gegenüber Kreativität und Innovation eine positive Einstellung vorherrscht. Die Mitarbeiter und Führungskräfte sind kreativ und legen ein innovationsorientiertes Verhalten an den Tag (Miron et al. 2004; Derenthal 2009). Innovation bietet einen hohen Stellenwert im gelebten Wertesystem eines Betriebes, sodass Führungskräfte immer wieder neue und nützliche Ideen würdigen.

Eine Möglichkeit, die Innovationsorientierung zum Ausdruck zu bringen, besteht darin, Innovation und Kreativität explizit im Unternehmensleitbild zu verankern. Darüber hinaus kann die Innovationsorientierung beispielsweise dadurch demonstriert werden, dass der Betrieb die Unternehmensgeschichte anhand der eigenen Innovationsgeschichte aufbereitet und intern wie extern zugänglich macht.

Die Methode *Innovation History* entstammt dem Wissensmanagement. Sie ermöglicht eine aufarbeitende Aufzeichnung und Reflexion vergangener Innovationserfolge eines Unternehmens. Durch die Mitarbeit an einer Innovationsgeschichte werden Diskussion, Reflexion und organisationales Lernen unter den Beteiligten angeregt und die Ergebnisse intern oder extern zugänglich gemacht. Die Innovation History kann relevantes PR-Material darstellen.

Methode: Innovation History

Schwierigkeit: hoch
   Dauer: mehrere Stunden
   Sozialform: Projektteam zur Erarbeitung (max. 5 Personen).
Durchführung:
1. *Das Hier und Heute beschreiben.*
Beschreiben Sie, wo Ihr Unternehmen steht:
   – Mit welchen Produkten oder Dienstleistungen ist Ihr Unternehmen am Markt?
   – Welche Errungenschaften sind in den betrieblichen Prozessen allgegenwärtig?
   – Was betonen Ihre Mitarbeiter, wenn sie positiv über den Betrieb sprechen?
2. *Chronik der Innovation verfassen.*
Beschreiben Sie im zeitlichen Verlauf seit der Gründung die einzelnen Innovationen Ihres Betriebes bis zum Hier und Heute mithilfe von Dekaden oder Jahreszahlen.
   – Wer waren die an der Innovation Beteiligten?
   – Wer sind die von der Innovation Betroffenen?
   – Was war das Neue an der Innovation?
   – Was war das Nützliche an der Innovation?
3. *Lernerfahrungen mit einfließen lassen.*
Beschreiben Sie, wie sich die jeweilige Innovation auswirkte und in welchen in der Chronik erwähnten Folgeinnovationen sie mündete:
   – Welche Erkenntnisse oder Erfahrungen haben diese Innovation ermöglicht?
   – Was wurde vom Betrieb auf dem Weg zur Innovation gelernt?

4. *Innovation History veröffentlichen.*
Bereiten Sie die Innovation History abschließend in einer ansprechenden und für Außenstehende verständlichen Form auf. Veröffentlichen Sie die Innovation History im Unternehmen und außerhalb des Betriebes.
Quellen: Bates und Flynn 1995; WiPro o. J.g

6.2.2   Qualitätsorientierung

Qualitätsorientierung im Sinne eines umfassenden Qualitätsmanagements drückt aus, dass im Betrieb Qualität im Mittelpunkt steht. Dies meint, dass die Mitarbeiter und Führungskräfte ihr Handeln konsequent an der Zufriedenstellung der Kunden ausrichten. Sie zielen ab auf langfristigen Geschäftserfolg sowie auf Nutzen für die Mitglieder des Betriebes und für die Gesellschaft (Miron et al. 2004; Geiger und Kotte 2008). Innovationsorientierung will Neues schaffen. Qualitätsorientierung rückt das Schaffen von Nutzen in den Mittelpunkt.

Den Vorgang der adaptiven Innovation haben viele japanische Unternehmen perfektioniert. Sie haben ihr System der stetigen Verbesserung, *Kaizen*, in aller Welt bekannt gemacht. Ansätze zur Qualitätsverbesserung können beispielsweise die Anwendung von Kontinuierlichen Verbesserungsprozessen oder die Einrichtung von Qualitätszirkeln sein.

Ein *Kontinuierlicher Verbesserungsprozess (KVP)* ermöglicht die Verbesserung von betrieblichen Prozessen und von die Qualität betreffenden Merkmalen. Der Verbesserungsprozess ist angelehnt an der Philosophie des Kaizens. Daher wird in Teamarbeit eine schrittweise Verbesserung statt einer radikalen Veränderung angestrebt.

Überblick: Kontinuierlicher Verbesserungsprozess
Was bringt es?
   Kontinuierliche Verbesserungsprozesse zielen auf Problemlösung und Optimierung bei Arbeitsabläufen und Arbeitsverfahren in kleinen Schritten ab. Die Problemlösung führt entsprechend des *PDCA-Zyklus* vom Planen (*Plan*) zum Durchführen (*Do*). Im Kontrollieren (*Check*) wird die geleistete Arbeit durch gezielte Reflexion überprüft und der Kreis zum Verbessern (*Act*) geschlossen. Im Sinne der kontinuierlichen Verbesserung ist eine Erfahrungssicherung durch Dokumentation wichtig. Weitere Verbesserungen können initiiert werden, wenn noch Optimierungsbedarf besteht.

Wie gehe ich vor?
KVP wird in der Regel als Projekt durchgeführt und gemanagt. Dabei ist
es wichtig zu verstehen, dass KVP an sich kein Projekt sein kann, sondern
ein Programm darstellt, da kontinuierliche Verbesserung ein zeitliches Ende
ausschließt.

Der entscheidende Ausgangspunkt dieses Verbesserungsprozesses ist
die spezifische Fragestellung zur Verbesserung oder Problembeseitigung in
Arbeitsabläufen oder Arbeitsverfahren. Sie dient als konzeptionelle Grundlage für Veränderungsmaßnahmen.

Die Schritte im KVP-Prozess lauten:

1. *Verbesserungsbedarf ermitteln.* Suche nach Ansatzpunkten zur Verbesserung. Auswahl solcher Ansatzpunkte, derer sich das Projektteam annehmen möchte.
2. *Ist- und Soll-Zustand beschreiben.* Beschreibung des Ist- und Soll-Zu-
   stands für den Verbesserungspunkt mithilfe von Kennzahlen.
3. *Probleme ermitteln.* Ermittlung der mit diesem Verbesserungspunkt im
   Zusammenhang stehenden Probleme. Nähere Analyse und Beschreibung
   der Probleme und Bewertung ihrer Bedeutung.
4. *Ursachen suchen.* Ermittlung der Ursachen für eines oder mehrere
   schwerwiegende Probleme.
5. *Lösungen generieren.* Sammlung von Lösungsideen. Bewertung der
   Lösungsideen und Auswahl einer passenden Lösungsidee. Treffen einer
   klaren Entscheidung für die Umsetzung der Lösung.
6. *Lösung umsetzen.* Einsatz der Lösung und Überprüfung des Erfolgs.
   Gegebenenfalls weitere Optimierung.

Angereichert werden die einzelnen Schritte im KVP-Prozess mit Projektma-
nagement- und Moderationsmethoden sowie Kreativitätstechniken.

KVP in der Praxis:
KVP sollte mit kontinuierlicher Beratung eines Experten für KVP durchgeführt werden und bedarf im Vorfeld einer Sensibilisierung des Managements, einer Auftaktveranstaltung und der Schulung interner Moderatoren.

Quellen: Kostka und Kostka 2013; WiPro o. J.f.

Der Vorteil beim Einsatz von KVP in Betrieben besteht darin, dass neben der Optimierung von Prozessen, Kosten, Zeit und Qualität die Kreativität und das Engage-
ment der Mitarbeiter geweckt und das Innovationsklima im Team und langfristig
die Innovationskultur eines Unternehmens verbessert werden.

Auch *Qualitätszirkel* tragen zur qualitativen Verbesserung von Dienstleistungen, Produkten oder betrieblichen Prozessen bei. Durch die Teilnehmer werden Ansatzpunkte zur Verbesserung identifiziert. Dazu erarbeiten die Teilnehmer aufgrund ihres Wissens Handlungsempfehlungen zur Umsetzung.

Überblick: Qualitätszirkel

Was bringt es?

Qualitätszirkel zielen auf die Problemlösung und Optimierung in kleinen Schritten ab. Im Sinne der stetigen Verbesserung ist eine Erfahrungssicherung durch Dokumentation wichtig. Weitere Verbesserungen können initiiert werden, wenn noch Optimierungsbedarf besteht.

Wie gehe ich vor?

Qualitätszirkel werden in der Regel als Projekt durchgeführt und gemanagt. Der entscheidende Ausgangspunkt dieses Verbesserungsprozesses ist die spezifische Fragestellung zur Verbesserung oder Problembeseitigung. Sie dient als konzeptionelle Grundlage für Maßnahmen der Qualitätsverbesserung.

Zur Durchführung des Qualitätszirkels sollten bis zu 15 Personen der gleichen Hierarchieebene aus unterschiedlichen Abteilungen ausgewählt werden.

Die Schritte im Qualitätszirkel-Prozess lauten:

1. *Problem auswählen.* Suche nach möglichen Problemen und Auswahl eines dieser Probleme zur Bearbeitung im Qualitätszirkel.
2. *Ursachen ermitteln.* Ermittlung möglicher Ursachen für das Problem.
3. *Einflussmöglichkeiten feststellen.* Überprüfung, inwiefern die Mitglieder des Qualitätszirkels Einfluss auf die Behebung des Problems haben.
4. *Lösungen suchen und bewerten.* Suche und Bewertung von Lösungen für das Problem.
5. *Leitung informieren.* Information der zuständigen Leitung über den ausgewählten Lösungsansatz und Einholen ihrer Zustimmung zur Umsetzung der Lösung.
6. *Einführung planen.* Planung der schrittweisen Einführung der Lösung unter Berücksichtigung möglicher Unterstützer und Gegner.
7. *Lösungen einführen.* Einführung einer Lösung anhand des Vorgehensplans.

8. *Auswirkungen überprüfen.* Überprüfung der Auswirkungen und gegebenenfalls Veranlassung von notwendigen Anpassungen in Rücksprache mit der Leitung.

9. *Ergebnisse dokumentieren.* Dokumentation der Ergebnisse zur weiteren Verbesserung.

Angereichert werden die einzelnen Schritte bei der Sitzung des Qualitätszirkels mit Projektmanagement- und Moderationsmethoden sowie Kreativitätstechniken.

Qualitätszirkel in der Praxis:
Die Anwendung von Qualitätszirkeln sollte mit kontinuierlicher Beratung eines Experten für Qualitätsmanagement durchgeführt werden und bedarf im Vorfeld einer Sensibilisierung des Managements und einer Auftaktveranstaltung. Zudem müssen interne Moderatoren für die Leitung der Qualitätszirkel geschult werden.
Quelle: WiPro o. J.j.

Der Vorteil eines Qualitätszirkels besteht darin, dass durch die heterogene Besetzung verschiedene Sichtweisen und Ansätze aus verschiedenen Wissensgebieten miteinander kombiniert werden. Der Qualitätszirkel kann das betrachtete Produkt, die betrachtete Dienstleistung oder den Unternehmensprozess deutlich verbessern.

6.2.3 Effizienzfokussierung

Effizienzfokussierung meint die Erfüllung von Zeit- und Budgetvorgaben. Betriebe mit Effizienzfokus packen die Dinge an. Sie sind schneller als die Konkurrenz. Sie steuern die Betriebskosten erfolgreich. Die Produktivität betrieblicher Abläufe wird betont, das Erfüllen von Zielvorgaben und gewünschten Ergebnissen erwartet (Miron et al. 2004).

Bei Innovationsprozessen bedeutet Effizienzfokussierung, dass man nicht versuchen sollte, wenige Mittel zu verbrauchen, sondern die zu einem Innovationsvorhaben gesetzten Ziele oder beabsichtigten Ergebnisse durch geeignete Prozesse und Methoden zu erreichen. Effizienz kann nicht für sich stehen. Werden bei einem Innovationsvorhaben die falschen Dinge effizient getan, wird das Ziel nicht erreicht. Das Flexibilisierungsprinzip (s. Kap. 4.1), das in einem solchen Moment vorherrscht, besagt: Stellen Sie kurzfristig Effizienz zugunsten langfristiger Effektivität zurück.

Die Arbeit in einem Innovationsprojekt ist begrenzt effizient: Trotz Effizienzfokussierung muss Raum für Ausprobieren, Experimente, Erkundungen, Perspektivwechsel und Wiederholung bestehen. Statten Sie Innovationsteams deshalb mit
hinreichenden Basisressourcen wie genügend Zeit, Arbeitsmitteln und Finanzmit-
teln aus.

In diesem Sinne leisten Prozessverständnisse wie KVP (s. Kap. 6.2.2) und Prozessmodelle der Innovation einen wichtigen Beitrag zum Innovationserfolg. Durch
sie muss Innovation nicht länger aus dem Nichts geschaffen werden. Sie erwächst
aus schrittweiser Bearbeitung einer Aufgaben- oder Problemstellung.

6.2.4 Unterstützung für Experimente

Unterstützung für Experimente meint die Förderung und Unterstützung von
hochmotivierten Kreativen im Betrieb. Dies geschieht durch die Bereitstellung von
Informationen sowie eine direkte und zeitnahe Kommunikation. Die Unterstützung umfasst die Toleranz gegenüber Misserfolgen und wirtschaftlichen Schäden.
Sie äußert sich ferner darin, dass die innovativen Personen sich einen Anteil ihrer
Arbeitszeit für die Arbeit an Erfolg versprechenden Ideen einteilen dürfen (Vahs
und Brem 2013).

Zur Unterstützung von Experimenten liefert das Unternehmen *3M* mit der
15-Prozent-Regel eine praktische Gepflogenheit (3M Company o. J.): 3M-Tech-
niker dürfen unabhängig von ihrem Aufgabenbereich bis zu 15 % ihrer Arbeitszeit
für unabhängige Projekte verwenden. Die 15-Prozent-Regel verlor ihre Wirkung
nicht mit dem Wachstum des Unternehmens. Die Regel unterstützt technische Mitarbeiter dabei, 15 % ihrer Zeit für Projekte ihrer Wahl einzusetzen. Die Strategie
lohnt sich: Die 15-Prozent-Regel bescherte 3M Produkte wie das Klebeband und
den Klebezettel.

Es ist wichtig, dass Ihre Mitarbeiter sich trauen, Experimente zu wagen. Die
15-Prozent-Regel lässt Ihre Mitarbeiter über eine weitere Ressource verfügen:
Zeit. Durch die Eigenverantwortung und Selbstbestimmtheit wird der Mitarbeiter
zu einer hohen Leistung in seinem Projekt motiviert. Feinstein (2010) sieht die
Entscheidungsfreiheit der Mitarbeiter im Zusammenhang mit Innovationshandeln
durch ein angemessenes Maß an freier Zeiteinteilung bestimmt.

Eine weitere Möglichkeit, Ihre Mitarbeiter bei Experimenten zu unterstützen,
besteht in *Ideenwettbewerben* (Walcher 2006). Diese Methode stammt aus dem Innovationsmanagement. Grundsätzliche Absicht hinter Ideenwettbewerben ist das
Auffinden, Nutzen und Binden interner oder externer Ideenquellen.

Methode: Ideenwettbewerb

Schwierigkeit: mittelhoch

Dauer: mehrere Tage

Sozialform: Projektteam zur Erarbeitung und Bewertung der Ideen (max. 5 Personen)

Durchführung:

1. *Ideenwettbewerb ausrufen.*

Wählen Sie mittels Wunschdenken eine geeignete Herausforderung (s. Kap. 9.3.2.1) und formulieren Sie eine entsprechende Fragestellung (s. Kap. 9.3.2.2). Fordern Sie betriebsintern oder öffentlich dazu auf, Ideen und Beiträge zu der Herausforderung einzureichen. Legen Sie einen geeigneten Zeitraum zur Teilnahme fest. Verbinden Sie den Ideenwettbewerb mit einer Prämie. Greifen Sie nach Möglichkeit auf eine Fachjury zurück.

2. *Ideen bewerten.*

Bewerten Sie die eingereichten Vorschläge mittels Punktbewertung (s. Kap. 9.3.2.3) oder Bewertungsmatrix (s. Kap. 9.3.2.6). Prämieren Sie die aus Ihrer Sicht besten Ergebnisse.

3. *Ideengeber einbinden.*

Identifizieren Sie solche Ideengeber, die über besonderes Lösungs- oder Nutzerwissen verfügen. Nehmen Sie Kontakt mit den erfolgreichen Ideengebern auf. Suchen Sie gemeinsam nach Möglichkeiten zu deren Einbindung, und lassen Sie sich bei Erfolg versprechenden Ideen von den Ideengebern in der Entwicklung neuer Lösungsalternativen unterstützen.

Quellen: Walcher 2006; WiPro o. J.n.

Umso spezifischer der von Ihnen vorgegebene inhaltliche Rahmen und umso detaillierter die ausgearbeitete Anforderung an das Endergebnis, desto stärker wird der Spielraum bei der Ideenfindung eingeschränkt, aber desto passgenauer sind die Ergebnisse. Umso unspezifischer die Aufgabe, desto mehr kreative Entfaltungsmöglichkeiten werden den Teilnehmern eingeräumt. Durch die Festlegung der Aufgabenspezifität kommt es zu einer Selbstselektion der Teilnehmer. Es melden sich Teilnehmer mit besonderem Wissen über Lösungsmöglichkeiten oder zu den tatsächlichen Bedürfnissen der Kunden. Das Offenlegen dieses Wissens kann eine enorme Bereicherung für den Betrieb bedeuten.

6.2.5   Fehlertoleranz und Normen der Risikofreudigkeit

Wir lernen aus Fehlern. Und wenn ein Mitarbeiter bei einem Innovationsvorhaben einen Fehler macht, braucht er nicht noch mehr Strafe und Zurechtweisung. Vielmehr muss er aufgebaut und ermutigt werden.

Fehlertoleranz meint: „Fehlschläge und Fehler werden in einem vertretbaren Maße akzeptiert und als Chance zum Lernen, zur Weiterentwicklung genutzt" (Witt und Witt 2008). Fehlertoleranz ist eng mit Freiräumen für ein eigenständiges Handeln verbunden. Andernfalls bleiben mutige Ideen aus Scheu vor Verantwortung auf der Strecke. Eine Fehler- und Lernkultur ist zentral für Innovation (Vahs und Brem 2013).

Um aus gemachten Fehlern zu lernen, können Sie die Methode *Lessons Learned* einsetzen. Sie stammt aus dem Wissensmanagement. Mit ihrer Anwendung soll aus einem Scheitern ein Lernerfolg werden, der die Fehlerkultur und den Umgang mit Risiken in einer Organisation langfristig beeinflusst.

Durch die Anwendung der Methode Lessons Learned will man aus einer negativen Episode Lehren ziehen und langfristig lernen. Gegenstand der Methode sind Erfahrungen, vor allem negative. Sie sollen festgehalten werden, um die fruchtbare Chance des Lernens aus Fehlern nicht vorübergehen zu lassen. Ziel ist es, schlechte Praktiken und Fehler nicht mehrfach zu wiederholen. Dazu müssen zunächst Erfahrungen während eines Projekts gesammelt werden. Sie werden nach Projektabschluss reflektiert sowie aufbereitet und betriebsintern zugänglich gemacht.

Methode: Lessons Learned
Schwierigkeit: mittelhoch
  Dauer: mehrere Stunden
  Sozialform: Projektteam zur Erarbeitung (max. 5 Personen), Diskussionsforum zur Diskussion (max. 15 Personen)
  Durchführung:
1. *Besonderheiten dokumentieren.*
Dokumentieren Sie möglichst schon während eines Projekts oder einer komplexen Aufgabe die Abläufe und angefallene Besonderheiten.
2. *Ergebnisse und Erfahrungen reflektieren.*
Reflektieren Sie bei Projektabschluss gemeinsam die gesammelten Ereignisse und Erfahrungen und bewerten Sie diese. Führen Sie eine Manöverkritik durch und entscheiden Sie, worin die jeweiligen Lernerfahrungen (Lessons Learned) bestehen.

3. *Erfahrungen aufbereiten.*
Bereiten Sie Fehler und Erfahrungen so auf, dass die Implikationen für andere Projekte oder Vorhaben deutlich werden. Sorgen Sie dafür, dass Übertragbarkeit gewährleistet wird und andere, die nicht am Projekt teilgenommen haben, von den Lernerfahrungen profitieren können. Nutzen Sie gegebenenfalls Mikroartikel (s. Kap. 6.6) für die schriftliche Fixierung und Verbreitung der Lernerfahrung, sodass diese von anderen für künftige Projekte und Vorhaben nachvollzogen und genutzt werden können.
Quelle: Kilian et al. 2007.

Fehlertoleranz und ein lernender Umgang mit gemachten Fehlern sind die eine Seite der Medaille. Auf der anderen Seite befindet sich die **Risikofreudigkeit**. Fehlertoleranz zeigt sich, nachdem Mitarbeiter gehandelt haben. Risikofreudigkeit zeigt sich, bevor Mitarbeiter handeln dürfen. Risikofreudigkeit bedeutet nicht, blind loszulaufen. Vielmehr geht es darum, neue Ideen sorgfältig zu überprüfen und bewusst nach Umsetzungsmöglichkeiten zu suchen. Risikofreude bedeutet, aktiv nach Möglichkeiten und günstigen Gelegenheiten Ausschau zu halten und Chancen zu ergreifen. Angemessene Risikofreudigkeit ist der Ausdruck einer vorhandenen Risikokultur im Betrieb.

▶ **Risikokultur** Risikokultur meint „das gemeinsame zugrunde liegende Normen- und Wertegerüst des Managements und der Mitglieder eines Unternehmens, auf deren Basis Risiken erkannt, analysiert und gesteuert werden. Sie steuert das Bewusstsein und die Bereitschaft, Risiken wahrzunehmen, offen zu kommunizieren und dementsprechend zu handeln" (Jahner und Kremar 2005).

Für einen sinnvollen Umgang mit Risiken bieten sich zwei Denkwerkzeuge an: Die TOWS-Analyse und die PPCO-Analyse (s. Kap. 9.3.2.5). Beide zeichnen sich durch eine optimistische Grundhaltung aus. Es werden nicht nur die Nachteile oder Probleme neuer Ideen untersucht. Es wird konstruktiv nach Möglichkeiten und realistischen Wegen zur Umsetzung gefragt. Die TOWS-Analyse ist unter ihrem weniger optimistischen Namen SWOT-Analyse bekannt.
Das Denkwerkzeug *TOWS-Analyse* hilft Ihnen, sich Klarheit über die mit einem Vorhaben verbundenen Gefahren, Chancen, Schwächen und Stärken zu verschaffen.

Denkwerkzeug: TOWS-Analyse
Schwierigkeit: hoch
    Dauer: mehrere Stunden
    Sozialform: allein, im Team (max. 5 Personen)
    Durchführung:
1. *Matrix erstellen.*
Erstellen Sie eine 2 × 2-Matrix und geben Sie den vier Feldern folgende
Überschriften:
    – *Threats*. Welche Gefahren bestehen?
    – *Opportunities*. Welche Chancen zeichnen sich ab?
    – *Weaknesses*. Welche Schwächen sind erkennbar?
    – *Strengths*. Welche Stärken lassen sich nutzen?
2. *TOWS analysieren.*
Listen Sie im entsprechenden Feld bestehende Gefahren auf. Priorisieren
Sie diese im Anschluss. Überlegen Sie, wie Sie den Gefahren entgegentreten
können. Sammeln Sie anschließend jegliche mit dem Vorhaben verbundenen Chancen. Priorisieren Sie diese und überlegen Sie, wie Sie die Chancen
möglichst gut ausnutzen können. Gehen Sie analog mit den Schwächen und
Stärken vor.
3. *Maßnahmenplan erstellen.*
Leiten Sie aus den Ergebnissen der Matrix einen Maßnahmenkatalog mit
konkreten Handlungsschritten ab und setzen Sie diese nacheinander um.
    Quellen: Luther 2013; Kreativpromenade 2014; WiPro o. J.k.

6.3   Teamklima

Praxisbeispiel: Unterstützung zeigen
Mit seinen beiden Kollegen hat Herr Kraft sich an die Arbeit gemacht und
eine neue Produktlinie für die Stadtmöblierung entwickelt, die ausschließlich die Bedürfnisse von Kindergarten- und Schulkindern als Bewohnern
von Städten in den Blick nimmt. Seine Büronachbarin Frau Lorsch hält diese
Idee für eine Fehlzündung, keine Kommune würde Produkte kaufen, die
systematisch den Großteil der Bevölkerung von der Nutzung ausschließen.
    Anders sieht das Frau Neumann. Sie setzt sich gegenüber der Geschäfts-
führerin Frau Kuhlman dafür ein, dass die Idee von Herrn Kraft und seinen

Kollegen weiterverfolgt wird. Man könne ja die bisherigen Produktlinien ergänzen. Die Unterstützung durch Frau Neumann fruchtet, und bald hat die KuhlmanCity GmbH ein weiteres Alleinstellungsmerkmal errungen und bekommt zahlreiche Aufträge von Kindergärten und Schulen. Mitarbeiter melden sich bei Frau Neumann und Herrn Kraft. Sie sind stolz auf die hergestellten Produkte.

Fragen: Welche Vorteile gehen mit der von Frau Neumann erbrachten Unterstützung für die Idee von Herrn Kraft einher? Welche Nachteile könnten sich ergeben? Wie könnte man die Wirkung der Nachteile abfangen?

Als relevante Aspekte für ein kreativitäts- und innovationsförderliches **Teamklima** wurden Partizipationsmöglichkeiten für die Teammitglieder sowohl arbeitsbezogen als auch in der Ideenfindung und Entscheidung, eine gemeinsame Vision, Normen und Unterstützung für Innovation, aufgabenbezogene Konflikte und eine konstruktive Streitkultur ausgemacht.

6.3.1 Partizipation

Partizipation meint, dass Betroffene und Anspruchsgruppen beziehungsweise deren Vertreter an Problemlöse- und Entscheidungsprozessen teilhaben, teilnehmen und beteiligt – also aktiv einbezogen – werden (Wegge 2004).

Es lassen sich neun Teamrollen unterscheiden. Die Teammitglieder wollen und werden diese bei einem Innovationsvorhaben spielen (Margerison und McCann 1990). Eine Person kann mehrere Rollen im Team übernehmen:

- *Schöpfer/Erfinder.* Personen mit dieser Rollenpräferenz besitzen viel Vorstellungskraft, entwickeln Ideen und Konzepte. Sie sind unabhängig und wählen ihr Arbeitstempo selbst.
- *Entdecker/Förderer.* Personen mit dieser Rollenpräferenz greifen neue Ideen auf und engagieren sich dafür.
- *Beurteiler/Entwickler.* Personen mit dieser Rollenpräferenz verfügen über analytische Fähigkeiten. Sie können verschiedene Optionen validieren und analysieren, bevor eine Entscheidung zu treffen ist.
- *Vorantreiber/Organisatoren.* Personen mit dieser Rollenpräferenz setzen die Ideen und Lösungen in die Realität um und bringen die Dinge zu Ende. Sie setzen Ziele, machen Pläne und organisieren die benötigten Personen und Ressourcen.

- *Schlussmacher/Produzenten.* Personen mit dieser Rollenpräferenz bestehen auf die Einhaltung von Verpflichtungen, Terminen und Budgets. Sie sorgen dafür, dass hohe Standards zum Tragen kommen.
- *Kontrolleure/Prüfer.* Personen mit dieser Rollenpräferenz sind darauf bedacht, Regeln und Vorschriften zu entwickeln und deren Einhaltung durchzusetzen. Sie gehen gut mit Details, Fakten und Zahlen um.
- *Wahrer/Erhalter.* Personen mit dieser Rollenpräferenz engagieren sich für den Teamzusammenhalt. Sie sind überzeugt davon, wie die Dinge gemacht werden sollten, und vertreten das Team kämpferisch gegenüber Außenstehenden.
- *Berichterstatter/Berater.* Personen mit dieser Rollenpräferenz hören gut zu und drängen anderen nicht ihre Meinung auf. Sie ermuntern das Team, vor einer Entscheidung weitere Informationen einzuholen und keine übereilte Entscheidung zu treffen.
- *Integratoren/Koordinatoren.* Personen mit dieser Rollenpräferenz versuchen Kooperation unter allen zu erreichen und eventuelle Differenzen zu überwinden.

Die Teamrollen sind verbunden mit Präferenzen für einzelne Schritte im Innovationsprozess (Puccio et al. 2011). Mitarbeiter besitzen bestimmte Präferenzen hinsichtlich ihrer Arbeitsweise und ihrer Herangehensweise an Problemlösungen (Puccio et al. 2004). Präferenz ist indes nicht gleichzusetzen mit Fähigkeit: Eine Präferenz drückt aus, wann man sich in einem Innovationsprozess engagiert. Ein Team, das aus Mitarbeitern mit ähnlicher Präferenz besteht, wird sich gut verstehen. Es wird Freude bei der Zusammenarbeit empfinden. Aber es läuft Gefahr, wichtige Arbeitsaufgaben im Innovationsprozess zu vernachlässigen, auszulassen oder nur unter viel Mühe zu bewältigen.

▶ **Wichtig!** Mitarbeiter haben für bestimmte Aufgaben und Teilabschnitte in einem kreativen Prozess persönliche Präferenzen. Diese sind abhängig von Persönlichkeitsmerkmalen und kognitiven Stilen. Jeder kann sich in ein Innovationsvorhaben einbringen. Jeder wird an unterschiedlicher Stelle unterschiedlich intensiv mitwirken. Partizipation bedeutet, Teilhabe zu ermöglichen, nicht zu erzwingen.

6.3.2 Vision

Eine gemeinsame **Vision** vermittelt das Zukunftsbild und ist sinnstiftend, motivierend und handlungsleitend. Eine Vision meint eine Vorstellung von einer noch ausstehenden, tatsächlich realisierbaren Wirklichkeit. Sie übernimmt für die Mitarbeiter eine Polarsternfunktion. Sie gibt für den noch zurückzulegenden Weg weniger ein Ziel als eine Richtung an, die das Denken, Erleben und Handeln der Mitarbeiter leitet. Anders als Utopien bilden Visionen realistische Strategien des Handelns. Fassen Sie die Vision in wenige Worte, sodass es Ihnen leichtfällt, diese zu kommunizieren. Versuchen Sie sich an einer zukunftsgerichteten, wünschenswerten, klaren, fokussierten, nachhaltigen und nutzenorientierten Vision (Vahs und Brem 2013).

Die Vision eines Teams basiert auf dem gewünschten oder geforderten Soll-Zustand. Der Soll-Zustand ist ein Zustand, zu dem das Team eine Problemlösung finden und eine Entscheidung herbeiführen soll. Sie müssen wissen, welcher Auftrag Ihrem Innovationsprojekt zugrunde liegt. Dies wird die Planung wesentlich vereinfachen. Und die Klarheit wirkt sich positiv auf die Motivation aller Beteiligten und auf den Innovationserfolg aus.

Verschaffen Sie sich einen klaren Überblick, warum dieses Projekt existiert: Welche Umstände haben zu dem Projekt geführt? Wer brachte die ursprüngliche Idee ein? Wer kann und wer möchte profitieren? Was würde passieren, wenn das Innovationsprojekt nicht durchgeführt würde? Was soll mit dem Projekt erreicht werden?

Es genügt, die Antworten zunächst zu notieren. Fragen Sie nach Einschränkungen und Voraussetzungen. Der Projektauftrag sollte als verbindliche Vereinbarung gelten. Ziele sind zukünftige Resultate, die durch die in Ihrem Innovationsteam erbrachten Leistungen entstehen.

Das Denkwerkzeug *SMARTe Ziele* hilft, Innovationsziele klar vor Augen zu haben. Das Akronym SMART entspricht dem englischen Wort *smart* mit der Bedeutung *clever/geschickt*. Die einzelnen Buchstaben des Akronyms stehen für fünf Eigenschaften, die ein zielführend formuliertes Ziel haben sollte. Wenn Sie Ihre Mitstreiter nicht mit eindeutigen und verbindlichen Zielen durch das Projekt führen, programmieren Sie das Scheitern vor.

Denkwerkzeug: SMARTe Ziele
Schwierigkeit: gering
    Dauer: 15 bis 30 min
      Sozialform: allein, im Team (max. 5 Personen)
        Durchführung:
1. *Ziel aufschreiben.*
Schreiben Sie zunächst eine Rohfassung des Ziels auf.
2. *Ziel konkretisieren.*
Überarbeiten Sie die Rohfassung des Ziels so, dass sie den smarten Kriterien entspricht:

– *Spezifisch.* Das Ziel sollte so detailliert wie möglich formuliert werden. Wer soll was wie wo wann und warum erreichen?
– *Messbar.* Das Ziel sollte in messbaren Größen formuliert werden, damit das Erreichen, der Abstand oder das Übertreffen festgestellt werden können. Bei Bedarf hilft die Annäherung an das Ziel über Zwischenschritte, durch die man schnell und frühzeitig Abweichungen vom Soll feststellen kann.
– *Attraktiv, anspruchsvoll, akzeptiert.* Das Ziel und die Vorgehensweise zur Zielerreichung sollten positiv definiert sein.
– *Relevant, realistisch.* Das Ziel sollte erreichbar sein, die verfügbare Zeit, die verfügbaren Personen (Fähigkeiten, Fertigkeiten, Kenntnisse) und die nutzbaren Arbeits- und Finanzmittel klarstellen. Das Ziel sollte für die Beteiligten oder den Betrieb Relevanz besitzen.
– *Terminiert.* Das Ziel sollte einen klaren Zeithorizont haben, zu dem es erreicht werden soll. Sie müssen von Anfang an einen Zeitrahmen für Ihr Ziel festlegen. Auch für den Zeitrahmen gilt, dass er messbar, angemessen und realistisch sein muss.

3. *Ziel verfolgen.*
Verfolgen Sie im Anschluss das smarte Ziel entsprechend der konkretisierten Zielvorgaben.

Quellen: Hemmrich und Harrant 2002; Hölzle 2007; Jakoby 2010; Kreativpromenade 2014; Peipe 2011; Portny 2011.

6.3.3   Normen und Unterstützung für Innovation

Die oben genannten Normen einer innovations- und kreativitätsförderlichen Unternehmenskultur gelten auch für die Arbeit auf der Teamebene. Auch hier müssen **Normen und Unterstützung für Innovation** zum Tragen kommen. Die Mitglieder eines Innovationsteams sollten:

• sich innovations- und qualitätsorientiert zeigen,
• über eine prozessorientierte Effizienzfokussierung verfügen,
• Experimente der Mitglieder oder des gesamten Teams unterstützen,
• aus Fehlern lernen,
• umsetzungsorientiert Risiken prüfen und diese gegebenenfalls eingehen.

Dies gilt umso mehr dann, wenn eine Führungskraft – beispielsweise Sie – das Team leitet oder diesem vorsteht. Mit Bezug auf die Unterstützung von Innovationsvorhaben wurde das *Promotorenmodell* entwickelt (Hauschildt und Gemünden 1999). Klassisch werden zwei Unterstützerrollen unterschieden, Machtpromotoren und Fachpromotoren:

- *Machtpromotor.* Er unterstützt ein Innovationsvorhaben auf Basis seiner hohen Position im Betrieb (Hauschildt und Gemünden 1999; Jones und Bouncken 2008). Er reagiert auf interne und externe Gegner des Vorhabens und trägt zur Überwindung von Hürden des Nicht-Wollens bei. Der Machtpromotor ist meist Mitglied der Geschäftsführung oder des oberen Managements. Es ist seine Aufgabe, ein interdisziplinäres Team für das Innovationsprojekt zusammenzustellen und zu führen.
- *Fachpromotor.* Er erweitert als Kompetenzträger die Wissensbasis eines Innovationsteams und hilft, bei einem Innovationsvorhaben Barrieren des Nicht-Wissens abzubauen. Aufgrund seiner fachlichen Vertrautheit mit den Details des jeweiligen Problems oder Gegenstandsbereiches gehen von ihm oftmals entscheidende Anregungen oder Ideen aus (Hauschildt und Gemünden 1999; Jones und Bouncken 2008).

Laut dem Interaktionstheorem der Führungsforschung ist die Zusammenarbeit von Macht- und Fachpromotor für das Gelingen eines kreativen Prozesses und für den Erfolg der Innovation entscheidend (Hauschildt und Gemünden 1999; Jones und Bouncken 2008). In inhabergeführten Betrieben konzentrieren sich beide Unterstützerrollen der Theorie nach oft auf eine Person: die des innovativen Unternehmers oder Entrepreneurs.

Zusätzlich werden dem Promotoren-Modell zwei weitere Rollen zugeschrieben: Prozesspromotoren und Beziehungspromotoren (Hauschildt und Gemünden 1999).

- *Prozesspromotor.* Er ist bei komplexen Vorhaben hilfreich. Er kümmert sich darum, administrative Widerstände gegen ein Innovationsvorhaben, Barrieren des Nicht-Dürfens und Nicht-Sollens, zu überwinden. Er versucht, allen Beteiligten den kreativen Prozess und den Ablauf des Innovationsprojekts verständlich zu machen. Er wirbt aktiv für das Innovationsvorhaben bei weiteren Organisationsmitgliedern.
- *Beziehungspromotor.* Er versucht die Außenbeziehungen zu berücksichtigen, Externe in Innovationsprozesse einzubinden und ihr aktives Mitwirken anzuregen (Jones und Bouncken 2008).

Neben einer an den oben genannten Normen orientierten gegenseitigen Unterstützung der Teammitglieder ist eine Unterstützung des Teams durch externe Führungskräfte beziehungsweise die Gesamtorganisation sinnvoll. Promotoren sind wichtig. Wenn sich die Innovationsnormen sowohl im Team als auch in der Gesamtorganisation widerspiegeln, ist das Vorhaben eines Teams genügend stark an den Betrieb gekoppelt. Das Team braucht das Gefühl, dass der Betrieb das Vorhaben mitträgt.

Ermitteln Sie für ein Innovationsvorhaben zu einem frühen Zeitpunkt, wer das Vorhaben als Promotor unterstützen und fördern kann. Promotoren sollten so früh wie möglich bewusst und aktiv in das Innovationsvorhaben eingebunden werden. Um dies zu gewährleisten, können Sie auf das Denkwerkzeug *Unterstützer und Hürden* zurückgreifen. Es hilft, zu Beginn eines Innovationsprozesses förderliche und hinderliche Personen und Einflussfaktoren zu identifizieren. Am Ende eines kreativen Prozesses hilft der erneute Einsatz dabei, im Hinblick auf eine konkrete Lösung die Unterstützer und Hürden zu identifizieren und diese in die Maßnahmen zur Umsetzung und Einführung der Lösung einzubinden oder sie zu berücksichtigen.

Denkwerkzeug: Unterstützer und Hürden
Schwierigkeit: mittelhoch
 Dauer: 30 bis 60 min
  Sozialform: allein, im Team (max. 5 Personen)
  Durchführung:
1. *Matrix erstellen.*
Erstellen Sie eine 2 × 6-Matrix, die in den Spalten die sechs W-Fragen (s. Kap. 9.3.2.1) abträgt:
  – *Individuen und Gruppen.* Wer?
  – *Ressourcen, Einstellungen, Prozeduren und Politiken.* Was?
  – *Günstigster Zeitpunkt.* Wann?
  – *Orte.* Wo?
  – *Unterstützungs- oder Behinderungsgründe.* Warum?
  – *Handlungen und Argumente.* Wie?
2. *Unterstützer und Hürden identifizieren.*
Überlegen Sie, wer oder was Sie unterstützen und wer oder was Sie bei Ihrem Vorhaben behindern könnte. Tragen Sie die Ergebnisse in die Matrix ein und spezifizieren Sie den Einfluss von Unterstützern und Hürden. Markieren Sie, ob es sich um Unterstützer oder Hürden handelt. Wählen Sie anschließend aus den Unterstützern und Hürden maximal die zehn einflussreichsten Personen oder Gruppen aus.

3. *Unterstützer und Hürden einbeziehen.*
Suchen Sie nach Möglichkeiten, um Unterstützer optimal einzubeziehen und
mit Hürden konstruktiv umzugehen. Leiten Sie daraus einen Maßnahmenkatalog mit konkreten Handlungsschritten ab und binden Sie auf diese Weise
die relevanten Stakeholder ein.
Quellen: Kilian et al. 2007; Puccio et al. 2011; Kreativpromenade 2014.

6.3.4   Aufgabenbezogene Konflikte und konstruktive Kontroverse

In Teams und in Betrieben treten Konflikte in zwei verschiedenen Formen auf: als
Beziehungskonflikte und als aufgabenbezogene Konflikte (Jehn und Bendersky
2003):

- *Beziehungskonflikte.* Beziehungskonflikte sind emotional. Sie beruhen auf
Antipathie, die sich im Konflikt in Form von Feindseligkeit und Streit wider-
spiegelt. Beziehungskonflikte beeinflussen die Leistungsfähigkeit eines Teams
negativ. Die Aufmerksamkeit wird von den Aufgaben abgelenkt. Durch persönliche Angriffe sinkt die Bereitschaft zur Kooperation.
- *Aufgabenbezogene Konflikte.* **Aufgabenbezogene Konflikte** beruhen auf
unterschiedlichen Perspektiven auf die Ziele des Teams und die Auswirkungen
ihrer Entscheidungen. Im Gegensatz zu Beziehungskonflikten verbessern sie
die Qualität einer Entscheidung und tragen zur Leistungsfähigkeit von Teams
bei.

Aufgabenbezogene Konflikte lassen sich weiter unterteilen in inhaltsbezogene und
prozessbezogene Konflikte. Erstere beruhen auf einer widersprüchlichen Interpretation relevanter Informationen durch das Team. Letztere beruhen auf einem Streit
über die Mittel und Wege zur Zielerreichung. Es geht um die Zuweisung und Koordination von Teilaufgaben, um Verantwortlichkeiten, Arbeitsmittel, Zeit und Geld.

Kommt es in aufgabenbezogenen Konflikten zu längeren Diskussionen oder
sich verhärtenden Fronten, kann der Konflikt zu einem Beziehungskonflikt eska-
lieren. Der Vorwurf lautet dann: Egoismus, Manipulation, Intrige.

Konstruktive Kontroverse (*Constructive Controversy*) beziehungsweise
konstruktive Streitkultur meint, dass bei einer positiven Wechselbeziehung und
einer freundschaftlichen Einstellung zur Gegenseite der Konflikt anders wahrgenommen wird. Das Teams fasst den Konflikt als ein Problem auf, das es konstruktiv lösen kann und dessen Lösung sämtliche Konfliktparteien zufriedenstellt.

Eine konstruktive Streitkultur besteht aus Vertrauen, gegenseitiger Unterstützung, gemeinsamer Koordination der Anstrengungen, engem Kontakt und offener Kommunikation (Tjosvold 1998). Um eine konstruktive Streitkultur zu pflegen und um zu verhindern, dass aus Aufgabenkonflikten Beziehungskonflikte werden, sind die Vereinbarung und Einhaltung von Arbeitsregeln wichtig (s. Kap. 5.3.1.5).

▶   **Wichtig!** Nicht alle Konflikte sind Kreativitätskiller. Wenn es sich um aufgabenbezogene Konflikte handelt, kann das Austragen dieser Konflikte zu mehr Innovation und Kreativität führen. Auf Beziehungskonflikte müssen Sie hingegen klärend und vermittelnd reagieren.

6.4 Führungsverhalten

Praxisbeispiel: Kollegen mitziehen

Zum Ende des Quartals freut sich die Geschäftsführerin der KuhlmanCity GmbH über die Leistungen von Herrn Pfeiffer. Kein Geschäftsbereich hält so gut die Zielvorgaben ein wie er mit seinen Leuten. Herr Pfeiffer erreicht dieses Ergebnis durch seine klare Haltung als Führungskraft: Am Ende müssen die betrieblichen Ziele und Vorgaben stimmen. Und dazu habe gefälligst jeder seine Aufgaben zu erledigen. Herr Pfeiffer unterstützt die Leute bei der Aufgabenerfüllung wo er kann und ist fachlich angesehen in seinem Bereich, der Reinigung und Instandhaltung von Stadtmöblierung. Trotzdem äußern seine Mitarbeiter sich in der Kantine hinter vorgehaltener Hand öfter schlecht über ihn. Er sei menschlich eine Katastrophe. Neulich soll er Frau Wolff Überstunden aufgehalst haben, obwohl diese ihm gegenüber angekündigt hatte, abends in ihren Geburtstag hineinfeiern zu wollen.

Ein anderes Führungskonzept verfolgt Frau Neumann. Sie nennt ihr Führungsprinzip „erst die Mitarbeiter, dann das Vergnügen" und meint damit, dass sie sich um ihre Mitarbeiter kümmert. Sie versucht ihre Leute so zu unterstützen, dass sie sich für die betrieblichen Ziele bestmöglich engagieren können und wollen. Ihr Assistent, Herr Hansen, muss beispielsweise jeden Morgen seine Tochter Linda in den Kindergarten bringen. Für Frau Neumann ist es kein Problem, morgens im Büro das Licht einzuschalten und die Kaffeemaschine anzuwerfen. Herr Hansen taucht eine Stunde nach ihr auf und bleibt länger. Die Mitarbeiterorientierung von Frau Neumann zahlt sich aus: Seitdem sie hat durchblicken lassen, dass ihr Beginn und Ende der Arbeitszeit nicht so wichtig wie hochwertige Arbeit sind, wirkt Herr Hansen

morgens nicht mehr angespannt und macht im Laufe des Tages weniger Fehler. In letzter Zeit ist Frau Neumann aufgefallen, dass Herr Hansen Erfolg
versprechende Einfälle hat, was in den betrieblichen Abläufen verbessert
werden kann.

Fragen: Worin unterscheiden sich das Führungsverständnis von Herrn
Pfeiffer und das von Frau Neumann? Welche Vor- und Nachteile könnten
mit diesen unterschiedlichen Auffassungen einhergehen?

Führung im hierarchischen Sinne bedeutet die zielgerichtete Einflussnahme eines
direkten wie höheren Vorgesetzten auf einen Untergebenen (Berthel und Becker
2013). Die zielorientierte, soziale, persönliche und akzeptierte Verhaltensbeein-
flussung von Gleichgestellten bezeichnet man hingegen als laterale Führung. Ihr
Ziel ist die gemeinsame Problemlösung mittels Gespräch. Es gibt auch eine Führung von unten: eine gezielte Einflussnahme der Mitarbeiter auf das Denken und
Handeln von Vorgesetzten. Sie kann sowohl vorgesetzteninitiiert als auch mitarbei-
terinitiiert geschehen.

▶ **Führung** Führung meint einen Versuch der Einflussnahme oder Einwirkung
auf das Verhalten anderer Personen in Betrieben. Führung liegt vor, wenn mindestens zwei Personen existieren: eine Führungskraft und ein Geführter, also ein
Mitarbeiter. Zwischen beiden findet eine soziale Interaktion statt, welche asymme-
trisch verläuft. Die Einflussnahme der Führungskraft erfolgt zielorientiert und wird
in einer Verhaltensauslösung und Verhaltenssteuerung beim Mitarbeiter wirksam.
Es erfolgt eine Willensdurchsetzung durch Information, Instruktion, Entscheidung,
Motivation und Konfliktlösung. Im Führungsprozess kommt es zu einer Ausbildung von Rollen, mit denen spezifische Verhaltenserwartungen und bestimmte
Wertvorstellungen und Normen einhergehen. In jedem Fall ist die Interaktion nicht
einseitig, sondern dynamisch (angepasst nach Berthel und Becker 2013).

Führungsverhalten meint alle Verhaltensweisen einer Führungskraft, die auf eine
zielorientierte Einflussnahme fokussieren (Berthel und Becker 2013). Führungsstil bezeichnet „die Art und Weise, in der Führungskräfte sich ihren Mitarbeitern
relativ konsistent und wiederkehrend gegenüber verhalten. Es handelt sich um ein
zeitlich überdauerndes und in Bezug auf bestimmte Situationen konsistentes (Füh-
rungs-)Verhaltensmuster" (Berthel und Becker 2013).

Führungsstile lassen sich aus empirischen Untersuchungen (Realtypen) oder
durch theoretische Erwägungen (Idealtypen) ableiten. Jedoch lassen sich nach mo-
mentanem Stand keine wissenschaftlich abgesicherten Aussagen über erforderliche

Führungseigenschaften formulieren. Aussagen über die relative Wichtigkeit von Führungseigenschaften fehlen (Berthel und Becker 2013). Führungseigenschaften spielen im Zusammenhang mit Innovationsvorhaben eine große Rolle, allerdings können sie nicht vom Betriebs- und Führungskontext gelöst werden.

> **Wichtig!** Mitarbeiter mit ihren Fähigkeiten, Fertigkeiten und Kenntnissen sind die zentrale Ressource für mehr Kreativität und Innovation. Ein Innovationsvorhaben ist eine wichtige Teamaufgabe, in der Ihre Führungsbestrebungen Ihren Mitarbeitern gelten sollten. Stellen Sie nicht die Aufgabe in den Mittelpunkt Ihres eigenen Bemühens.

Da Sie das Wissen und die Kreativität Ihrer Mitarbeiter brauchen, dürfte gelten: Bei Innovationsvorhaben sollte Mitarbeiterorientierung statt Aufgabenorientierung im Vordergrund stehen. Feinstein (2010) sieht folgende Ansätze mitarbeiterorientierter **Führung** in Korrespondenz mit Innovation:

- *Transformationelle Führung.* Der transformationelle Führungsansatz dominiert in der wissenschaftlichen Theoriebildung. Er steht im Gegensatz zur transaktionalen Führung. **Transformationelle Führung** meint (Bass 1990): Beachten Sie als Führungskraft Ihre Mitarbeiter individuell und fördern Sie diese in ihren Fähigkeiten und Kenntnissen. Versuchen Sie bei Ihren Mitarbeitern etablierte Denkmuster aufzubrechen und ihnen neue Einsichten zu vermitteln. Erhöhen Sie bei Ihren Mitarbeitern die wahrgenommene Bedeutung von betrieblichen Zielen und Aufgaben. Motivieren Sie Ihre Mitarbeiter durch eine fesselnde Mission und vermitteln Sie Tatendrang. Wirken Sie als eine Identifikationsperson und handeln Sie integer. Verhalten Sie sich mitarbeiterorientiert statt aufgabenorientiert. Achten Sie auf das Wohlergehen Ihrer Mitarbeiter. Bemühen Sie sich um ein günstiges Verhältnis zu Ihrem Team und behandeln Sie jeden als gleichberechtigt – auch gegenüber Ihnen selbst. Machen Sie eine unbefangene und freie Kommunikation möglich und setzen Sie sich nach außen für Ihre Leute ein. *Wie könnten Sie in Zukunft transformationaler führen?*
- *Partizipative Führung.* In diesem Führungsansatz steht die Einbindung Ihrer Mitarbeiter im Vordergrund. Wer einen partizipativen Führungsstil pflegt, vertritt folgendes Ideal: Jedes Teammitglied erfasst die Handlungen und Interaktionen als für sich nützlich und förderlich im Hinblick auf Selbstachtung und Selbstentfaltung. **Partizipative Führung** meint (Hersey et al. 2012): Geben Sie jedem Ihrer Mitarbeiter persönliche Hilfestellung. Lassen Sie Ihr Team die Entscheidungen treffen. Sorgen Sie dafür, dass das Team die Konsequenzen der Entscheidung und die aus einer Entscheidung resultierenden Maßnahmen überwacht. Seien Sie offen für Vorschläge. Setzen Sie hohe Leistungsziele, sodass

Ihre Mitarbeiter aktiv teilnehmen. Lassen Sie Ihre Mitarbeiter spüren, dass Sie auf ihr Können und Wollen angewiesen sind. Verknüpfen Sie die organisationalen Ziele mit denen Ihres Teams und der individuellen Ziele Ihrer Mitarbeiter (s. Kap. 8.3). Sorgen Sie für mehr Teilnahme und Teilhabe Ihrer Mitarbeiter an der Planung, Durchführung und laufenden Kontrolle und Anpassung. *Wie könnten Sie in Zukunft partizipativer führen?*

- *Demokratische Führung.* Bei demokratischer Führung steht die Kooperation zwischen Führungskraft und Mitarbeitern im Vordergrund. **Demokratische Führung** meint: Beteiligen Sie die Gruppenmitglieder aktiv an Willensbildungsprozessen. Stellen Sie Informationen bereit. Fungieren Sie als Initiator von Problemlösung und Entscheidung. Aktivieren Sie Ihre Mitarbeiter. Greifen sie nur ermutigend, unterstützend oder richtunggebend ein. *Wie könnten Sie in Zukunft demokratischer führen?*
- *Delegative Führung.* Bei delegativer Führung steht die integrierende Verteilung von Kompetenzen und Aufgaben im Vordergrund. Das Team ist stärker als der Einzelne. **Delegative Führung** meint (Tannenbaum und Schmidt 1958): Machen Sie Integration statt Dominanz zu Ihrem Prinzip. Versuchen Sie nicht, alles selbst zu erledigen, sondern lassen Sie Ihre Mitarbeiter ran. Übertragen Sie intern die Verantwortung auf andere, aber stehen Sie extern für Ihre Mitarbeiter gerade. *Wie könnten Sie in Zukunft delegativer führen?*
- *Dyadische Führung.* Dyadische Führung ist innovationsfreundlich. (Wegge 2004). **Dyadische Führung** meint: Setzen Sie auf sozialen Austausch auf Basis von Vertrauen, Loyalität und Interaktion. Behandeln Sie Ihre Mitarbeiter auf Augenhöhe. Sorgen Sie für eine hohe Beziehungsqualität. Versuchen Sie, Ihre Mitarbeiter stärker in Ihren Betrieb einzubinden. Tragen Sie durch Feedback und Anerkennung (s. Kap. 8.4) zur Motivation und Einsatzbereitschaft Ihrer Mitarbeiter bei. Unterstützen Sie Ihre Mitarbeiter. Übertragen Sie ihnen Verantwortung. *Wie können Sie in Zukunft dyadischer führen?*
- *Leader-Member-Exchange.* Ähnlich wie der Ansatz der dyadischen Führung fordert der Ansatz des **Leader-Member-Exchange** (Dansereau et al. 1975) statt der bloßen Erfüllung gegenseitiger Pflichten hochwertige Beziehungen. Führung nach dem Leader-Member-Exchange-Ansatz meint: Fördern Sie gegenseitiges Vertrauen in der Beziehung zu Ihren Mitarbeitern. Pflegen Sie einen respektvollen Umgang. *Wie könnten Sie in Zukunft hochwertigere Beziehungen pflegen?*

Der Organisationspsychologe Robert I. Sutton (2001) hat hinzugefügt, dass Führungstheorien Relevanz für innovative Unternehmen haben. Sutton schlägt aufbauend auf mitarbeiterbezogenen Führungstheorien folgende Radikalisierung des Führungsverhaltens vor:

- *Mitarbeiter ermutigen.* Durch ein Mehr an innovativem Handeln wird es zu einem Mehr an Innovationen kommen. Ermutigen Sie Ihre Mitarbeiter daher, sich Kollegen und Vorgesetzten zu widersetzen, wenn diese sie an innovativer Arbeit hindern. Fordern Sie Ihre Mitarbeiter auf, eingefahrene Einschätzungen und Empfehlungen zu ignorieren. Unterstützen Sie Ihre Mitarbeiter dabei, risikofreudig Neues auszuprobieren und Denkwerkzeuge zu nutzen. Fordern Sie Ihre Mitarbeiter aktiv auf, innovative Handlungen trotz Widerständen auszuprobieren.
- *Strukturen verändern.* Zollen Sie Ihren Mitarbeitern Anerkennung. Würdigen Sie nicht nur Erfolge, sondern bezeichnen Sie Fehlschläge als Lernmöglichkeiten. Sanktionieren Sie nur Inaktivität negativ. Bewerten Sie gemachte Fehler, aus denen Ihre Mitarbeiter lernen, als positiv. Bevorzugen Sie bei der Einstellung von neuen Mitarbeitern Kandidaten, von denen Sie meinen, dass sie sich einem innovationsfeindlichen Klima widersetzen.

Zusammengefasst: Führungskräfte müssen führen. Das bedeutet nicht, dass Sie mit allen Ideen, Konzepten und Lösungen aufwarten müssen. Im Gegenteil könnte man sagen: Sie müssen keine Ideen finden. Sorgen Sie vielmehr dafür, dass Ihre Mitarbeiter Ideen einbringen.

6.5 Arbeitsbedingungen

Praxisbeispiel: Spielraum geben
An Herrn Pfeiffer sind die vielen Neuerungen und Veränderungen der KuhlmanCity GmbH nicht spurlos vorübergegangen. Er freut sich über den frischen Wind, der im Unternehmen weht, und hat sich überlegt, wie er in seinem Bereich mehr Kreativität unter den Mitarbeitern fördern kann. Seine Mitarbeiter sind sprachlos, als in ihrer Etage nach den von Herrn Pfeiffer festgesetzten Bereichsferien die Büros in bunten Farben angestrichen sind, Zimmerpflanzen herumstehen und Motivationsposter an den Wänden hängen. Außerdem hat Herr Pfeiffer einen Kühlschrank mit Snacks in die Teeküche stellen lassen. Herr Pfeiffer versteht die Welt nicht mehr, als Kollegen in sein Büro kommen und ihn bitten, die Neuerungen rückgängig zu machen. Man wolle die Büros selbst gestalten.
  Anders verhält sich Frau Neumann. Sie hat von Herrn Pfeiffers Neuerungen gehört und findet die Idee mit dem Kühlschrank nicht schlecht. Zunächst beauftragt sie eine Kollegin damit, herauszubekommen, was die Leute aus

ihrem Bereich in einem prall gefüllten Kühlschrank finden wollen. Große Sprünge will sie nicht machen. Für sie ist klar: Ich lasse meinen Mitarbeitern bei der Gestaltung ihrer Arbeitsplätze freie Hand, solange dies nicht den Betriebszielen entgegensteht. Bemerkenswert findet sie beispielsweise, dass viele Büros mit Produkten des Hauses eingerichtet sind. Im Warteraum von Herrn Hansen nimmt man nämlich auf einer Parkbank der Sedera-Linie Platz. In der Teeküche des Unternehmens steht der Pavillon eines Zeitungskiosks aus der Strukturia-Linie.

Fragen: Welche Spielräume räumen Herr Pfeiffer und Frau Neumann ihren jeweiligen Mitarbeitern ein? Wie würden sich Frau Neumann und Herr Pfeiffer bei der Festlegung von Arbeitsaufträgen verhalten?

Aus wissenschaftlicher Sicht spielen drei Kriterien für **Arbeitsbedingungen** eine Kreativität und Innovation ermöglichende Rolle:

- *Autonomie/Entscheidungsfreiheit.* **Autonomie und Entscheidungsfreiheit** liegen vor, wenn die Mitarbeiter eines Betriebes „eigenverantwortlich die Mittel ihrer Arbeit wählen und Teilziele selbstständig festlegen können. Sie erleben, dass sie nicht einfluss- und bedeutungslos sind, was wiederum ihr Selbstwertgefühl stärkt und die Bereitschaft zur Übernahme von Verantwortung erhöht" (Nerdinger et al. 2008).
- *Anforderungsvielfalt.* **Anforderungsvielfalt** bedeutet, dass die Aufgabe „nicht nur eine einzelne beziehungsweise wenige Fähigkeiten der Mitarbeiter beansprucht [sollte], sondern möglichst viele motorische, intellektuelle und soziale Fähigkeiten" (Nerdinger et al. 2008).
- *Aufgabenkomplexität.* **Aufgabenkomplexität** meint die Ganzheitlichkeit einer Aufgabe in dem Sinn, dass Mitarbeiter „ein zusammenhängendes Produkt oder eine vollständige Dienstleistung [fertigstellen]. Das Gegenteil veranschaulichen einfache Tätigkeiten, bei denen nur reduzierte Teilaufgaben ausgeführt werden. Ganzheitliche Aufgaben vermitteln den Mitarbeitern den Sinn und den Stellenwert ihrer Tätigkeit" (Nerdinger et al. 2008).

Auf den ersten Blick scheinen diese Ausführungen kurz zu sein. Dies hängt mit der Mannigfaltigkeit der in Betrieben anfallenden Aufgaben, Herausforderungen und Zielen zusammen. Entscheidend ist für Sie ein einfacher Schritt: Hängen Sie sich einen Klebezettel mit den drei Dimensionen auf. Gestalten Sie mithilfe dieses Klebezettels kreativitätsfreundliche Arbeitsaufträge an Ihre Mitarbeiter.

▶ **Wichtig!** Günstige Arbeitsbedingungen sind für Kreativität hochrelevant. Achten Sie darauf, über die Aufgabe hinaus Ihren Mitarbeitern vielfältig Autonomie und Entscheidungsfreiheit einzuräumen. Stellen Sie komplexe Anforderungen und betrauen Sie die Mitarbeiter ganzheitlich mit einem Innovationsprojekt.

6.6 Kommunizieren und Lernen

Praxisbeispiel: Informationsfluss fördern

Herr Pfeiffer hat trotz seiner Renovier-Aktion am Ende des letzten Quartals noch Mittel zur Verfügung. Auf einem seiner Motivationsplakate hat er gelesen: Wissen ist Macht. Er nutzt die verbliebenen Mittel dazu, neue Fachbücher anzuschaffen. In einer Rundmail an die Mitglieder seines Bereiches listet er die erworbenen Bücher auf und bietet an, dass man diese zu den üblichen Bürozeiten bei ihm ausleihen könne. Herr Pfeiffer hat jedes der Bücher binnen eines Jahres zumindest schon einmal aufgeschlagen. Doch bei den Mitarbeitern findet diese Errungenschaft scheinbar keinen Anklang, das Angebot wird nicht genutzt.

Anders fördert Frau Neumann den Informationsfluss. Sie steht mit ihren Veränderungen an der Budgetkante. Sie bemerkt, dass in ihrem Bereich nicht nur Herr Hansen Erfolg versprechende Ideen hat, und will den Austausch der Leute fördern. Sie kratzt die restlichen Finanzmittel zusammen und kauft Plakatstifte und zwei Rollen Packpapier. Die hängt sie rund um den Teeküchen-Kiosk auf. Auf einem Plakat listet sie sämtliche Mitglieder ihrer Abteilung auf und schreibt darunter, wer für was Experte ist. Das andere Plakat nutzt sie als Litfaßsäule für Fragen, Ideen und Informationen. Sie eröffnet mit einer einfachen Frage: Ideen für die Bereichsfeier? Bald hängen Packpapierbahnen in Büros, Besprechungszimmern und auf Fluren.

Fragen: Wie kann Herr Pfeiffer erreichen, dass seine Literatur genutzt wird? Welche Möglichkeiten könnte Frau Neumann neben ihrem Ansatz verfolgen, um zusätzlich externes Wissen in ihren Bereich der KuhlmanCity GmbH zu holen?

Information und Kommunikation sind Schlüsselgrößen in einer auf Wissen basierenden Aufgabe wie dem Schaffen von Innovation. Informationsfluss ist für Betriebe wichtig. Innovation wird nur von mehreren Akteuren im Unternehmen erreicht. Der Innovationsprozess ist ein arbeitsteiliger Prozess. Wechselseitige

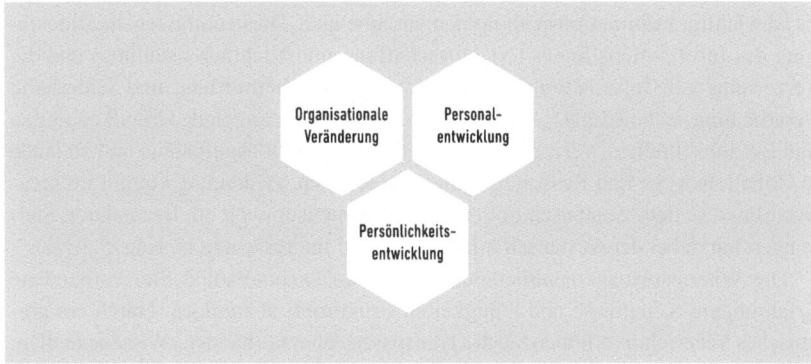

Abb. 6.1 Fundamente organisationalen Lernens nach Trummer (2001)

Information und Kommunikation ermöglichen organisationales Lernen. Der Betrieb wird durch die Wissensweitergabe schlagkräftiger. Sie und Ihre Mitarbeiter können besser mit Veränderungen umgehen.

▶ **Wichtig!** Wenn Sie für mehr Kommunikation unter Ihren Mitarbeitern sorgen und diese umfassend und regelmäßig zu Relevantem informieren, erhöhen Sie den Informationsaustausch. So regen Sie individuelles und organisationales Lernen an. Wissen ist die wichtigste Grundlage für neue Ideen.

Abbildung 6.1 zeigt, dass Fundamente organisationalen Lernens den Überlegungen Michaela Trummers (2001) folgend organisationale Veränderungen, Personalentwicklung und Persönlichkeitsentwicklung sind. Organisationales Lernen ist ein ganzheitlicher Lernprozess im Unternehmen (Kilian et al. 2007). Der gesamte Betrieb lebt den Erfahrungsaustausch. Mitarbeiter geben gemachte Erfahrungen und Kenntnisse freiwillig an Kollegen weiter, die von diesem Wissen profitieren können. Für Sie als Führungskraft ist es wichtig, Austausch zu fordern und zu fördern. Lernen durch Kommunikation bildet den bedeutendsten Mechanismus für Innovation. Die Variation bisherigen Wissens steigt durch die Weiterverarbeitung und Diskussion fremder Erkenntnisse und Meinungen.

▶ **Lernende Organisation** „Das Grundmerkmal einer Lernenden Organisation besteht darin, dass ein Unternehmen ständig die eigenen Fähigkeiten und Kompetenzen erweitert, um sich an Probleme und Herausforderungen anzupassen. Dabei wird vor allem das umfangreiche Wissen einer Organisation genutzt, und zwar basierend auf dieser Gleichung: Lernen des Individuums + Lernen der Gruppen × Institutionalisierung = Organisationales Lernen" (Simon 2009).

Es ist wichtig, Informationspathologien vorzubeugen. Diese umfassen die Blockie-
rung des Informationsflusses (Nichtbeschaffung und Nichtbereitstellung) und die
Verzerrung von Informationsinhalten (fehlerhafte Übermittlung und fehlerhafte
Verarbeitung; Scholl 2004). Ansatzpunkt ist es, gegen mangelnde Grundkenntnisse
und Betriebsblindheit, verzerrte und selektive Informationsaufnahme und zu lange
Informationswege und Ressortegoismen vorzugehen. Bedeutung kommt im kreativen Prozess dem Austausch mit der Unternehmensumwelt zu. Besonderen Stellenwert hat dabei der Austausch mit Kunden und Interessenten (s. Kap. 5.3.1.3).

Die Wissensmanagementmethode *Wissenskarten* unterstützt Sie, vorhandene
Erfahrungen, Kenntnisse und Fähigkeiten strukturiert abzubilden. Durch ein gra-
phisches Verzeichnis erhöhen Sie die Transparenz über vorhandene Wissensquellen.

Methode: Wissenskarten
Schwierigkeit: mittelhoch
 Dauer: mehrere Stunden
 Sozialform: allein, im Projektteam (max. 5 Personen)
 Durchführung:
Es sind vier Schritte notwendig, um Wissenslandkarten in jeglicher Form
zu erstellen und als Methode im Team oder Betrieb zu etablieren:
1. *Wissensträger und Wissensbestände identifizieren.*
Verschaffen Sie sich einen Überblick über die Wissensträger und Wissens-
bestände innerhalb, aber auch außerhalb Ihres Betriebes oder Teams.
2. *Wissensbestand modellieren.*
Bereiten Sie die Ergebnisse anschließend so auf, dass sie nach Art der an-
gestrebten Wissenslandkarte geordnet, katalogisiert, aufgeschrieben und vi-
sualisiert werden:
  – *Wissensträgerkarten.* Sie identifizieren Experten als Wissensträ-
    ger in der Organisation, im Bedarfsfall aber auch außerhalb. Die
    oft als Beispiel genannten Expertenverzeichnisse oder *Gelbe Sei-
    ten/Yellow Pages* sind eine eigene Sondergruppe, da sie die Wis-
    sensträger oder deren Beziehungen selten visualisieren, sondern
    katalogisieren.
  – *Wissensbestandskarten.* Sie legen dar, wo in welcher Menge sowie
    in welcher Form und in welchem Format Wissen in der Organisa-
    tion aufbewahrt oder archiviert wird und abgerufen werden kann.
  – *Wissensanwendungskarten.* Sie sind eine besondere Form von Wis-
    sensträger- und Wissensbestandskarten. Sie ordnen bestehende Wis-
    sensressourcen bestimmten Prozessen oder Projektschritten zu oder
    stellen Beziehungen zu den organisationalen Grundprozessen her.

– *Wissensstrukturkarten.* Sie bilden Elemente und deren Zusammenhänge bezogen auf ein bestimmtes Wissensgebiet ab.

3. *Wissensbestand visualisieren.*

Visualisieren Sie die Wissensbestände und die dazugehörigen Bezüge. Dies kann in abbildähnlichen Formen (wie bei Landkarten) geschehen, ebenso möglich sind logische Grafiken, wie beispielsweise eine Mindmap (s. Kap. 9.3.2.2).

4. *Wissenskarten pflegen.*

Verbreiten Sie die Wissenslandkarte im Betrieb und überprüfen und pflegen Sie die Daten der Landkarte regelmäßig.

Quelle: Kilian et al. 2007.

Eine weitere Wissensmanagementmethode, die *Litfaßsäule*, sorgt ebenfalls für Informations- und Ideenfluss. Sie unterstützt Sie, Meinungen und Erfahrungen zu bestimmten Themenbereichen auszutauschen. Mit ihr kann man Fragestellungen diskutieren und beantworten. Die Methode ermöglicht eine zumindest teilweise anonymisierte Teilnahme und einen Austausch ohne Hierarchien. Sie hilft, benötigtes Wissen in der Organisation abzurufen. Dies ist auch möglich, wenn der Wissensträger oder die Wissensquelle noch unbekannt sind. Diese Methode sorgt dafür, dass bestehendes Wissen transportiert wird und neues Wissen entsteht.

Methode: Litfaßsäule

Schwierigkeit: gering

Dauer: 15 bis 30 min

Sozialform: in der Gesamtorganisation, im Team, als Projekt in der moderierten Großgruppe (max. 15 Personen)

Durchführung:

1. *Ort festlegen.*

Suchen Sie in Ihrer Organisation einen Ort, an dem viele Mitarbeiter vorbeikommen und bereit sind, einen Blick auf die Litfaßsäule zu werfen, beispielsweise Flure, typische Gesprächsgelegenheiten oder in der Nähe von Aufenthaltsräumen, Sekretariaten und Teeküchen.

2. *Litfaßsäule anbringen.*

Befestigen Sie große Papierbahnen an einer Wand oder nutzen Sie eine aus Pappe vorgefertigte Röhre mit großem Durchmesser. Ebenfalls können Sie eine typische Stellwand verwenden, wie sie für Moderationen und Work-

shops zum Einsatz kommt. Stellen Sie mehrere Filzstifte und Moderations-
karten oder breite Klebezettel zur Verfügung.

3. *Methode verbreiten.*
Teilen Sie möglichst allen Mitarbeitern mit, dass die Litfaßsäule existiert,
welchen Nutzen sie hat und wie die Methode funktioniert.

4. *Fragen aufwerfen.*
Führen Sie bei Bedarf eine möglichst konkrete Fragestellung auf und vergessen Sie nicht, Ihren Namen und gegebenenfalls Ihre Abteilung anzugeben.

5. *Antworten geben.*
Geben Sie auf Fragen anderer Antwort, wenn Sie der geeignete Wissens-
partner sind. Führen Sie kurze Antworten und Hinweise mit Klebezetteln an
der Litfaßsäule auf.

Litfaßsäule in der Praxis:
In Projekten oder bei der erstmaligen Einführung kann es sinnvoll sein,
diese Methode in einem Workshop zu verwenden, wobei jeder Teilnehmer
zu einer wandelnden Litfaßsäule wird und an ihn Fragen gerichtet werden
können. Können die Fragen so nicht beantwortet werden und kann das Team
nicht weiterhelfen, muss man versuchen, die Wissenslücke durch externe
Quellen zu decken.

Ebenfalls zum Austausch von Informationen, die für Innovationsprojekte relevant
sein können, dient das *Best Practice Sharing*. Die Methode gilt als Gegenstück zur
Lessons Learned-Methode. Von *Best Practice* spricht man, wenn eine Aufgabe, ein
Problem oder ein Projekt gut bearbeitet oder gelöst wurde, sodass diese Lösung ein
Vorbild (oder Referenzprojekt) und nachahmungswürdig ist.

Methode: Best Practice Sharing
Schwierigkeit: mittelhoch
Dauer: mehrere Stunden
Sozialform: Projektteam zur Erarbeitung (max. 5 Personen), Diskus-
sionsforum zur Diskussion (max. 15 Personen)
Durchführung:
1. *Best Practice suchen.*
Wählen Sie mithilfe geeigneter Maßstäbe oder Orientierungswerte Prakti-
ken aus, die zu den besten oder zumindest hinreichend brauchbaren zählen,
beispielsweise die Praxis für gelungene Kommunikation im Betrieb, für In-

novationsprozesse, für bestimmte Denkwerkzeuge oder Kreativitätstechniken, für Problemlöseprozesse oder ein gelungenes Dokumentationssystem.
2. *Best Practice aufbereiten.*
Bereiten Sie die ausgewählte Best Practice schriftlich so auf, dass andere Personen, Abteilungen oder Betriebe dieses Wissen finden und für sich nutzbar machen. Bleiben Sie hinreichend ausführlich. Verwenden Sie eine verständliche Sprache und geeignete Beispiele. Lassen Sie die Verständlichkeit und Nachvollziehbarkeit Ihrer Best Practice von einer anderen Person überprüfen.
3. *Best Practice verbreiten.*
Machen Sie die Best Practice gezielt Gruppen im Betrieb zugänglich, beispielsweise anderen Führungskräften.
Quelle: Kilian et al. 2007.

Auch die Wissensmanagementmethode *Storytelling* unterstützt Sie beim Best Practice Sharing. Mittels des Storytellings bereiten Sie oder ein Mitarbeiter ein bedeutsames Ereignis aus verschiedenen Perspektiven in Form einer Geschichte auf. Erfahrungswissen kann erfasst, ausgewertet und aufbereitet werden, sodass von den Zuhörern beziehungsweise Lesern gelernt werden kann. Dazu ist eine Verbreitung der Geschichten notwendig. So beeinflusst eine Geschichte das gemeinsame Wertesystem und stärkt die Organisationskultur.

Methode: Storytelling
Schwierigkeit: hoch
  Dauer: mehrere Stunden
  Sozialform: Projektteam zur Erarbeitung (max. 5 Personen), Diskussionsforum zur Diskussion (max. 15 Personen)
  Durchführung:
1. *Plan erstellen.*
Legen Sie die Zielsetzung und Zielgruppe Ihrer Erzählung fest. Wählen Sie ein relevantes Ereignis aus, dass Sie in Form einer Erzählung aufarbeiten möchten und der gesamten Organisation zugänglich machen wollen. Legen Sie außerdem fest, ob Sie weitere Personen zu dem Ereignis befragen möchten, denn durch reichhaltige Perspektiven wird die Erzählung eindrucksvoller und nachvollziehbarer.

2. *Aussagen erfassen.*

Erstellen Sie einen strukturierten Leitfaden zur Befragung. Befragen Sie vom Ereignis Betroffene und am Ereignis Beteiligte und sammeln Sie möglichst viele Perspektiven. Dokumentieren Sie die Aussagen dieser ebenso wie Ihre eigene. Lassen Sie fremde Aussagen überprüfen und bestätigen.

3. *Aussagen auswerten.*

Werten Sie die Aussagen aus und systematisieren Sie diese. Identifizieren Sie thematische Schwerpunkte, also Ereignisse und Erzählungen, die in den Befragungen immer wieder angeführt wurden und für die Befragten von zentraler Bedeutung sind.

4. *Erzählung schreiben.*

Verfassen Sie die Erfahrungsgeschichte. Verweben Sie die einzelnen Aussagen der Befragten zu einer zusammenhängenden Erfahrungsgeschichte. Nehmen Sie zunächst die Kernaussagen in Form von Originalzitaten in die Erzählung auf und setzen Sie diese durch weitere Kommentare in einen Zusammenhang. Pflegen Sie neben den Aussagen der Beteiligten Anmerkungen und Hintergrundinformationen ein. Trennen Sie sauber Fakten, Zitate, Hypothesen und Interpretationen. Schreiben und strukturieren Sie die Erfahrungsgeschichte so, dass sie einen größtmöglichen Lerneffekt im Betrieb erzielen kann. Betten Sie die Erfahrungsgeschichte in den Unternehmenskontext ein, indem Sie entsprechende Fakten einbinden, und erzeugen Sie einen Spannungsbogen. Lassen Sie die Erfahrungsgeschichte durch die Befragten überprüfen und bestätigen.

5. *Geschichte verbreiten.*

Organisieren Sie eine Diskussionsrunde, in der die Erfahrungsgeschichte vorgestellt wird und als Diskussionsgrundlage dient. Sammeln Sie Kommentare zu der Erfahrungsgeschichte, und fragen Sie die Diskussionsteilnehmer, ob sie ähnliche Situationen erlebt haben, wie sie sich verhalten haben und ob sie sich nach der Geschichte anders verhalten würden. Tauschen sie Meinungen zu der Geschichte aus und kristallisieren Sie die Lehren der Geschichte gemeinsam heraus. Überlegen Sie gemeinsam, wie der Betrieb aus den Erfahrungen der Vergangenheit lernen kann. Verbreiten sie die Erfahrungsgeschichte und ihre Lehren anschließend im Betrieb. Regen Sie anschließend Gespräche zur Erfahrungsgeschichte an. Stellen Sie dabei Gewohnheiten infrage, reflektieren Sie gewonnene Erkenntnisse.

Quellen: Frenzel et al. 2004; Kilian et al. 2007; Herbst 2014.

Die Methode *Mikroartikel* stammt aus dem Wissensmanagement. Sie ist eine Möglichkeit, Best Practices oder Lessons Learned und relevante Informationen oder Wissensbestände in einem Unternehmen zu veröffentlichen. Sie hilft Ihnen dabei, eine Erfahrung in einem kurzen Text von höchstens einer Seite mithilfe einer vorgegebenen Gliederung aufzuarbeiten und anderen zugänglich zu machen.

Methode: Mikroartikel
Schwierigkeit: mittelhoch
   Dauer: 15 bis 30 min
      Sozialform: allein, im Team (max. 5 Personen)
      Durchführung:
1. *Titel festlegen.*
Verfassen Sie softwaregestützt einen höchstens einseitigen Kurzartikel. Legen Sie zunächst einen aussagekräftigen Titel fest, der dem Leser bei der Orientierung hilft und auf den ersten Blick das Thema vermittelt.
2. *Erzählung schreiben.*
Präsentieren Sie in einer Erzählung die gemachte Erfahrung oder das Problem und seine Lösung. Nutzen Sie die über Fakten hinausgehende Kraft einer Erzählung und helfen Sie dem Leser so, das Problem oder die Erfahrung zu verstehen.
3. *Einsicht hinzufügen.*
Erläutern Sie anschließend:
   – Was ist aus Ihrer Sicht gut gelaufen?
   – Was ist aus Ihrer Sicht falsch gelaufen?
   – Was können Sie aus der gemachten Erfahrung lernen?
   – Was kann man (das nächste Mal) anders machen?
   – Was könnte in Zukunft helfen, das Problem zu vermeiden oder zu lösen?
Quelle: Kilian et al. 2007.

6.7   Wie Sie das Gelernte in der Praxis umsetzen

Fazit für die Praxis
Für mehr Innovation und gelebte Kreativität in Ihrem Betrieb stehen Sie in der Verantwortung. Ermöglichen Sie Ihren Mitarbeitern Freiräume des Denkens und Handelns. Günstige Arbeitsbedingungen sind für Kreativität hochrelevant.

Achten Sie darauf, auch über die Aufgabe hinaus Ihren Mitarbeitern möglichst viel Autonomie und Entscheidungsfreiheit einzuräumen. Stellen Sie komplexe Anforderungen und betrauen Sie die Mitarbeiter ganzheitlich mit einem Innovationsprojekt. Mitarbeiter mit ihren Fähigkeiten, Fertigkeiten und Kenntnissen sind die zentrale Ressource für mehr Kreativität und Innovation. Ein Innovationsvorhaben ist eine wichtige Teamaufgabe, in der Ihre Führungsbestrebungen Ihren Mitarbeitern gelten sollten. Stellen Sie nicht die Aufgabe in den Mittelpunkt Ihres eigenen Bemühens. Wenn Sie für mehr Kommunikation unter Ihren Mitarbeitern sorgen und diese umfassend und regelmäßig zu Relevantem informieren, erhöhen Sie den Informationsaustausch. Regen Sie individuelles und organisationales Lernen an.

Mitarbeiter verfügen für bestimmte Aufgaben und Teilabschnitte in einem kreativen Prozess über persönliche Präferenzen, die abhängen von Persönlichkeitsmerkmalen und kognitiven Stilen. Jeder bringt sich in ein Innovationsvorhaben an unterschiedlicher Stelle unterschiedlich intensiv ein. Partizipation bedeutet, Teilhabe zu ermöglichen, nicht zu erzwingen.

Nicht alle Konflikte sind Kreativitätskiller. Wenn es sich um aufgabenbezogene Konflikte handelt, verhilft das Austragen dieser Konflikte oft zu mehr Kreativität und Innovation. Reagieren Sie klärend und vermittelnd auf Beziehungskonflikte.

Team- und Führungskräfteentwicklung durch einen externen Trainer oder Coach helfen dabei, auf den unteren Ebenen einer Organisation kreativitätsförderliche Normen und Werte zu erkennen, in ihrer Bedeutung zu verstehen und zu verankern.

Der Schriftsteller Antoine de Saint-Exupéry schrieb: „Wenn du ein Schiff bauen willst, dann trommle nicht Männer zusammen um Holz zu beschaffen, Aufgaben zu vergeben und die Arbeit einzuteilen, sondern lehre die Männer die Sehnsucht nach dem weiten, endlosen Meer." Obschon dieses Zitat oft als Sinnbild für geeignete Motivation genutzt wird, verdeutlicht es, wie wichtig gelebte und vorgelebte Normen und Werte der Innovation sind. Es zeigt, welche hohe Bedeutung Freiräume des Denkens und Handelns für die Tätigkeit Ihrer Mitarbeiter haben.

In diesem Kapitel haben Sie erfahren, welche Möglichkeiten es gibt, Innovationsfreiräume im Betrieb zu etablieren. Sie haben Ideen entwickelt, um Teammitgliedern in Problemlöse- und Entscheidungsteams Innovationsfreiräume zu eröffnen. Sie haben erfahren, welche Normen für eine innovationsfreundliche Organisationskultur und ein günstiges Organisationsklima wichtig sind. Sie haben gelernt, welche Auswirkungen Partizipation und eine gemeinsame Vision auf das

Teamklima ausüben, wie Teamprozesse Innovation vorantreiben oder abwehren, welche Arbeitsbedingungen innovationsförderlich sind. Sie wissen nun, was Führung im Zusammenhang mit Kreativität und Innovation bedeutet. Probieren Sie folgende Aktivitäten aus, um die Konzepte und Erkenntnisse aus diesem Kapitel stärker zu durchdringen und anzuwenden:

Aktivitäten

- *Erproben Sie.* Schreiben und verbreiten Sie eine Best Practice zu einer betrieblichen Aufgabe, die Sie gut lösen können und für die Sie ein Experte sind. Wie sieht es mit einer Lesson Learned für eine bedeutsame Negativerfahrung aus?
- *Führen Sie für eine Woche Tagebuch.* Wann wurden Ihnen in Ihrem Betrieb in welcher Situation Normen der Innovation wie angemessene Risikofreude, Fehlertoleranz, Qualitätsorientierung, Innovationsorientierung und Effizienzfokussierung sichtbar?
- *Erproben Sie.* Zu welchem für Ihren Betrieb relevanten Thema könnten Sie mit Kollegen eine TOWS-Analyse durchführen?
- *Überlegen Sie.* Waren Sie bei vergangenen Projekten ein Promotor? Welche Art von Promotor waren Sie? Wer könnte Sie bei aktuellen Innovationsvorhaben als Promotor unterstützen?
- *Erproben Sie.* Wo können Sie in Ihrem Betrieb eine Litfaßsäule für neue Ideen, Gedanken und Fragen aufstellen?

Folgende Literatur hilft Ihnen, die Inhalte dieses Kapitels zu vertiefen:

Weiterführende Literatur
zum Wissensmanagement
Cress, U., Hesse, F., & Sassenberg, K. (2013). *Wissenskollektion. 100 Impulse für Lernen und Wissensmanagment in Organisationen.* Wiesbaden: Springer Gabler.
Frenzel, K., Müller, M., & Sottong, H. (2004). *Storytelling. Das Harun-al-Raschid-Prinzip. Die Kraft des Erzählens fürs Unternehmen nutzen.* München: Carl Hanser.
Gerhards, S., & Trauner, B. (2011). *Wissensmanagement. 7 Bausteine für die Umsetzung in der Praxis.* München: Carl Hanser.
Herbst, D. G. (2014). *Storytelling.* Konstanz: UVK.
Kilian, D., Krismer, R., Loreck, S., & Sagmeister, A. (2007). *Wissensmanagement. Werkzeuge für Praktiker.* Wien: Linde.

zu Teams und Führung
Achouri, C. (2011). *Wenn Sie wollen, nennen Sie es Führung. Systemisches Management im 21. Jahrhundert.* Offenbach: Gabal.
Gebert, D. (2002). *Führung und Innovation.* Stuttgart: Kohlhammer.

Krüger, W. (2012). *Teams führen*. München: Haufe.
Niermeyer, R. (2008). *Teams führen*. München: Haufe-Lexware.
Pinnow, D. (2012). *Führen*. Wiesbaden: Springer Gabler.
Van Dick, R., & West, M. A. (2013). *Teamwork, Teamdiagnose, Teamentwicklung*.
Göttingen: Hogrefe.

Literatur

Axtel, C. M., Holman, D. J., Unsworth, K. L., Wall, T. D., Waterson, P. E., & Harrington, E. (2000). Shop or innovation: Facilitating the suggestion and implementation of ideas. *Journal of Occupational and Organizational Psychology, 73,* 265–285.

Bass, B. M. (1990). From transactional to transformational leadership: Learning to share the vision. *Organizational Dynamics, 18*(3), 19–31.

Bates, K. A., & Flynn, E. J. (1995). Innovation history and competitive advantage: A resource-based view analysis of manufacturing technology innovations. *Academy of Management Journal, 1,* 235–239.

Berthel, J., & Becker, F. G. (2013). *Personal-Management. Grundzüge für Konzeptionen betrieblicher Personalarbeit*. Stuttgart: Schäffer-Poeschel.

Dansereau, F., Graen, G., & Haga, W. J. (1975). A vertical dyad linkage approach to leadership within formal organizations. A longitudinal investigation of the role making process. *Organizational Behavior and Human Performance, 13,* 46–78.

De Dreu, C. K., & West, M. A. (2001). Minority dissent and team innovation: The importance of participation in decision making. *Journal of Applied Psychology, 86*(6), 1191–1201.

De Dreu, C. K., de Vries, N. K., Franssen, H., & Altink, W. M. (2000). Minority dissent in organizations: Factors influencing willingness to dissent. *Journal of Applied Social Psychology, 30*(12), 2451–2466.

Derenthal, K. (2009). *Innovationsorientierung von Unternehmen. Messung, Determinanten und Erfolgswirkungen*. Wiesbaden: Gabler.

Feinstein, I. (2010). *Innovationsklima. Eine mehrebenenanalytische Untersuchung der Antezedenzien und Konsequenzen*. Taunusstein: Driesen.

Geiger, W., & Kotte, W. (2008). *Handbuch Qualität. Grundlagen und Elemente des Qualitätsmanagements: Systeme – Perspektiven*. Wiesbaden: Vieweg.

Gumusluoglu, L., & Ilsev, A. (2009). Transformational leadership, creativity, and organizational innovation. *Journal of Business Research, 62,* 461–473.

Hauschildt, J., & Gemünden, H. (1999). *Promotoren. Champions der Innovation*. Wiesbaden: Gabler.

Hemmrich, A., & Harrant, H. (2002). *Projektmanagement. In 7 Schritten zum Erfolg*. München: Carl Hanser.

Hersey, P., Blanchard, K. H., & Johnson, D. E. (2012). *Management of organizational behavior*. Upper Saddle River: Prentice Hall.

Hölzle, P. (2007). *Projektmanagement. Kompetent führen, Erfolge präsentieren*. München: Haufe.

Hülsheger, U. R., Anderson, N., & Salgado, J. F. (2009). Team-level predictors of innovation at work: A comprehensive meta-analysis spanning three decades of research. *Journal of Applied Psychology, 94*(5), 1128–1145.

Jahner, S., & Kremar, H. (2005). Risikokultur als zentraler Erfolgsfaktor für ein ganzheitliches IT-Risk Management. *IM Die Fachzeitschrift für Information Management & Consulting, 20*(2), 47–54.

Jakoby, W. (2010). *Projektmanagement für Ingenieure. Gestaltung technischer Innovationen als systemische Problemlösung in strukturierten Projekten.* Wiesbaden: Vieweg+Teubner.

Janssen, O. (2000). Job demands, perceptions of effort-reward fairness and innovative work behavior. *Journal of Occupational and Organizational Psychology, 73*(3), 287–302.

Jehn, K. A., & Bendersky, C. (2003). Intragroup conflict in organizations: A contingency perspective on the conflict-outcome relationship. *Research in Organizational Behavior, 25,* 187–242.

Jones, G. R., & Bouncken, R. B. (2008). *Organisation. Theorie, Design und Wandel.* Hallbergmoos: Pearson.

Keller, R. T. (1992). Transformational leadership and the performance of research and development project groups. *Journal of Management, 18*(3), 489–501.

Keller, R. T. (2006). Transformational leadership, initiating structure, and substitutes for leadership: A longitudinal study of research and development project team performance. *Journal of Applied Psychology, 91*(1), 202–210.

Kostka, C., & Kostka, S. (2013). *Der Kontinuierliche Verbesserungsprozess. Methoden des KVP.* München: Carl Hanser.

Krause, D. E. (2004). Kognitiv-emotionale Prozesse als Auslöser von Innovationen. Empirische Überprüfung der Lazarus-Theorie im Innovationskontext. *Zeitschrift für Personalpsychologie, 3*(2), 63–78.

Krause, D. E. (2005). Innovationsförderliche Führung – Eine empirische Analyse. *Zeitschrift für Psychologie, 213*(2), 61–76.

Kreativpromenade. (2014). *Denkwerkzeuge (Unveröffentlichtes Dokument).* Aachen: Lukas Rütten und Lobsang Zelle GbR.

Luther, M. (2013). *Das große Handbuch der Kreativitätsmethoden. Wie Sie in vier Schritten mit Pfiff und Methode Ihre Problemlösungskompetenz entwickeln und zum Ideen-Profi werden.* Bonn: managerSeminare.

Madjar, N., Oldham, G. R., & Pratt, M. G. (2002). There's no place like home? The contributions of work and nonwork creativity support to employees' creative performance. *Academy of Management Journal, 45*(4), 757–767.

Margerison, C., & McCann, D. (1990). *Team management. Practical new approaches.* London: Mercury Books.

Miron, E., Erez, M., & Naveh, E. (2004). Do personal characteristics and cultural values that promote innovation, quality, and efficiency compete or complement each other? *Journal of Organizational Behavior, 25,* 175–199.

Nerdinger, F. W., Blickle, G., & Schaper, N. (2008). *Arbeits- und Organisationspsychologie.* Heidelberg: Springer.

Nyström, H. (1990). Organizational innovation. In M. A. West & J. L. Farr (Hrsg.), *Innovation and creativity at work. Psychological and organizational strategies* (S. 143–162). Chishester: Wiley.

Oldham, G. R., & Cummings, A. (1996). Employee creativity: Personal and contextual factors at work. *The Academy of Management Journal, 39*(3), 607–634.

Peipe, S. (2011). *Crashkurs Projektmanagement*. München: Haufe.

Portny, S. E. (2011). *Projektmanagement für Dummies*. Weinheim: Wiley.

Puccio, G. J., Wheeler, A. A., & Cassandro, V. J. (2004). Reactions to creative problem solving training: Does cognitive style make a difference? *Journal of Creative Behavior, 38*(3), 192–216.

Puccio, G. J., Mance, M., & Murdock, M. C. (2011). *Creative leadership. Skills that drive change*. Los Angeles: Sage.

Schein, E. H. (1995). *Unternehmenskultur. Ein Handbuch für Führungskräfte*. Frankfurt a. M.: Campus.

Scholl, W. (2004). *Innovation und Information. Wie in Unternehmen neues Wissen produziert wird*. Göttingen: Hogrefe.

Schriesheim, C. A., Castro, S. L., & Yammarino, F. J. (2000). Investigating contingencies: An examination of the impact of span of supervision and upward controllingness on leader-member exchange using traditional and multivariate within- and between-entities analysis. *Journal of Applied Psychology, 85*(5), 659–677.

Scott, S. G., & Bruce, R. A. (1994). Determinants of innovative behavior: A path model of individual innovation in the workplace. *The Academy of Management Journal, 37*(3), 580–607.

Shalley, C. E., & Perry-Smith, J. E. (2001). Effects of social-psychological factors on creative performance: The role of informational and controlling expected evaluation and modeling experience. *Organizational Behavior and Human Decision Processes, 81*(1), 1–22.

Simon, W. (2009). *Managementkonzepte von A – Z. Managementtheorien, Führungsstrategien, Führungstools*. Offenbach: Gabal.

Sutton, R. I. (2001). The weird rules of creativity. You know how to manage for efficiency and productivity, but if it's creativity you want, chances are you're doing it all wrong. *Harvard Business Review, 9*, 95–103.

Tannenbaum, R., & Schmidt, W. H. (1958). How to choose a leadership pattern. *Harvard Business Review, 36*, 95–101.

Tierney, P., Farmer, S. M., & Graen, G. B. (1999). An examination of leadership and employee creativity: The relevance of traits and relationships. *Personnel Psychology, 52*(3), 591–620.

Tjosvold, D. (1998). Cooperative and competitive goal approach to conflict: Accomplishments and challenges. *Applied Psychology, 47*(3), 285–313.

Trummer, M. (2001). *Betriebspädagogik als generische Managementfunktion*. Frankfurt a. M.: Peter Lang.

Vahs, D., & Brem, A. (2013). *Innovationsmanagement. Von der Idee zur erfolgreichen Vermarktung*. Stuttgart: Schäffer-Poeschel.

Von Rosenstiel, L. (2003). *Grundlagen der Organisationspsychologie*. Stuttgart: Schäffer-Poeschel.

Walcher, D. (2006). *Der Ideenwettbewerb als Methode der aktiven Kundenintegration. Theorie, empirische Analyse und Implikationen für den Innovationsprozess*. Wiesbaden: Gabler.

Wegge, J. (2004). *Führung von Arbeitsgruppen*. Göttingen: Hogrefe.

West, M. A., & Anderson, N. (1992). Innovation, cultural values, and the management of change in British hospitals. *Work & Stress, 6*(3), 293–310.

West, M. A., & Anderson, N. R. (1996). Innovation in top management teams. *Journal of Applied Psychology, 81*(6), 680–693.

WiPro. (o. J.f). *Kontinuierlicher Verbesserungsprozess.* (Lehrstuhl für Betriebswirtschaftslehre mit Schwerpunkt Technologie- und Innovationsmanagement der Rheinisch-Westfälischen Technischen Hochschule (RWTH) Aachen, Hrsg.). WiPro: http://www.innovationsmethoden.info/methoden/kontinuierlicher-verbesserungsprozess. Zugegriffen: 29. Juli 2014.

WiPro. (o. J.g). *Learning History.* (Lehrstuhl für Betriebswirtschaftslehre mit Schwerpunkt Technologie- und Innovationsmanagement der Rheinisch-Westfälischen Technischen Hochschule (RWTH) Aachen, Hrsg.). WiPro: http://www.innovationsmethoden.info/methoden/learning-history. Zugegriffen: 19. Nov. 2014.

WiPro. (o. J.k). *SWOT-Analyse.* (Lehrstuhl für Betriebswirtschaftslehre mit Schwerpunkt Technologie- und Innovationsmanagement der Rheinisch-Westfälischen Technischen Hochschule (RWTH) Aachen, Hrsg.). Abgerufen am 19. November 2014 von WiPro: http://www.innovationsmethoden.info/files/method/SWOT%20Analyse.pdf. Zugegriffen: 19. Nov. 2014.

WiPro. (o. J.j). *Qualitätszirkel.* (Lehrstuhl für Betriebswirtschaftslehre mit Schwerpunkt Technologie- und Innovationsmanagement der Rheinisch-Westfälischen Technischen Hochschule (RWTH) Aachen, Hrsg.). WiPro: http://www.innovationsmethoden.info/methoden/qualitätszirkel. Zugegriffen: 29. Juli 2014.

WiPro. (o. J.n). *Ideenwettbewerbe.* (Lehrstuhl für Betriebswirtschaftslehre mit Schwerpunkt Technologie- und Innovationsmanagement der Rheinisch-Westfälischen Technischen Hochschule (RWTH) Aachen, Hrsg.). Abgerufen am 29. Juli 2014 von WiPro: http://www.innovationsmethoden.info/methoden/ideenwettbewerbe. Zugegriffen: 29. Juli 2014.

Witt, J., & Witt, T. (2008). *Innovative Unternehmensführung. Kreatives Denken und Handeln der Mitarbeiter fördern.* Düsseldorf: Symposion.

Yukl, G. A. (2010). *Leadership in organizations.* Upper Saddle Rive: Pearson.

Können: Innovationsfähigkeit ausbauen

7

Zusammenfassung

Dieses Kapitel veranschaulicht, welche kognitiven Aspekte Innovationsfähigkeit begünstigen. Nochmals wird die Rolle von Wissen und Expertise für Kreativität, Ideen und Innovation betont. Neben Fachwissen spielt prozedurales Wissen eine wichtige Rolle. Außerdem lernen Sie den Begriff „träges Wissen" kennen und erfahren, dass sich dieses durch Kreativitätstrainings und betriebliche Lernmöglichkeiten vermeiden lässt. Besonders hervorgehoben wird die Trennung von Phasen divergenten Denkens und Phasen konvergenten Denkens bei betrieblichen Problemlöse- und Entscheidungsvorgängen.

Sie lernen darüber hinaus unterschiedliche kognitive Stile anhand ihrer Idealtypen kennen und können die Unterschiedlichkeit Ihrer Mitarbeiter in Sachen Kreativität und Innovation besser verstehen und einschätzen. Außerdem geht es am Ende dieses Kapitels um nichtkognitive Merkmale im Sinne von Persönlichkeitsmerkmalen, die ebenfalls das Können beeinflussen.

7.1 Konzeptioneller Überblick: Innovationsfähigkeit

Um die individuelle Kreativität oder Innovation aus Teamarbeit zu verbessern, sind angemessene Trainings und die Teilnahme an Workshops als Maßnahmen der Personalentwicklung wirksam (McFadzean 2000; Wang und Horng 2002; Scott et al. 2004). Trainings führt in der Regel ein von außen kommenden Trainer oder Facilitator durch.

© Springer-Verlag Berlin Heidelberg 2015
L. Rütten, *Kreative Mitarbeiter*, DOI 10.1007/978-3-662-46052-8_7

Diethelm Wahl (2002) hat Aspekte herausgearbeitet, die dafür sorgen, dass Trainings nicht nur *träges Wissen* verursachen (Renkl 1996), sondern kompetentes Handeln bewirken: Die Trainings sind als praktische Übungen so durchzuführen, dass über das Geübte reflektiert wird. Bestenfalls sind Trainings mit den Zielen und Planungen des Betriebes verbunden.

Trainings sollten für einen erfolgreichen Transfer des Gelernten in die alltägliche Praxis nicht nur das Denken und Handeln ansprechen, sondern emotionale Aspekte miteinbeziehen. Trainings sind erfolgreich, wenn sie die handlungssteuernden Strukturen verändern, Expertenwissen einbeziehen und handlungssteuernde Prozesse über die Trainingssituation hinaus in Gang setzen (Wahl 2002).

▶ **Träges Wissen** Träges Wissen bezeichnet umfangreiche theoretische Wissensbestände, die eine Person nachweislich besitzt. Das Wissen kann von dieser nicht oder nur wenig zur Lösung komplexer Probleme eingesetzt werden. Es kommt also zu einer Kluft zwischen Wissen und Handeln, da die Person nicht fähig ist, ihr theoretisches Wissen in effektives, problemlösendes Handeln zu übersetzen (in Anlehnung an: Gruber et al. 2000; Mandl 2000, 2011; Renkl 1996).

Zusätzlich lassen sich Überlegungen zur Gestaltung von Trainings aufgreifen, die den Praxistransfer begünstigen (Mandl 2011):

• *Anhand authentischer Probleme lernen.* Wenn Gelerntes wie bei Innovationsvorhaben flexibel angewandt werden soll, bietet es sich an, keine abstrakten Inhalte zu trainieren, sondern an komplexen und realen Problemen und Anwendungssituationen zu lernen.
• *Multiple Perspektiven einnehmen.* Wenn Lerninhalte im Rahmen authentischer Probleme erarbeitet wurden, kann es förderlich sein, einen Schritt Abstand zu nehmen und im Sinne einer Reflexion den Lernstoff aus multiplen Perspektiven zu betrachten.
• *Im sozialen Kontext lernen.* Gerade bei komplexen Problemen kann es sich als sinnvoll erweisen, Inhalte in einem (bestehenden) Team zu erarbeiten. Nur in Teams werden synergetische Lerneffekte erzielt, die eine gemeinsame Konstruktion von Wissen zur Folge haben.

Bei einem geeigneten Kreativitätstraining sollten die Teilnehmer anhand ihrer Themen die Prinzipien der Kreativität und Innovation sowie geeignete Denkwerkzeuge und Kreativitätstechniken kennenlernen. Diese sollten in das Erlernen eines Verfahrens zur systematischen Problemlösung eingebettet sein. Den Teilnehmern sollte so ermöglicht werden, geeignete Einstellungen sowie Denk- und Verhaltensweisen zu übernehmen, um kreativer in der täglichen Arbeit zu werden und das eigene Team positiv zu beeinflussen.

▶ **Wichtig!** Achten Sie darauf, dass Kreativitätstrainings so gestaltet sind, dass diese träges Wissen vermeiden.

Der Erfolg eines solchen Trainings bemisst sich daran, ob und wie die Teilnehmer sich im Nachhinein in der Lage fühlen und in der Lage sind, einen kreativen Problemlöseprozess anzuwenden, sodass sie mithilfe von Denkwerkzeugen in knapper Zeit kreative Ideen und umsetzbare Lösungen zu Problemen und Herausforderungen entwickeln können.

Verlässt man die Organisations- und die Teamebene und wendet sich den einzelnen Mitarbeitern als Innovationsakteuren zu, spielen die Leistungsfähigkeit und der Leistungswille eine kreativitäts- und innovationsförderliche Rolle.

Innovationsfähigkeit liegt verwurzelt im Denken, wobei man prozedurales Wissen über Innovationsprozesse und die Anwendung geeigneter Denkwerkzeuge besitzen und divergentes und konvergentes Denken trennen können sollte (Basadur et al. 1982; Puccio et al. 2011; Brown 2009). Darüber hinaus üben der Umfang und die Tiefe des Fachwissens einer Person – durch die Psychologie erforscht in der Zahl an Vorbereitungsjahren – einen positiven Einfluss auf Innovation aus (West 1987).

Günstige kognitive Stile erleichtern Kreativität: Feldunabhängigkeit beziehungsweise Feldabhängigkeit, kognitive Komplexität, Abwehr beziehungsweise Sensibilisierung und Adaption beziehungsweise Innovation sind als Stile zu berücksichtigen (Kozhevnikov 2007; Witkin et al. 1962; Quinn 1980; MacKinnon 1967; Kirton 1976).

Neben diesen beeinflussen nichtkognitive Merkmale wie eine hohe Ambiguitätstoleranz, Selbstwirksamkeitserwartung und Offenheit gegenüber neuen Erfahrungen Kreativität (West 1987; Barron und Harrington 1981; George und Zhou 2001; Patterson 1999).

7.2 Denken

Praxisbeispiel: Abwechselnd denken
An dieser Stelle soll Ihnen nicht vorenthalten werden, wie es mit der Arbeit des Projektteams von Campus Headway weitergeht. Der Auftrag ist klar: Wie kann man für die Stadtmöblierung von Universitätsgeländen eine möglichst eigenständige Produktlinie entwickeln? In der ersten Kurzpause sind sich die Teilnehmer des Workshops einig, dass man schon in der letzten Konferenz über den Auftrag lange diskutiert und nach Erfolg versprechenden und umsetzbaren Ideen Ausschau gehalten habe.

Anders leitet der Facilitator Herr Meyer das Team an. Er achtet darauf, das Auffinden von neuen Ideen strikt von der Ideenbewertung zu trennen. Am Ende des Tages ist das Team sich einig, dass der Ansatz des Facilitators zielführender ist. Jede Idee hat Wertschätzung bekommen. Man hat viele Ideen miteinander kombinieren und auf den Ideen anderer aufbauen können. Manche Teammitglieder geben zu, dass sie Ideen geäußert haben, die sie in einem anderen Rahmen nicht erwähnt hätten.

Frage: Worin unterscheidet sich der von Herrn Meyer angeleitete Workshop von klassischen Endloskonferenzen?

7.2.1 Wissen und Expertise

Denken ist der Ausgangspunkt für Handeln. Sie sollten in Sachen Kreativität und Innovation auf Ihr eigenes und das Wissen Ihrer Mitarbeiter vertrauen, um Anpassung und Gestaltung erfolgreich zu meistern.

▶ **Wissen** „Wissen bezeichnet die Gesamtheit der Kenntnisse und Fähigkeiten, die Individuen zur Lösung von Problemen einsetzen. Dies umfasst sowohl theoretische Erkenntnisse als auch praktische Alltagsregeln und Handlungsanweisungen. Wissen stützt sich auf Daten und Informationen, ist im Gegensatz zu diesen jedoch immer an Personen gebunden. Es wird von Individuen konstruiert und repräsentiert deren Erwartungen über Ursache-Wirkungs-Zusammenhänge" (Probst et al. 2006).

Die Begriffe *Zeichen, Daten, Informationen, Wissen, Kompetenz* und *Expertise* lassen sich entsprechend dem Stufenmodell der Wissenstreppe des Wirtschaftswissenschaftlers Klaus North (2011) näher unterscheiden:

• *Zeichen.* Zeichen umfassen Buchstaben, Ziffern, Sonderzeichen und Symbole.
• *Daten.* Durch die Anwendung von Ordnungsregeln (Syntax) miteinander verbundene Zeichen nennt man Daten (beispielsweise werden einzelne Buchstaben zu Wörtern).
• *Informationen.* Daten, die durch eine Person in einen bestimmten Kontext eingebunden werden und von diesen deshalb gedeutet werden können – das heißt mit Bedeutung (Semantik) versehen werden –, bezeichnet man als Informationen.

- *Wissen.* Mehrere Informationen können durch Vernetzung, Kontext, Erfahrungen und Erwartungen von Personen zu Wissen werden. Wissen setzen Individuen zur Lösung von Problemen ein – Wissen bietet Handlungsfähigkeit.
- *Kompetenzen.* Kompetenzen umfassen neben Wissen und Fertigkeiten Bereitschaft zum Handeln und Persönlichkeitseigenschaften.
- *Expertise.* Expertise meint, dass man seine Kompetenz dauerhaft und herausragend einsetzt und Probleme mit Spezialkenntnissen und Erfahrung effizient und fehlerfrei löst.

Zusätzlich werden als weitere Stufen oft Innovation und Wettbewerbsvorteile mitaufgenommen. Expertise trägt bei entsprechendem Dürfen, Sollen und Wollen zur Problemlösung und Innovation bei. Die Voraussetzung lautet: Expertise wird nicht auf bekannte, definierte und algorithmische Probleme angewendet, sondern auf wenig definierte, heuristische, neue Probleme.

▶ **Wichtig!** Information und Kommunikation sind die Basis für Lernen und Wissen. Wissen ist neben Handlungsbereitschaft und Persönlichkeitseigenschaften ein Bestandteil von Kompetenz. Kompetenz führt dauerhaft zu Expertise und über Innovationsprojekte zu Innovation. Daraus erwachsen Wettbewerbsvorteile, die den Bestand eines Unternehmens sichern.

7.2.2 Prozedurales Wissen

Deklaratives Wissen als *Wissen, dass* bezieht sich auf Fakten oder konzeptionelle Zusammenhänge. **Prozedurales Wissen** meint ein *Wissen, wie*. Es wird als *Knowhow* oder als Können bezeichnet. Es meint also Wissen über die Ausführung einer Handlung oder von geistigen Abläufen, die zum gewünschten Erfolg führen (de Jong und Ferguson-Hessler 1996).

Prozedurales Wissen ist im Zusammenhang von Kreativität und Innovation als explizites oder implizites Wissen über den kreativen Prozess und darin zur Anwendung kommender Methoden und Kreativitätstechniken zu verstehen. Amabile (1996) spricht von *creativity-relevant skills*. Prozedurales Wissen stellt sicher, dass eine Vielzahl qualitativ starker Ideen generiert und eine Lösung zur Umsetzung getrieben wird. Wie eingangs beschrieben, haben Trainings mit externen Trainern oder Beratern den größten Effekt, um prozedurales Wissen erstmalig zu erwerben und in den Unternehmenskontext zu transferieren. Sie können darüber hinaus die Denkwerkzeuge und Prozesse aus Kap. 9 einüben, um Ihr prozedurales Wissen in Sachen Kreativität und Innovation zu erweitern.

7.2.3 Fachwissen

Neben dem prozeduralen Wissen spielt das **Fachwissen** als Wissensmaterial für Innovationsvorhaben eine wichtige Rolle. Darüber hinaus ist fachübergreifendes Wissen relevant. Ebenso sind Informationen wichtig, die im Rahmen der Problemlösung erworben wurden. Der Intelligenzforscher Joy Guilford (1950) schrieb dazu: *„No creative person can get along without previous experiences or facts; he never creates in a vacuum or with a vacuum."*

Amabile (1996) zufolge zeigen sich solche *domain-relevant skills* in Form von fachspezifischem Wissen, Talent und technischen Fertigkeiten. Die Größe des Wissens bestimmt das Ausmaß der Lösungsmöglichkeiten. Zur Beurteilung gefundener Lösungsmöglichkeiten kommt dem Fachwissen entscheidende Bedeutung zu. Es wird durch formelle (Schule, Ausbildung, Studium, Weiterbildung) und informelle Bildung (Erfahrung etc.) erworben.

Wichtig erscheint nicht das Alter, zu dem die Beschäftigung mit der jeweiligen Wissensdomäne aufgenommen wurde, sondern die Dauer. In der Regel finden sich in der wissenschaftlichen Literatur daher Hinweise auf Zusammenhänge zwischen der Kreativität und der Anzahl an Vorbereitungsjahren (Hayes 1989).

> ▶ **Wichtig!** Zentrale Voraussetzung für Innovationen ist die Neu- und Rekombination vorhandener Wissensbestände. Zu diesen gehören Konzepte wissenschaftlicher Disziplinen und praktische, anwendungsbezogene und erfahrungsbasierte Kenntnisse.

7.2.4 Divergentes Denken und konvergentes Denken

Die **Denkprinzipien des divergenten Denkens und konvergenten Denkens** wurden von Guilford (1967) erstmals beschrieben. Abbildung 7.1 stellt diese Denkprinzipien dar und betont dabei den mehrenden und weitenden Charakter des divergenten Denkens ebenso wie den konzentrierenden und kondensierenden Charakter des konvergenten Denkens. In systematischen Innovationsprozessen kommen diese beiden Denkprinzipien in jedem Prozessschritt abwechselnd zum Einsatz, stellen so eine breite Suche nach vielen, unterschiedlichen und neuen Alternativen sicher und ermöglichen im Anschluss eine fokussierte Bewertung der Alternativen bei positiver Grundhaltung.

Beide Denkprinzipien sind für den Erfolg eines Innovationsprozesses von fundamentaler Bedeutung:

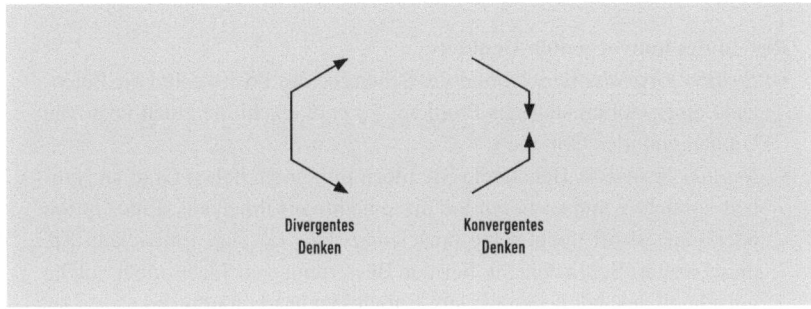

Abb. 7.1 Denkprinzipien des divergenten Denkens und konvergenten Denkens nach Guilford (1967)

- *Divergentes Denken.* Dieses Denkprinzip bezeichnet das Suchen nach Optionen und Alternativen für ein Problem, für das es keine eindeutige Antwort gibt. Die Entwicklung von Ideen und Konzepten steht im Vordergrund.
- *Konvergentes Denken.* Dieses Denkprinzip bezeichnet die fokussierte Bewertung, Beurteilung und Auswahl der generierten Alternative. Die Ideenbewertung nach zuvor festgelegten Kriterien steht im Vordergrund. Es geht um eine fokussierende Evaluation der Alternativen mit einer positiven Grundhaltung.

Praxistipp: Divergentes Denken und konvergentes Denken trennen
Regeln des divergenten Denkens:
- *Beurteilungen zurückstellen.* Stellen Sie in dieser Phase positive wie negative Beurteilung zurück, sowohl explizit ausgesprochen wie implizit beim Denken stattfindend. Eine Evaluation findet in der Phase des konvergenten Denkens statt.
- *Quantität vor Qualität erzeugen.* Durch eine Vielzahl von Optionen erhöhen Sie die Wahrscheinlichkeit, in der Phase des konvergenten Denkens Erfolg versprechende Optionen auszuwählen.
- *Verbindungen herstellen und auf Bestehendem aufbauen.* Versuchen Sie, mehrere vorhandene Ideen miteinander zu kombinieren und darauf aufbauend weiterzuentwickeln. Interessante Lösungen entstehen oft durch eine Weiterentwicklung von gefundenen Ideen oder Optionen. Generieren Sie so noch mehr Alternativen.
- *Verrückte Ideen suchen.* Verrückte Ideen haben ein großes Potenzial. Greifen Sie verrückte Ideen in den Folgeschritten Ihres Innovationsprozesses auf und entwickeln Sie diese weiter. Verrückte Ideen werden so Schritt für Schritt zu umsetzbaren Lösungen.

Regeln des konvergenten Denkens:

- *Positive Grundhaltung etablieren.* Sehen Sie das Positive und die Potenziale einer Option statt das Problem. So entwickeln Sie einen positiven Umgang mit den Optionen.
- *Neuheit bedenken.* Behandeln Sie Ideen mit einem hohen Grad an Neuheit vorsichtig und sortieren Sie diese nicht vorschnell aus. Eine Option oder Idee ist oft noch keine umsetzungsreife Lösung. Entwickeln Sie diese weiter. Schließen Sie bei der Bewertung von Ideen nicht solche vorschnell aus, bei denen weitere Entwicklungsarbeit nötig ist.
- *Geeignete Maßstäbe anlegen.* Wenden Sie so viel Zeit und Sorgfalt bei der Ideenbewertung auf, wie Sie für die Ideenfindung verwendet haben. Betrachten Sie jede Option und überprüfen Sie jede anhand geeigneter Kriterien.
- *Das Ziel im Blick halten.* Entwickeln Sie die Optionen auf ein bestimmtes Ziel oder eine bestimmte Fragestellung hin. Halten Sie diese Fragestellung bei der Bewertung im Blick. Sind in der divergierenden Phase Optionen entstanden, die das Ziel verfehlen? Machen Sie sich klar, was das Ziel ist, und überlegen Sie, ob die Idee Ihnen hilft, das Ziel zu erreichen.

Wildcard-Regel für beide Denkphasen:

- *Inkubation ermöglichen.* Pausen oder Unterbrechungen lösen kognitiven Blockaden und externen Zwäng auf und stellen verblasste intrinsische Motivation wieder her (Ellwood et al. 2009). Nehmen Sie sich eine Auszeit von der aktiven Arbeit an einer Lösung und ermöglichen Sie sich den benötigten Abstand.

Quelle: Puccio et al. 2011; Kreativpromenade 2014.

▶ **Wichtig!** Es ist wichtig zu erkennen, welche Methode bei welchem Problem wann und wo zur erfolgreichen Lösung führt. Trennen Sie außerdem bei Problemlöse- und Entscheidungsvorgängen divergente und konvergente Phasen. Sollte Sie dies überfordern oder sollte Ihnen dies zu komplex erscheinen, lohnt es sich, einen professionellen Facilitator hinzuzuziehen, denn für diesen sind Innovationsvorhaben Alltagsgeschäft.

Bei Innovationsprojekten und im Alltag kann jeder Einzelne dazu beitragen, dass die gemeinsame Arbeit möglichst effektiv wird. Dazu ist es hilfreich, ein Killerphrasen-Poster in Workshop- und Arbeitsräumen aufzuhängen. Wenn Ideen vorschnell beurteilt und abgetan werden, kann ein Facilitator oder ein anderes Teammitglied auf diese verweisen.

Praxistipp: Killerphrasen-Poster
Typische Killerphrasen sind:
- Da können wir ja noch mal drüber nachdenken und das später entscheiden.
- Dafür ist die Zeit noch nicht reif!
- Dafür ist kein Geld da!
- Dafür sind wir nicht zuständig!
- Das geht nicht!
- Das haben wir aber immer so gemacht!
- Das hat nie funktioniert!
- Das ist Blödsinn!
- Das ist dasselbe wie damals …!
- Das ist unmöglich!
- Das ist unrealistisch!
- Das ist unwahrscheinlich!
- Das ist viel zu aufwendig!
- Das klappt nicht!
- Das klingt ja gut, aber …
- Das können wir nicht!
- Das machen die Mitarbeiter nicht mit!
- Für so was fehlt uns die Zeit!
- Sie ahnen nicht, was da auf Sie zukommt!
- Sie immer mit Ihren kreativen Ideen!
- Sie stellen sich das so einfach vor!
- So einfach ist das aber nicht!
- Welchen Zweck soll das haben?
- Wenn Sie richtig zugehört hätten …
- Wer soll das bezahlen?
- Wir haben schon alles ausprobiert!

Die folgenden Fragen helfen, den Killerphrasen entgegenzutreten und die dahinterliegenden Blockaden aufzulösen:

Blockaden auflösen

- Was geht Ihrer Meinung nach nicht? Unter welchen Umständen würde es gehen? Und wenn es gehen müsste, wie könnte es gelingen?
- Was ist unmöglich? Was macht Sie da so sicher? Unter welchen Umständen wäre es möglich?
- Was können wir nicht? Was bräuchten wir, damit wir es könnten? Was/wer kann uns helfen?

Unklare Begriffe konkretisieren

- Können Sie ein Beispiel geben?
- Was genau meinen Sie mit …?

Verallgemeinerungen relativieren

- *Bedingungen erkunden.* Wovon hängt es ab, ob …?
- *Beispiel erfragen.* Können Sie beispielhaft eine Situation ausführen, in der das vorkommt?
- *Gegenbeispiel erfragen.* Gibt es Zustände, in denen es nicht auftritt?
- *Konkretisierung.* Wann haben Sie diesen Zustand zuletzt beobachtet?

Implizite Annahmen prüfen

- Hat jemand eine Idee, wie es gehen könnte?
- Kennt jemand andere Beispiele, bei denen es geklappt hat?
- Wie kommen Sie zu der Annahme?
- Wie können wir überprüfen, ob es nicht geht?

Vergleiche konkretisieren

- Handelt es sich um vergleichbare Situationen oder Dinge?
- Was ist gleich, was ist anders?
- Was genau meinen Sie?
- Welche Merkmale sind vergleichbar? Welche nicht?

Brücke bauen

- Sie wollen, dass … Das ist völlig nachvollziehbar und sinnvoll.
- Wie könnten wir sicherstellen, dass …?

Quelle: Pricken 2010.

7.3 Kognitive Stile

Praxisbeispiel: Besser werden
Frau Neumann hat sich zwischenzeitlich einen Namen gemacht mit ihren großen Würfen und, zumindest für Herrn Pfeiffer, radikalen Neuerungen. Aber der Geschäftsführerin Frau Kuhlman ist nicht entgangen, dass auch Herr Mertens einen wichtigen Beitrag leistet. Herr Mertens leitet die Verwaltung. Wie kein anderer ist er bemüht, die Abläufe in der Verwaltung ständig zu optimieren und zu verbessern. Herr Mertens hält nichts davon, die Dinge komplett anders zu machen. In der Verwaltung geht es um Zuverlässigkeit und Genauigkeit. Herr Mertens will die Dinge verbessern und verfolgt den Ansatz, dass die Bürokratie zuverlässig und zugleich möglichst unauffällig für die übrigen Unternehmensbereiche sein soll. Seine Administration verursacht mit diesem Ansatz nur geringe Kosten. Herr Mertens hält darüber regelmäßig Vorträge in Unternehmen und in öffentlichen Verwaltungen.
Fragen: Sollte Frau Kuhlman das Handeln von Herrn Mertens als ebenso wichtig einschätzen wie die Bemühungen von Frau Neumann? Wie könnten die beiden Bereichsleiter voneinander profitieren?

Mit der strikten Trennung von divergentem Denken und konvergentem Denken versucht man ungünstige kognitive Stile zu kontern. Das Konstrukt der **kognitiven Stile** führte der Psychologe Gordon Allport (1937) ein. Es bezieht sich auf eine typische Art eines Individuums, Dinge wahrzunehmen, sich zu erinnern, zu denken und Probleme zu lösen. Personen mit einem für Innovation günstigen kognitiven Stil verstehen komplexe Sachverhalte besser und sind in der Lage, kognitive Fixierungen und Wahrnehmungsfixierungen aufzubrechen und bei der Problemsuche offen gegenüber unterschiedlichen Antwortmöglichkeiten zu bleiben.

Der Psychologe Herman A. Witkin (1977) hat die unterschiedliche Wahrnehmung von Individuen mit den Polen **Feldabhängigkeit und Feldunabhängigkeit** als zwei Ausprägungsformen kognitiver Stile beschrieben:

- *Personen mit feldabhängigem Stil.* Sie tendieren zu einer ganzheitlichen Wahrnehmung. Sie agieren als hervorragende Teamplayer und besitzen eine hohe Sozialkompetenz. Sie haben Schwierigkeiten, in der Problemlösung wichtige Details aus einer Situation herauszulösen und sich auf diese zu fokussieren. Es fällt ihnen schwer, ihre Denkprozesse zu überwachen und zu regulieren. Für sie ist eine bewusste Trennung divergenten und konvergenten Denkens wichtig (s. Kap. 7.2.4).

- *Personen mit feldunabhängigem Stil.* Sie stehen im Hinblick auf kreative Problemlösung besser dar. Sie überwachen in höherem Maße ihre Denkprozesse und achten auf eine konsequente Trennung von konvergentem und divergentem Denken. Sie separieren und analysieren einzelne Komponenten einer Fragestellung besser.

Das Theoriegebäude der **kognitiven Komplexität** betrachtet das Handeln einer Person als Ergebnis von Informationsverarbeitungsprozessen im menschlichen Gehirn. Auf Basis dieser Theorie entstand eine weitere Unterscheidung kognitiver Stile: Konkretheit und Abstraktheit. Hier geht es darum, wie gut man mit abstrakten Informationen umgeht. Personen mit niedrigem Verarbeitungsniveau (*Konkrete*) verarbeiten konkrete Informationen gut. Personen mit hohem Verarbeitungsniveau (*Abstrakte*) bewältigen umfangreiche und schwierig einzuordnende Informationen gut. Der Grad an Komplexität lässt sich nur in Relation zur Verarbeitungskapazität sinnvoll betrachten. Deshalb sollten Sie diese Unterscheidung, wie auch die der anderen kognitiven Stile, als idealtypische Extrempole betrachten. Die Unterscheidung dieser kognitiven Stile leistet einen Hinweis, warum manche Personen mit der Arbeit an einer Problemlösung früher oder an anderer Stelle eher überfordert sind als andere.

Eine weitere Unterscheidung kognitiver Stile ermöglichen die Pole **Abwehr und Sensibilisierung**. Abwehrende Personen sind konventionell und in ihren Handlungen und Entscheidungen rigider. Sensibilisierende Personen sind unkonventionell und radikal.

Individuen greifen nicht mit Absicht auf kognitive Stile zurück. Vielmehr sind sie ähnlich fest ausgeprägt wie der jeweilige Grad an Intelligenz. Sie wirken stark darauf ein, wie Individuen an einem Innovationsvorhaben teilnehmen. Sie entziehen sich der positiven Beeinflussung oder Förderung durch Führungskräfte. Man bewegt sich auf ethisch dünnem Eis, wenn man versucht, die kognitiven Stile in der Führungsarbeit auszunutzen. Die Stile wurden an dieser Stelle vielmehr mit ausgeführt, um Sie für die unterschiedlichen Hintergründe zu sensibilisieren, die möglicherweise das Verhalten Ihrer Teammitglieder bestimmen.

Ein Vorurteil lautet: Es gibt Mitarbeiter, die für Innovation geschaffen sind, und andere Mitarbeiter, die nicht für Innovation geschaffen sind. Der Psychologe Michael Kirton (1976) widerspricht dem. Er hat die kognitiven Stile zweier kreativer Idealtypen aufgestellt: **Adaptoren und Innovatoren**. Nach Kirton gibt es eine Reihe von Eigenschaften, die diese beiden Idealtypen charakterisieren:

- *Adaptoren.* Adaptoren zeichnen sich durch Präzision, Zuverlässigkeit und Effizienz aus: Sie sind methodisch, umsichtig und diszipliniert. Sie beschäftigen sich mit der Lösung von Problemen, statt sie aufzufinden. In der Problemlösung kommen etablierte und bekannte Wege zum Einsatz. Adaptoren versuchen Probleme durch Verbesserung und das Erzielen höherer Effizienz abzubauen. Sie bemühen sich, ein Höchstmaß an Kontinuität und Stabilität zu erreichen. Adaptive Lösungen stellen sich als vernünftig, regelkonform, sicher und zuverlässig dar. Adaptoren versuchen die Dinge besser zu machen. Sie sind unempfindlich gegen Langeweile, können vielmehr eine hohe Genauigkeit bei länger andauernder Detailarbeit aufrechterhalten. Sie gelten oft als fachliche Autoritäten. Adaptoren stellen Regeln seltener und nur bei starker Unterstützung durch andere infrage. Sie neigen zu Selbstzweifeln, wenn sie das Bestehende infrage stellen. Adaptoren reagieren auf Kritik von außen mit Konformität. Sie sind nachgiebig und anfällig für sozialen Druck. Sie sind im Betrieb dafür verantwortlich, die Routine aufrechtzuerhalten, und sind essenziell für das dauerhafte Funktionieren eines Systems.

- *Innovatoren.* Innovatoren denken auf Umwegen und nähern sich Aufgaben aus ungewohnter Richtung an. Sie wirken undiszipliniert und unberechenbar. Innovatoren entdecken mehr Probleme als einvernehmliche Lösungen. Sie neigen dazu, die mit einem Problem verbundenen Vorannahmen zu hinterfragen. Innovatoren stellen in bestehenden Teams die vorherrschende Perspektive infrage und schaffen Dissonanz. Sie versuchen die Dinge anders zu machen. Innovatoren sind im Betrieb dafür verantwortlich, dem Alltagstrott Paroli zu bieten. Sie sind für kurze Zeit in der Lage, Routinearbeiten zu übernehmen, und delegieren diese zügig. Innovatoren neigen dazu, in unstrukturierten Situationen die Kontrolle zu übernehmen. Sie respektieren Althergebrachtes wenig. Innovatoren sind frei von Selbstzweifeln bei der Ideenfindung und sie vernachlässigen Konsens. Sie wirken essenziell bei unvorhergesehenen Krisen. Innovatoren können Krisen oft vermeiden, wenn Adaptoren ihnen vertrauen.

Bei der Zusammenarbeit mit Innovatoren liefern Adaptoren Stabilität, Ordnung und Kontinuität. Sie besitzen Gespür für andere und pflegen den Zusammenhalt und die Zusammenarbeit im Team. Innovatoren liefern bei der Zusammenarbeit mit Adaptoren Orientierung. Sie ermöglichen den Bruch mit der Vergangenheit und althergebrachten Überzeugungen. Sie sind radikal in der Durchsetzung ihrer Lösung. Dies kann sich jedoch auch negativ auf den Zusammenhalt eines Teams auswirken.

Nach diesem Modell ist der Kreativitätstyp Bestandteil der Persönlichkeit. Er verändert sich im Laufe des Lebens nur wenig. Um den Kreativitätstyp zu ermitteln, steht mit dem *KAI-Inventory* ein zuverlässiges Messverfahren zur Verfügung (Kirton 1977). Die Skala reicht von extremen Adaptoren bis zu extremen Innovatoren. Es braucht beide: zum einen diejenigen, die Veränderungen in kleinen Schritten in bestehenden Mustern suchen, zum anderen diejenigen, die diese Muster immer wieder infrage stellen. Letztere möchten etwas völlig Neues schaffen.

Je größer und zentralisierter ein Unternehmen ist, desto stärker begünstigt es die Verhaltensweisen von Adaptoren. Wer Richtung Innovator tendiert, ist in anderen Strukturen besser aufgehoben. Aus diesem Grund beauftragen Unternehmen für radikal-kreative Aufgaben oft externe Unternehmen oder gründen Projektteams oder Tochtergesellschaften. Diese bewegen sich nämlich außerhalb der bestehenden Organisationsstrukturen und Regelwerke.

Adaptoren können wertvolle Beiträge in Stabilisierungsphasen leisten. In Phasen der Flexibilisierung werden sich ihre Beiträge verringern. Dann schlägt die Stunde der Innovatoren, die vorher kaum auf den Plan treten.

▶ **Wichtig!** Für Ihr Führungsverhalten in Sachen Innovation ist die Unterscheidung von Adaptoren und Innovatoren wichtig: Wenn Sie wissen, ob gerade Flexibilität oder Stabilität gefragt ist, und Ihr Mitarbeiter Adaptor oder Innovator ist, können Sie individuell mit Ihrem Gegenüber umgehen, können sein Verhalten einordnen. Sie wissen, welchen Beitrag Ihr Mitarbeiter bei einem Innovationsvorhaben leisten kann und wann und wobei er sich in einem Innovationsprozess einbringen wird.

7.4   Nichtkognitive Merkmale

Praxisbeispiel: Offen sein

Zurück zu Frau Neumann. Im Gegensatz zu ihrem Kollegen Herrn Pfeiffer, der mit seiner Abteilung wie jedes Jahr einen Ausflug in die Landeshauptstadt Hannover macht, hat sie ihre Kollegen an den Plakatwänden in der Teeküche gebeten, Vorschläge für einen Ausflug zu unterbreiten. Sie wäre nicht auf die Idee gekommen, aber man einigte sich darauf, zunächst klettern zu gehen und für den Abschluss ein Dinner in the Dark zu buchen. Frau Neumann ist keine Freundin sportlicher Verrenkungen, aber ihre Meinung ist, dass man offen für neue Erfahrungen bleiben muss.

Diese Haltung zahlt sich aus. Ihre Mitarbeiter haben viel Verständnis für die Einstellungen und Verhaltensweisen der jeweils anderen erlangt, die Kommunikation untereinander hat sich verbessert und die Mitarbeiter unterstützen sich gegenseitig stärker. Es wird mehr auf Zusammenarbeit gesetzt und es gibt weniger negativen Wettbewerb. Mehr denn je wissen nun alle, dass man aufeinander angewiesen ist. Und der Ausflug inspiriert: Bald gibt es Überlegungen zu einer neuen Produktlinie, mit der die Bedürfnisse von Menschen mit Sehbehinderung in den Vordergrund gestellt werden, genauso wie die KuhlmanCity GmbH Kletterwände in die Spielplatzausstattung aufnimmt.

Frage: Inwiefern war die Einstellung von Frau Neumann entscheidend für die Innovationen?

Während sich kognitive Merkmale auf menschliche Denk- und Informationsverarbeitungsprozesse beziehen, sind eine hohe **Ambiguitätstoleranz, Selbstwirksamkeitserwartung** und **Offenheit gegenüber neuen Erfahrungen** als **nichtkognitive Merkmale** Bestandteil persönlicher Einstellungen und Geisteshaltungen. Mit einer Beschreibung dieser Merkmale soll Ihr analytischer Blick für die an einem Innovationsvorhaben beteiligten Personen geschärft werden:

- *Ambiguitätstoleranz.* Ambiguitätstoleranz meint die Tendenz, „Widersprüchlichkeiten, Inkonsistenzen oder mehrdeutige Informationslagen in ihrer Vielschichtigkeit wahrzunehmen und positiv zu bewerten" (Reis 1996). Sie steht im Zusammenhang mit einer hohen Anpassungsfähigkeit. Ambiguitätstoleranz äußert sich in der Bereitschaft, sich mit Veränderung und Unbekanntem auseinanderzusetzen.
- *Selbstwirksamkeitserwartung.* Selbstwirksamkeitserwartung definieren Jerusalem et al. (2009) als „Vertrauen in die persönlichen Kompetenzen, Schwierigkeiten aus eigener Kraft meistern zu können". Es erfolgt eine individuelle „Einschätzung der eigenen Fähigkeit, bestimmte Verhaltensweisen, die zur Erreichung eines Zieles führen, ausführen zu können" (Abele et al. 2000; Abele 2004). Sie ist das Vertrauen einer Person in die eigene Fähigkeit, die Planung und Ausführung von Handlungen auf die Erreichung bestimmter Ziele abzustimmen (Bandura 1997). Derartige Erwartungen wirken darauf ein, welchen Anforderungen sich Personen stellen. Sie haben Einfluss darauf, welchen Aufwand Personen betreiben und ob sie trotz etwaiger Hindernisse weitermachen (Salanova et al. 2006). Das eigene Empfinden von Selbstwirksamkeit führt vorwiegend in Arbeitsfeldern mit hohen Flexibilitätsanforderungen zu erfolgreichen Ergebnissen (Bandura 1997). Eine Selbstwirksamkeitserwartung verändert sich durch Verhaltensänderung in Folge von Lernen, Erfahrung, Reflexion und Feedback (Gist und Mitchell 1992; Abele et al. 2000; Luthans et al. 2007). Die Selbstwirksamkeitserwartung erhöht sich also unter anderem durch berufliche Weiterbildung.

• *Offenheit gegenüber neuen Erfahrungen.* Grundüberzeugungen sowie Routinen der Wahrnehmung, Interpretation und Zusammenarbeit können in vielen Betrieben zu blinden Flecken in Sachen betrieblicher Veränderung führen. Dem entgegen wirkt eine persönliche Einstellung, die sich als Offenheit gegenüber neuen Erfahrungen kennzeichnen lässt: „Nur eine große Offenheit gegenüber Fremden, das Zulassen ungewohnter Sichtweisen […] sowie ein geschickter Umgang mit Diversität kann vor den Gefahren solcher blinden Flecken bewahren" (Rüegg-Stürm 2003).

▶ **Wichtig!** Vertrauen fördert Kommunikation. Informationen werden schneller und freiwillig weitergeben. Kreativität, organisationales Lernen sowie Toleranz und Offenheit gegenüber unkonventionellen Ideen nehmen zu. Offenheit für neue Erfahrungen zahlt sich aus: Stellen Sie in regelmäßigen Abständen bestehendes Wissen infrage. Aktualisieren Sie es gegebenenfalls. Wissen besitzt begrenzte Gültigkeit.

7.5 Wie Sie das Gelernte in der Praxis umsetzen

Fazit für die Praxis

Achten Sie darauf, träges Wissen bei Ihren Mitarbeitern zu vermeiden. Dies gelingt durch didaktisch sinnvoll gestaltete Kreativitätstrainings und betriebliche Lerngelegenheiten.

Zentrale Voraussetzung für Innovationen bildet die Neu- und Rekombination vorhandener Wissensbestände. Zu diesen gehören Kenntnisse wissenschaftlicher Disziplinen und anwendungsbezogene sowie erfahrungsbasierte Wissensbestände. Wissen formt neben Handlungsbereitschaft und Persönlichkeitseigenschaften einen wichtigen Teil von Kompetenz. Kompetenz führt dauerhaft zu Expertise. Dies ermöglicht über Projektarbeit Innovation. Aus Innovationen ergeben sich Wettbewerbsvorteile. Diese sichern den Bestand eines Unternehmens. Stellen Sie in regelmäßigen Abständen bestehendes Wissen infrage. Aktualisieren Sie es gegebenenfalls. Wissen besitzt begrenzte Gültigkeit.

Es ist wichtig zu erkennen, welche Methode bei welchem Problem wann und wo zur erfolgreichen Lösung führt. Trennen Sie außerdem bei Problemlöse- und Entscheidungsvorgängen divergente und konvergente Phasen. Sollte Sie dies überfordern oder sollte Ihnen dies zu komplex erscheinen, lohnt es sich, einen professionellen Facilitator hinzuzuziehen, denn für ihn sind Innovationsvorhaben Alltagsgeschäft.

Unterscheiden Sie Adaptoren und Innovatoren: Wenn Sie wissen, ob gerade Flexibilität oder Stabilität gefragt ist und ob Ihr Mitarbeiter Adaptor oder Innovator ist, können Sie individuell mit Ihrem Gegenüber umgehen und sein Verhalten besser einordnen. Sie wissen, welchen Beitrag Ihr Mitarbeiter bei einem Innovationsvorhaben leisten kann und wann und wobei er sich in einem Innovationsprozess einbringen wird.

Der Wirtschaftswissenschaftler Paul Romer sagte: „Je mehr wir lernen, desto mehr neue Dinge entdecken wir immer wieder. Es bedeutet auch, dass es keine Grenze für neue Entdeckungen und Erkenntnisse gibt." In diesem Kapitel haben Sie gelernt, welche kognitiven Aspekte Innovationsfähigkeit begünstigen. Sie haben erfahren, worin das Problem bei trägem Wissen besteht. Wichtig ist, dass Sie Phasen divergenten Denkens und Phasen konvergenten Denkens bei Problemlöse- und Entscheidungsvorgängen trennen. Sie verstehen nach der Unterscheidung kognitiver Stile in diesem Kapitel die Unterschiedlichkeit Ihrer Mitarbeiter in Sachen Kreativität und Innovation besser und schätzen Ihre Mitarbeiter treffsicher ein. Außerdem haben Sie die Relevanz nichtkognitiver Merkmale für Kreativität und Innovation erkannt. Probieren Sie folgende Aktivitäten aus, um die Konzepte und Erkenntnisse aus diesem Kapitel stärker zu durchdringen und anzuwenden:

Aktivitäten

- *Erstellen Sie eine Tabelle.* Wer in Ihrer Abteilung oder Ihrem Betrieb sind Adaptoren? Wer lässt sich zu den Innovatoren zählen? Wie sieht es mit anderen Führungskräften in Ihrem Betrieb aus?
- *Begründen Sie schriftlich.* Zu welchen Idealtypen der kognitiven Stile würden Sie sich zählen?
- *Plakatieren Sie.* Wo können Sie ein selbst erstelltes Killerphrasen-Poster in Ihrem Betrieb aufhängen?
- *Verteilen Sie.* Über welchen Weg könnten Sie möglichst vielen Personen in Ihrem Betrieb die Regeln zum divergenten Denken und konvergenten Denken zukommen lassen?

Folgende Literatur hilft Ihnen, die Inhalte dieses Kapitels zu vertiefen:

Weiterführende Literatur
Brown, T. (2009). *Change by design. How design thinking transforms organizations and inspires innovation.* New York: HarperCollins
Kilian, D., Krismer, R., Loreck, S., & Sagmeister, A. (2007). *Wissensmanagement. Werkzeuge für Praktiker.* Wien: Linde.
Proctor, T. (2010). *Creative problem solving for managers.* London: Routledge.
Puccio, G. J., Mance, M., & Murdock, M. C. (2011). *Creative leadership. Skills that drive change.* Los Angeles: Sage.

Literatur

Abele, A. E. (2004). Selbstregulationskompetenzen und beruflicher Erfolg. In B. Wiese (Hrsg.), *Individuelle Steuerung beruflicher Entwicklung. Kernkompetenzen in der modernen Arbeitswelt* (S. 61–89). Frankfurt a. M.: Campus.

Allport, G. W. (1937). *Personality. A psychological interpretation.* New York: Henry Holt.

Amabile, T. M. (1996). *Creativity in context.* Oxford: Westview Press.

Bandura, A. (1997). *Self-efficacy. The exercise of control.* New York: Freeman.

Barron, F., & Harrington, D. M. (1981). Creativity, intelligence and personality. *Annual Review of Psychology, 32,* 439–476.

Basadur, M., Graen, G. B., & Green, S. G. (1982). Training in creative problem solving: Effects on ideation and problem finding and solving in an industrial research organization. *Organizational Behaviour and Human Performance, 30,* 41–70.

De Jong, T., & Ferguson-Hessler, M. G. (1996). Types and qualities of knowledge. *Educational Psychologist, 31*(2), 105–113.

Ellwood, S., Pallier, G., Snyder, A., & Gallate, J. (2009). The incubation effect: Hatching a solution? *Creativity Research Journal, 21*(1), 6–14.

George, J. M., & Zhou, J. (2001). When openness to experience and conscientiousness are related to creative behavior: An international approach. *Journal of Applied Psychology, 86*(3), 513–524.

Gist, M., & Mitchell, T. (1992). Self-efficacy: A theoretical analysis of its determinants and malleabilty. *Academy of Management Review, 17*(2), 182–211.

Gruber, H., Mandl, H., & Renkl, A. (2000). Was lernen wir in Schule und Hochschule: Träges Wissen? In H. Mandl (Hrsg.), *Die Kluft zwischen Wissen und Handeln. Empirische und theoretische Lösungsansätze* (S. 139–156). Göttingen: Hogrefe.

Guilford, J. P. (1950). Creativity. *American Psychologist, 5,* 444–454.

Guilford, J. P. (1967). *The nature of human intelligence.* New York: McGraw-Hill.

Hayes, J. R. (1989). Cognitive processes in creativity. In J. A. Glover, R. R. Roning, & C. R. Reynolds (Hrsg.), *Handbook of creativity* (S. 135–145). New York: Plenum.

Jerusalem, M., Drössler, S., Kleine, D., Klein-Heßling, J., Mittag, W., & Röder, B. (2009). *Förderung von Selbstwirksamkeit und Selbstbestimmung im Unterricht. Skalen zur Erfassung von Lehrer- und Schülermerkmalen.* Berlin: Humboldt-Universität.

Kirton, M. J. (1976). Adaptors and innovators: A description and measure. *Journal of Applied Psychology, 61*(5), 622–629.

Kirton, M. J. (1977). *Manual of the Kirton Adaption-Innovation inventory*. London: National Foundation for Educational Research.

Kozhevnikov, M. (2007). Cognitive styles in the context of modern psychology: Toward an integrated framework of cognitive style. *Psychological Bulletin, 133*(3), 464–481.

Kreativpromenade. (2014). *Divergentes Denken und konvergentes Denken* (Unveröffentlichtes Dokument). Aachen: Lukas Rütten und Lobsang Zelle GbR.

Luthans, F., Avolio, B., Avey, J., & Norman, S. (2007). Positive psychological capital: Measurement and relationship with performance and satisfaction. *Personnel Psychology, 60*, 541–572.

MacKinnon, D. W. (1967). Assessing creative persons. *The Journal of Creative Behavior, 1*(3), 291–304.

Mandl, H. (2000). *Was lernen wir in Schule und Hochschule: Träges Wissen?* 15. Dortmunder Sommersymposium der Chemiedidaktik (S. 6–11). Dortmund: Universität Dortmund.

Mandl, H. (2011). Wissensnutzung als verkanntes Problem. Grundannahmen und Instruktionsansätze. *News & Science, 27*(1), 4–5.

McFadzean, E. (2000). Techniques to enhance creative thinking. *Team Performance Management, 6*(3), 62–72.

North, K. (2011). *Wissensorientierte Unternehmensführung. Wertschöpfung durch Wissen.* Wiesbaden: Gabler.

Patterson, F. (1999). *Innovation potential predictor*. Oxford: Oxford Psychological Press.

Pricken, M. (2010). *Kribbeln im Kopf.* Mainz: Herrmann Schmitz.

Probst, G., Raub, S., & Romhardt, K. (2006). *Wissen managen. Wie Unternehmen ihre wertvollste Ressource optimal nutzen.* Wiesbaden: Gabler.

Quinn, E. (1980). Creativity and cognitive complexity. *Social Behavior and Personality, 8*(2), 213–215.

Reis, J. (1996). *Inventar zur Messung der Ambiguitätstoleranz.* Heidelberg: Asanger.

Renkl, A. (1996). Träges Wissen: Wenn Erlerntes nicht genutzt wird. *Psychologische Rundschau, 47*, 78–92.

Rüegg-Stürm, J. (2003). *Das neue St. Galler Management-Modell. Grundkategorien einer integrierten Managementlehre. Der HSG-Ansatz.* Bern: Haupt.

Salanova, M., Bakker, A. B., & Llorens, S. (2006). Flow at work: Evidence for an upward spiral of personal and organizational resources. *Journal of Happiness Studies, 7*, 1–22.

Scott, G., Leritz, L. E., & Mumford, M. D. (2004). The effectiveness of creativity training: A quantitative review. *Creativity Research Journal, 16*(4), 361–388.

Wahl, D. (2002). Mit Training vom trägen Wissen zum kompetenten Handeln? *Zeitschrift für Pädagogik, 48*(2), 227–241.

Wang, C.-W., & Horng, R.-Y. (2002). The effects of creative problem solving training on creativity, cognitive type and R & D performance. *R&D Management, 32*(1), 35–45.

West, M. A. (1987). Role innovation in the world of work. *British Journal of Social Psychology, 26*(4), 305–315.

Witkin, H. A., Dyk, R. B., Faterson, H. F., Goodenough, D. R., & Karp, S. A. (1962). *Psychological differentiation. Studies of development.* New York: Wiley.

Wollen: Innovationsbereitschaft wecken

8

Zusammenfassung

In diesem Kapitel erfahren Sie, welche Bedeutung Arbeitszufriedenheit für Kreativität und Innovation besitzt. Im Vordergrund steht der Aspekt geeigneter Motivation für mehr Bereitschaft zu kreativem Handeln. Darüber hinaus zeigt Ihnen dieses Kapitel, wie Sie Schluss machen mit falschen Anreizsystemen und zu geeigneter Belohnung von kreativem Handeln gelangen.

Zusätzlich stellt Ihnen dieses Kapitel Zielvereinbarungsgespräche, konstruktives Feedback und Anerkennung als zentrale Führungsinstrumente für mehr Innovation vor.

8.1 Konzeptioneller Überblick: Innovationsbereitschaft

Das Können, die Innovationsfähigkeit, steht in Verbindung mit einem Wollen, der Innovationsbereitschaft. Andernfalls nutzen Personen ihre Kreativität nicht für Innovationshandeln (Rütten 2013). Innovationsstarke Betriebe regen die Innovationsbereitschaft an. Sie unterstützen den Willen ihrer Mitarbeiter zu Kreativität und Innovation. Solche Unternehmen haben Schluss gemacht mit Demotivation und falschen Anreizen.

► **Wichtig!** Machen Sie Schluss mit ungeeigneten Anreizsystemen. Setzen Sie auf Feedback und Anerkennung, um Ihre Mitarbeiter zu mehr Kreativität zu führen.

© Springer-Verlag Berlin Heidelberg 2015
L. Rütten, *Kreative Mitarbeiter*, DOI 10.1007/978-3-662-46052-8_8

Als Motive gelten nach der Definition der Psychologen Klaus Schneider und Heinz-Dieter Schmalt (2000) „Wertungsdispositionen, die für einzelne Menschen charakteristische Ausprägungen haben". Als Anreize gelten Merkmale einer Situation, welche die Motive anregen: Motive × aktivierende Anreize = Motivation.

Als wichtige Komponenten der Motivation ließen sich in Sachen Innovation Eigeninitiative, intrinsische Motivation und das Streben nach Selbstverwirklichung ausmachen (Eisenberger et al. 1999; Frese et al. 2000; West 1987). Die Förderung der Arbeitszufriedenheit (Zhou und George 2001), Belohnung im Sinne von Reputationszugewinn und Karrieremöglichkeiten (Gerpott und Domsch 1991) sowie geeignete Formen des Feedbacks und der Anerkennung gelten als förderlich (Taggar 2002). Das bedeutet für Sie: Machen Sie Schluss mit falschen Anreizsystemen und finden Sie sinnvolle Wege, um die Innovationsbereitschaft Ihrer Mitarbeiter zu wecken.

8.2   Arbeitszufriedenheit

Praxisbeispiel: Zufrieden machen

Frau Neumann ist seit einiger Zeit nicht mehr im Haus der KuhlmanCity GmbH anzutreffen. Sie kümmert sich nämlich um ihre drei Wochen alte Tochter Mariella. Vertreten wird sie durch Herr Hansen, ihren Assistenten. Dieser genießt die ihm übertragene Verantwortung und führt die Linie seiner Chefin fort.

Es ist also kein Wunder, dass im Bereich von Frau Neumann wieder neue Konzepte diskutiert werden. Momentan überlegt man, eine Produktlinie mit Stadtmöblierung ausschließlich aus natürlichen und nachwachsenden Rohstoffen anzubieten. Herr Karlsson, ein technischer Assistent der Abteilung, der sich privat für Umwelt- und Naturschutz engagiert, hat diesen Entwurf eingebracht. Sofort hat ihm Herr Hansen vorgeschlagen, den nächsten Freitag dazu zu nutzen, ausschließlich an seiner für das Unternehmen möglicherweise gewinnbringenden Idee zu arbeiten und diese voranzubringen.

Fragen: Welchen Freiraum verschafft Herr Hansen seinem Kollegen Herrn Karlsson? Warum ist diese Form der Autonomie für Innovationsvorhaben entscheidend?

Arbeitszufriedenheit definieren die Psychologen Bernd Six und Jörg Felfe (2004) als eine Einstellung, welche „die emotionale Reaktion auf die Arbeit, die Meinung über die Arbeit und die Bereitschaft, sich in der Arbeit in bestimmter Weise zu verhalten", umfasst.

Es lassen sich gemäß der *Zwei-Faktoren-Theorie* nach Herzberg et al. (1980) extrinsische Kontextfaktoren von intrinsischen Kontextfaktoren unterscheiden. Ungünstige oder fehlende extrinsische Faktoren erzeugen Arbeitsunzufriedenheit. Arbeitszufriedenheit kommt jedoch erst durch vorhandene und günstige intrinsische Faktoren zustande:

- *Extrinsische Kontextfaktoren.* Diese Faktoren sind Gehalt und Status, die Beziehung zu Kollegen, Untergebenen und Vorgesetzten, die Führung durch den Vorgesetzten, die Unternehmenspolitik, die Unternehmensverwaltung, weitere Arbeitsbedingungen, persönliche wie berufsbezogene Bedingungen und die Sicherheit des Arbeitsplatzes.
- *Intrinsische Kontextfaktoren.* Diese Faktoren sind Leistungserlebnisse, Anerkennung, Arbeitsinhalte, übertragene Verantwortung, beruflicher Aufstieg und ein Gefühl der Entfaltungsmöglichkeit bei der Arbeit.

Mitarbeiter, die mit ihrer Tätigkeit zufrieden sind, sind kreativer. Arbeitszufriedenheit ist wichtig für den Innovationserfolg. Um Arbeitszufriedenheit zu erklären, haben die Psychologen J. Richard Hackman und Greg R. Oldham (1980) das *Job Characteristics Model* entwickelt. Arbeit stellt demnach zufrieden und motiviert, wenn man die eigene Tätigkeit als bedeutsam erlebt, wenn man sich für die Arbeitsergebnisse verantwortlich fühlt und wenn man die aktuellen Resultate des eigenen Handelns erkennen kann:

- *Anforderungsvielfalt.* Stellen Sie die Aufgabe so, dass sie möglichst viele motorische, intellektuelle und soziale Fähigkeiten Ihrer Mitarbeiter beansprucht.
- *Ganzheitlichkeit.* Lassen Sie Ihre Mitarbeiter ein zusammenhängendes Produkt fertigstellen oder eine vollständige Dienstleistung ausführen oder an einem kompletten Innovationsvorhaben mitwirken. Ganzheitliche Aufgaben vermitteln Ihren Mitarbeitern die Bedeutung ihrer eigenen Tätigkeit.
- *Bedeutsamkeit.* Machen Sie Ihren Mitarbeiter bei einem Innovationsvorhaben die Bedeutung der Tätigkeit für den späteren Nutzer bewusst. Zeigen Sie auf, welche Beiträge das Innovationsvorhaben zu den gemeinsamen Zielen von Mitarbeitern und Betrieb leistet und wie die eigene Arbeit mit der Tätigkeit anderer Mitarbeiter des Betriebes zusammenhängt.
- *Autonomie.* Lassen Sie Ihre Mitarbeiter eigenverantwortlich die Mittel ihrer Arbeit wählen und Teilziele selbstständig festlegen. Ihre Mitarbeiter erleben so

nicht nur Einfluss und Bedeutung, sondern die Autonomie stärkt ihr Selbstwertgefühl und belebt die Bereitschaft, Verantwortung zu übernehmen.

• *Rückmeldung aus der Tätigkeit.* Ermöglichen Sie Ihren Mitarbeitern Rückmeldung über die Ergebnisqualität und sorgen Sie dafür, dass Ihre Mitarbeiter aus
der Bewältigung der Aufgabe Rückmeldung ziehen können. Die Rückmeldung
ermöglicht Ihren Mitarbeitern die Korrektur von Fehlern und zeigt ihnen den
Status bis zur Zielerreichung.

▶   **Wichtig!** Über- und unterfordern Sie Ihre Mitarbeiter nicht. Nichts
     beeinflusst die Motivation Ihrer Mitarbeiter extrinsisch so stark wie die
     Kreativitätsaufgabe selbst.

8.3 Motivation und Belohnung

Praxisbeispiel: Ordentlich einheizen

Herr Pfeiffer ist außer sich vor Wut. Am Wochenende hat er den ersten Quar-
talsbericht des neuen Jahres gelesen. Daraufhin hat er noch am Sonntagnach-
mittag eine Sitzung für Montagmorgen mit den Abteilungs- und Teamleitern
einberufen. Vermutlich hat man die Mitarbeiter wieder an zu kurzer Leine
laufen lassen. So etwas kann er nicht leiden. Vielleicht sollte er andere Zeiten für die Mittagspause festlegen, damit seine Leute nicht so oft mit denen
von Frau Neumann, dieser Besserwisserin, in Kontakt kommen. Jedenfalls
kann es nicht an ihm liegen. Er hat kürzlich durchgesetzt, dass die Löhne
und Mitarbeiterbeteiligungen besser auf die Tätigkeiten abgestimmt werden. Jeder in seinem Bereich kann also das Gefühl haben, mit dem nächsten
Handgriff Geld zu verdienen. Ein genialer Gedanke, klopft sich Herr Pfeiffer
auf die Schulter, die Leistung vom Gefallen der Aufgabe zu entkoppeln.

Anders regelt dies Frau Neumann. Bevor sie den Mutterschaftsurlaub
antrat, hat sie gemeinsam mit den Teamleitern die Mitarbeiter ihres Bereichs
angesprochen und betriebliche Zielvorgaben erarbeitet, bei denen Wünsche,
Bedürfnisse und persönliche Entwicklungsziele des jeweiligen Mitarbeiters
eingeflossen und in Passung mit den betrieblichen Zielen gebracht worden
sind. Herr Hansen kann sie mit der Meldung erfreuen, dass die Quartals-
zahlen übertroffen wurden. Am Ende des Telefonats hat er ihr Grüße aus der
Belegschaft durchgegeben.

Fragen: Welchen Fehler hat Herr Pfeiffer bei der Mitarbeitermotivation
gemacht? Inwiefern ist der Ansatz von Frau Neumann beständiger?

Der von den Psychologen Edward L. Deci und Richard Ryan (1985) postulierten *Selbstbestimmungstheorie* liegt folgender Gedanke zugrunde: Menschen sind motiviert, wenn sie etwas Bestimmtes erreichen wollen, sie also mit ihrem Verhalten ein Ziel verfolgen. Verhaltensweisen gelten als unterschiedlich selbstbestimmt:

* *Intrinsisch motivierte Verhaltensweisen.* Wenn **intrinsische Motivation** vorherrscht, ist das Verhalten frei gewählt und folgt individuellen Wünschen.
* *Extrinsisch motivierte Verhaltensweisen.* Wenn extrinsische Motivation vorherrscht, wird das Verhalten von außen aufgezwungen, die Motivation erfolgt nicht aus sich selbst, sondern durch externe Anreize.

Bei geringer intrinsischer Motivation auf extrinsische Anreizsysteme zurückzugreifen, ist kritisch bis negativ zu bewerten: Deci und Ryan (1985) postulieren einen *Korrumpierungseffekt*. Empirische Forschung hat diesen bestätigt. Er besagt: Wenn intrinsische Motivation vorliegt, können extrinsische Anreize die vorhandene intrinsische Motivation verdrängen. Intrinsische Motivation würde ausgelöscht. Extrinsische Anreize reduzieren dann die Gesamtmotivation.

▶ **Wichtig!** Intrinsische Motivation toppt extrinsische Motivation. Laufen Sie nicht in die Falle eines Korrumpierungseffekts bei der Mitarbeitermotivation. Vermeiden Sie bei der extrinsischen Motivation monetäre Belohnung und setzen Sie verstärkt auf nichtmonetäre Anerkennung für besondere Leistungen.

Man sollte Ihnen kein Geld bieten, wenn Sie interessehalber ohnehin vorhaben, hunderte Ideen zu entwickeln. Sonst gehen Sie bei der Selbstbeurteilung Ihrer Tätigkeit davon aus, dass Sie die Ideen nur des Geldes wegen und nicht des persönlichen Interesses halber sammeln.

Der Korrumpierungseffekt ließ sich nicht feststellen, wenn ein Mitarbeiter Lob, Anerkennung oder Wertschätzung für seine Tätigkeit erhielt. Nichtmonetäre Belohnung baut auf sozialen Faktoren auf. Machen Sie Schluss mit falschen Anreizsystemen und schenken Sie Ihren Mitarbeitern Aufmerksamkeit, Wertschätzung, Lob und Anerkennung.

Geeignete Anreizsysteme unterstützen Sie, eine geeignete Innovationskultur zu entfachen. Stimmen Sie die Anreize auf die Unternehmensziele und Innovationsvorgänge ab. Man differenziert entsprechend der Erkenntnisse von Deci und Ryan (1985) zwei Arten der **Belohnung** (Berthel und Becker 2013):

- *Intrinsische Belohnungen.* Bewusstseinszustände (beispielsweise Zufrieden- heit), die aus der Arbeit entspringen und die der Mitarbeiter unmittelbar erlebt (während des Leistungsverhaltens oder durch das Erfolgserlebnis).
- *Extrinsische Belohnungen.* Anreize (Bezahlung, Anerkennung, Beförderung), die nach dem Leistungsverhalten oder einem Leistungsergebnis erfolgen. Sie sind Konsequenzen des Arbeitsvollzuges oder ergeben sich aus diesem.

Wie im Bereich der intrinsischen und extrinsischen Motivation gilt auch hier: In- trinsische Belohnung ist wirksamer als extrinsische. Statt finanzieller Anreizsys- teme ermöglichen andere Maßnahmen Möglichkeiten zur langfristigen Belohnung von Innovationshandeln: Anerkennung, Zugewinn an persönlicher Reputation, Karrierechancen.

Mit seinem *Risiko-Wahl-Modell* gliedert der Psychologe Richard C. Atkinson die Gründe für intrinsisch motiviertes Verhalten in zwei intrinsisch wirkende Ver- haltensdispositionen: Entweder folgen Menschen der Tendenz, Erfolg zu suchen (*Erfolgsmotiv*). Oder sie folgen der Tendenz, Misserfolg zu vermeiden (*Miss- erfolgsmotiv*). Personen mit Misserfolgsmotiv zeigen Anstrengung und Ausdauer über das Mindestmaß hinaus nur durch zusätzliche extrinsische Motivation.

Im besten Fall ist die Tätigkeit derart intrinsisch motiviert, dass ein *Flow-Erle- ben* einsetzt (Csikszentmihalyi 2003). Abbildung 8.1 zeigt, wie aus dem Zusam- menwirken von Anforderungen und der Fähigkeit eines Mitarbeiters Flow-Erleben entsteht.

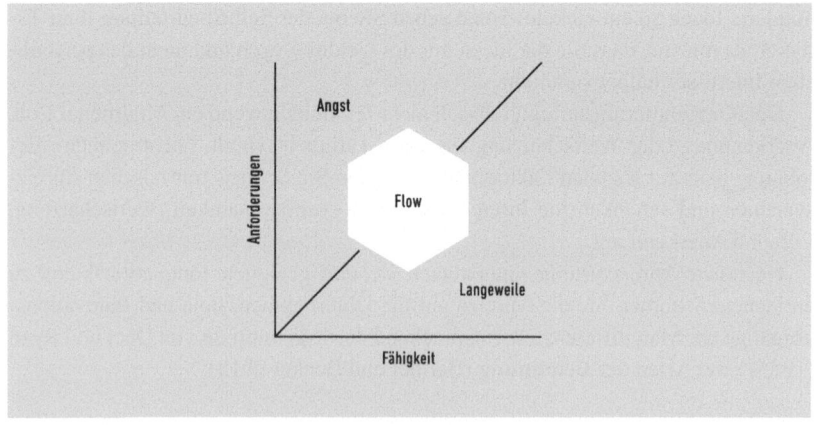

Abb. 8.1 Flow-Erleben nach Csikszentmihalyi (2003)

▶ **Flow** „‚Flow' bezeichnet ein Lust betonendes Gefühl des völligen Aufgehens in einer – gegebenenfalls auch beruflichen – Tätigkeit. Es ist eine Form der intrinsischen Motivation respektive Belohnung. [...] Das befriedigende Gefühl während der Tätigkeit kann sich einstellen bei einer herausfordernden, weder unter- noch überfordernden Tätigkeit" (Bertel und Becker 2013).

Ein wichtiger Hintergrund intrinsischer Motivation sind Möglichkeiten zur **Selbstverwirklichung**. Die *ERG-Theorie* des Psychologen Clayton P. Alderfer (1969, 1972) unterscheidet drei Bedürfnisklassen. Diese stehen nicht hierarchisch miteinander in Beziehung. Eine dieser Bedürfnisklassen beschreibt Wachstumsbedürfnisse und greift die Möglichkeit zur Selbstverwirklichung auf:

- *Existenzbedürfnisse (existence needs).* Hierbei handelt es sich um physiologische Bedürfnisse und materielle Sicherheitsbedürfnisse (Bezahlung, Wohnung, Schutz vor Krankheit, Versicherung für Alter und Arbeitslosigkeit).
- *Beziehungsbedürfnisse (relatedness needs).* Soziale Bedürfnisse, Bedürfnis nach Anerkennung und der eigene Schutz vor anderen bilden diese Bedürfnisklasse.
- *Wachstumsbedürfnisse (growth needs).* Wachstumsbedürfnisse bedeuten das Streben nach Selbstverwirklichung, Leistung, die Suche nach Selbstständigkeit und Unabhängigkeit sowie Selbstvertrauen.

Auch der Psychologe Abraham H. Maslow (1954) beschreibt in seinem fünf Bedürfnisklassen umfassenden *Modell der Bedürfnishierarchien* in einer Bedürfnispyramide zentrale menschliche Bedürfnisse:

1. *Physiologische Bedürfnisse.* Nahrung, Schlaf, Witterungsschutz.
2. *Sicherheitsbedürfnisse.* Schutz vor Gefahren, wirtschaftliche Sicherheit, geordnete und beherrschbare Lebensumstände.
3. *Soziale Bedürfnisse.* Zuneigung, Freundschaft, Zugehörigkeit.
4. *Achtungsbedürfnisse.* Selbstvertrauen, Kompetenz, Unabhängigkeit, Status, Beachtung, Respekt.
5. *Selbstverwirklichungsbedürfnisse.*

Obschon Kritik an beiden Theorien angebracht ist, stellt dieses Buch sie Ihnen ohne weitere Kommentierung vor. Sie gewinnen dadurch eine grobe Orientierung und es ist kein Abschweifen in Fachfragen der Psychologie notwendig. Nutzen Sie zur theoretischen Vertiefung bei Bedarf die am Ende des Kapitels angeführte Literatur. Die Möglichkeit zur Selbstverwirklichung bietet einen starken Anreiz für intrinsische Motivation. Wer kreativ sein möchte, dem sollte dies bei Ihnen ermöglicht werden. Dies umfasst auch, dass Sie die übrigen Bedürfnisse Ihrer Mitarbeiter beachten und aufgreifen.

Eine weitere erwähnenswerte Theorie stammt aus der Managementlehre und trägt den Namen *Theorie Y*. Sie wurde vom Managementexperten Douglas M. McGregor (1960) entwickelt. Dieser Theorie liegen folgende Annahmen zugrunde: Menschen haben keine angeborene Abneigung gegenüber Arbeit. Sie identifizieren sich mit betrieblichen Zielen und offenbaren **Eigeninitiative**. Externe Kontrolle ist unnötig.

Eigene Anreize motivieren die Mitarbeiter zur Arbeit. Sie haben für ihre Arbeit persönliche Motive und streben bei der Ausführung ihrer Arbeit nach Selbstverwirklichung. Die Mitarbeiter suchen bei geeigneter Anleitung eigene Verantwortung und zeigen Einsatz.

Weiterbildung muss im Sinne der Theorie Y sämtlichen Mitarbeitern offenstehen (Arnold 1997). Sie dient der Vermittlung fachlicher und außerfachlicher Qualifikationen. Sie fördert selbstständiges Entscheiden und Handeln. Vereinbaren Sie Weiterbildungsmaßnahmen gezielt und gemeinsam mit Ihren Mitarbeitern.

Die Managementmethode *Zielvereinbarungsgespräch* hilft Ihnen und Ihrem jeweiligen Mitarbeiter, in einem gemeinsamen Vorgehen Ihre Zielerwartungen und die Ziele und Interessen Ihres Mitarbeiters zu klären und in Einklang zu bringen. Sie ermöglicht es Ihnen, seine Stärken zu würdigen, etwaige Schwächen durch Weiterbildung auszugleichen, Ihrerseits Unterstützung anzubieten und wichtige Ziele schriftlich zu fixieren.

Methode: Zielvereinbarungsgespräch
Schwierigkeit: mittelhoch
   Dauer: Vorbereitung 15 bis 30 min, Gespräch 60 bis 90 min
   Sozialform: allein (mit dem betreffenden Mitarbeiter)
   Durchführung:
1. *Zielvereinbarungsgespräch vorbereiten.*
Überlegen Sie, welche Ziele Sie bisher mit dem Mitarbeiter vereinbart hatten und reflektieren Sie deren Verwirklichung. Planen Sie neue Zielideen, legen Sie für diese Prioritäten fest und ermitteln Sie die zur Umsetzung notwendige Unterstützung. Schätzen Sie die Erwartungen Ihres Mitarbeiters ein. Laden Sie den Mitarbeiter ein und regen Sie dabei eine Selbsteinschätzung zu den bisherigen und zukünftigen Zielen sowie dem benötigten Unterstützungsbedarf an.
2. *Zielvereinbarungsgespräch durchführen.*
Wählen Sie für das Gespräch einen geeigneten Raum. Sorgen Sie für eine angenehme Gesprächsatmosphäre. Begrüßen Sie den Mitarbeiter und klären

Sie den Zeitrahmen und die weitere Vorgehensweise. Stellen Sie Fragen, zeigen Sie Aufmerksamkeit, verhalten Sie sich lösungsorientiert, offen, ruhig und verständlich. Beurteilen Sie gemeinsam die bisherigen Erfolge. Erfragen Sie die aktuellen Zielvorstellungen Ihres Mitarbeiters. Gleichen Sie die Zielvorstellungen Ihres Mitarbeiters mit Ihren eigenen Zielvorstellungen und bisherigen Erfolgen ab. Stimmen Sie die Ziele miteinander ab. Legen Sie bis zu fünf realistische Sachziele, das gewünschte Ergebnis, den Zeitrahmen, Prioritäten und die wichtigsten Voraussetzungen fest. Verabschieden Sie Ihren Mitarbeiter mit Wohlwollen und mit Ausblick auf das Positive der gemeinsamen Zukunft.

3. *Zielvereinbarungsgespräch nachbereiten.*

Fixieren Sie die Inhalte des Zielvereinbarungsgespräches schriftlich. Setzen Sie die eigenen Zusagen aus dem Mitarbeitergespräch zügig um. Überwachen Sie zeitnah die Fortschritte des Mitarbeiters bei der Zielverwirklichung.

Quelle: Bröckermann 2012.

8.4 Feedback und Anerkennung

Praxisbeispiel: Anerkennung zollen

Herr Pfeiffer lässt sich in besagter Sitzung am Montagmorgen erst beruhigen, als ihm seine Teamleiter eine Liste mit zwölf Mitarbeitern zusammenstellen, die angeblich antriebslos wirken. Er sagt diesem motivationslosen Dutzend in aller Deutlichkeit, dass mit ihrem unkollegialen Nichtstun die Bereichszahlen beeinträchtigt werden. Viele Worte fallen, die nicht hier hingehören. An dieser Stelle soll nur das Ergebnis der Mitarbeitergespräche festgehalten werden: Acht Mitarbeiter haben eine Woche später gekündigt. Drei Mitarbeiter haben sich intern auf freie Stellen in anderen Bereichen beworben. Eine Mitarbeiterin sitzt ihre fünf Monate bis zum Ruhestand ab und macht Dienst nach Vorschrift.

Anders verhält sich Frau Neumann. Mit ihrer Rückkehr aus dem Mutterschutzurlaub legt sie zunächst einen Termin für ein Mitarbeitergespräch mit Herrn Hansen fest. Im Gespräch lobt sie ihn dafür, dass er sie während ihrer Abwesenheit so erfolgreich vertreten hat. Nicht nur das, sie gibt ihm einen Brief, in dem sie ihm für die gelungene Stellvertretung dankt. Herr Hansen hat das ein oder andere Mal einen Fehler gemacht, und diese spricht Frau Neumann offen an, um herauszubekommen, wie diese Fehler in Zukunft vermieden werden können. Schnell ist klar, dass Herr Hansen einen Englischkurs gut gebrauchen kann, sich aber nie getraut hat, sein Problem mit der Weltsprache anzusprechen. Frau Neumann sichert zu, sich nach geeigneten Weiterbildungsprogrammen umzuhören. Als Herr Hansen das Büro verlassen hat, greift sie zum Hörer, um mit der Geschäftsführerin, Frau Kuhlman, zu telefonieren. Sie hat gehört, dass vor einigen Tagen der Arbeitsvertrag mit Herrn Pfeiffer im gegenseitigen Einvernehmen aufgelöst wurde. Da lässt sich sicherlich etwas für Herrn Hansen machen, denkt sie, während das Telefon bei Frau Kuhlman klingelt.

Fragen: Welches Problem hat Herr Pfeiffer durch seine Gespräche verursacht? Wie geht Frau Neumann mit Leistungsverhalten um, das nicht ihren Erwartungen entspricht?

Soziale Anerkennung bildet eine wichtige Funktion der Erwerbsarbeit (Semmer und Udris 2004): Mitarbeiter erfahren soziale Anerkennung als Folge eigener Leistung oder aus der Kooperation mit anderen. Anerkennung gibt Mitarbeitern das Gefühl, einen nützlichen Beitrag zu leisten (Nerdinger et al. 2008). Feedback und Anerkennung sind als Führungsinstrumente bei Innovationsvorhaben sehr wichtig und wirkungsvoll.

Es gibt eine Reihe anderer Formen gelebter Anerkennung. Im Innovationsteam sollte auch gegenseitige Anerkennung Raum finden: Alle, die an einem Projekt oder Innovationsvorhaben beteiligt sind, sagen sich regelmäßig gegenseitig, was sie aneinander schätzen und was notwendig ist, damit sie gut zusammenarbeiten und eine angenehme Arbeitsatmosphäre herrscht.

In vielen Unternehmen bekommt der Mitarbeiter eine Rückmeldung zu seiner Arbeit nur durch Vergütung und Boni. Eine direkte Rückmeldung erhält er in diesem Fall ausschließlich durch das Beobachten seiner eigenen Tätigkeit. Bei einer konzeptionellen Tätigkeit, wie sie in Innovationsprojekten oft anzutreffen ist, wartet man auf eine Rückmeldung ziemlich lange. Aber Ihre Mitarbeiter brauchen zügig Rückmeldung – von Ihnen.

Wer im Betrieb kreative Leistung erbringen soll, hat einen Anspruch darauf, zu erfahren, wie erfolgreich er ist. Aus betriebspädagogischer Sicht gilt: Erfolg ist einer der stärksten Garanten dafür, genügend Motivation aufzubringen, um zu lernen und sich zu entwickeln. Feedback kann in diesem Zusammenhang helfen, sich der eigenen Verhaltensweisen und der eigenen Leistung bewusst zu werden und die Wirkung des eigenen Verhaltens auf andere nachzuvollziehen. Die eigene Intention liegt zuweilen entfernt von der Wahrnehmung der anderen.

Gegenüber dem Feedback-geben hegen Führungskräfte gelegentlich Abneigung. Wenn Sie konstruktiv und zeitnah Ihren Mitarbeitern Feedback über ihre Leistung geben, sorgen Sie für einen reibungslosen Ablauf bei der Arbeit an Innovationsvorhaben und bieten Ihren Mitarbeitern eine sonst verborgene Möglichkeit zur Verbesserung. Wenn Sie als Führungskraft Feedback zu Ihrer Gewohnheit machen, wird Ihnen dies helfen, Ihre Leute zu inspirieren und bessere Teamergebnisse zu erlangen.

> **Wichtig!** Feedback und Anerkennung sind Ihre wichtigsten Instrumente für kreativere Mitarbeiter.

Die motivierende Funktion des Feedbacks steigt wesentlich, wenn spezifische, herausfordernde Ziele mit spezifischem Feedback über die Ergebnisse abgeglichen werden (Weinert 2004). Das Feedback erfüllt zwei Funktionen (Weinert 2004):

- *Instruktive Funktion.* Neue, effektive Verhaltensmuster werden vermittelt und die Arbeitsrolle des Mitarbeiters wird klargestellt.
- *Motivierende Funktion.* Feedback wirkt motivierend. Wenn es konstruktiv und positiv ist, hat es Belohnungscharakter.

Feedback erfordert im Unterschied zur Evaluation keine Bewertung. Bewertung vermeidet man durch Feedback-Regeln, die auf die Beschreibung beobachtbaren Verhaltens fokussieren. Feedback erfordert keine intersubjektiv nachvollziehbare Erhebung, Auswertung und Archivierung von Daten. Subjektive Prägung der Rückmeldungen ist erwünscht. Klärungen erfolgen im Dialog. Unparteilichkeit gibt es hier nicht.

Feedback geben und Feedback nehmen will gelernt sein. Feedback soll konstruktiv und hilfreich für das Gegenüber sein – in Betrieben ist das nicht der übliche Weg der Zusammenarbeit. Kritik zu äußern ist leichter. Scheinbar gibt man als Kritiker nicht viel von sich preis. Dem Gegenüber bringt Kritik jedoch vielfach nichts außer Frust und Stress.

Es ist hilfreich, Feedback-Regeln zu beachten – sowohl für den Feedback-Geber als auch für den Feedback-Nehmer. Es gibt zwei wichtige Grundsätze:

- Verletzende Aussagen und Beleidigungen sind niederträchtig und verboten.
- Feedback gibt man nur demjenigen, der einverstanden ist.

Feedback benötigt gegenseitiges Vertrauen, Respekt und Wertschätzung. Jeder besitzt einen Anspruch darauf, ernst genommen und angehört zu werden. Umgekehrt bedeutet dies: Nehmen Sie das Gegenüber ernst, hören Sie es an, respektieren Sie es. Dies gilt für Mitarbeiter wie für Führungskräfte.

Durch die Beachtung nachstehender Feedback-Regeln als Feedback-Geber oder Feedback-Nehmer sorgen Sie für eine gelingende Kommunikation.

Praxistipp: Entwicklungsorientiert Feedback geben und Feedback nehmen

Regeln für den Feedback-Geber:

* Beschreiben Sie, wie Sie Ihr Gegenüber und sein Verhalten wahrgenommen haben.
* Beziehen Sie sich ausschließlich auf beobachtbare Verhaltensweisen.
* Bleiben Sie konkret. Pauschalisierung und Verallgemeinerung sind Generalangriffe und keine Hilfestellung.
* Äußern Sie sich konstruktiv und bieten Sie Fördermöglichkeiten und zukünftige Perspektiven an.
* Seien Sie offen und ehrlich.
* Formulieren Sie subjektiv in Ich-Botschaften.
* Formulieren Sie achtsam und der Situation angemessen.
* Zollen Sie Anerkennung und stellen Sie Gelungenes in den Vordergrund.
* Ersetzen Sie Kritik durch konstruktive Verbesserungsvorschläge.

Regeln für den Feedback-Nehmer

* Hören Sie aufmerksam zu und lassen Sie den anderen ausreden.
* Fragen Sie nach, wenn Sie etwas nicht verstehen.
* Rechtfertigen und verteidigen Sie nicht.
* Denken Sie nach, was Sie aus der Rückmeldung des anderen mitnehmen. Welche Anregungen sind für Sie hilfreich? Womit möchten Sie sich auseinandersetzen? Was wollen Sie ausprobieren?
* Teilen Sie mit, was Sie durch das Feedback erfahren haben.
* Bedanken Sie sich bei Ihrem Gegenüber für das erhaltene Feedback.

Folgende wertschätzende Formulierungen unterstützen Sie möglicherweise in einem Feedback-Gespräch:

Beispiele für wertschätzende Formulierungen des Feedback-Gebers

* … ist Ihnen gut gelungen.
* Darüber möchte ich mehr erfahren…
* Gut gefallen hat mir…
* Ich finde gut, dass Sie…
* Ich habe beobachtet, dass…
* Ich möchte wissen…
* Vielleicht könnten Sie…

> **Beispiele für wertschätzende Formulierungen des Feedback-Gebers**
> - Habe ich Sie richtig verstanden...?
> - Meinen Sie damit, dass...?
> *Quellen*: Scholz 2010; Kreativpromenade 2014b.

Feedback ist keine Sache von recht haben oder recht behalten. Es dient dem Mitteilen einer subjektiven Wahrnehmung. Feedback vermittelt keine objektive Wahrheit. Der Feedback-Nehmer entscheidet, welche Konsequenzen er aus dem Feedback zieht. Er legt fest, was er für sich aus dem Gespräch mitnimmt.

8.5 Wie Sie das Gelernte in der Praxis umsetzen

Fazit für die Praxis

Über- und unterfordern Sie Ihre Mitarbeiter nicht. Nichts beeinflusst die Motivation Ihrer Mitarbeiter extrinsisch so stark wie die Kreativitätsaufgabe selbst.

Aber intrinsische Motivation toppt extrinsische Anreizsetzung. Laufen Sie nicht in die Falle eines Korrumpierungseffekts bei der Mitarbeitermotivation. Auch bei Belohnung gilt, dass intrinsische Belohnung vor extrinsischer Belohnung geht. Vermeiden Sie bei der extrinsischen Form monetäre Belohnung und setzen Sie verstärkt auf nichtmonetäre Anerkennung für besondere Leistungen.

Machen Sie Schluss mit ungeeigneten Anreizsystemen. Setzen Sie auf Feedback und Anerkennung. Beides sind Ihre wichtigsten Instrumente, um Ihre Mitarbeiter für mehr Kreativität und Innovation zu mobilisieren.

Handeln Sie mitarbeiterorientiert. Versuchen Sie, durch geeignete Aufgaben, Feedback und Anerkennung Ihre Mitarbeiter zu mehr Kreativität zu motivieren.

Der Unternehmer Steve Jobs definierte seine Aufgabe als Führungskraft so: „Mein Job ist es nicht, es den Leuten leicht zu machen. Mein Job ist es, sie besser zu machen." Handeln Sie mitarbeiterorientiert. Versuchen Sie, durch geeignete Aufgaben und durch Anerkennung oder Feedback Ihre Mitarbeiter zu mehr Kreativität zu motivieren.

In diesem Kapitel haben Sie erfahren, welche geeigneten Motivationsmöglichkeiten Sie für mehr Kreativität und Innovation nutzen können. Durch diese können Sie bei Ihren Mitarbeitern mehr Bereitschaft zu kreativem Handeln entwickeln. Darüber hinaus hat Ihnen dieses Kapitel gezeigt, wie Sie Schluss machen können mit falschen Anreizsystemen. Sie haben gelernt, wie Sie mit korrekt durchgeführtem Feedback und geeigneten Wegen der nichtmonetären Anerkennung zentrale Führungsinstrumente für mehr Innovation einsetzen. Probieren Sie folgende Aktivitäten aus, um die Konzepte und Erkenntnisse aus diesem Kapitel stärker zu durchdringen und anzuwenden:

Aktivitäten

- *Geben Sie Feedback.* Welchen drei Personen in Ihrem Betrieb könnten Sie Feedback geben? Dürfen Sie ebenfalls Feedback geben? Wie leicht fällt es Ihnen, sich an die Feedback-Regeln zu halten?
- *Suchen Sie Feedback.* Wer von Ihren Mitarbeitern könnte Ihnen Feedback geben? Welcher Vorgesetzte oder Kollege auf gleicher Hierarchieebene könnte Ihnen Feedback geben?
- *Vergeben Sie Arbeitsaufträge.* Sind Anforderungsvielfalt, Ganzheitlichkeit und Bedeutsamkeit der Aufgabe gegeben? Ist mit der Tätigkeit genügend Autonomie und Entscheidungsfreiheit verbunden? Ist für den Mitarbeiter eine direkte Rückmeldung aus der Aufgabenerfüllung möglich?

Folgende Literatur hilft Ihnen, die Inhalte dieses Kapitels zu vertiefen:

Weiterführende Literatur
Doetsch, P. A. (2014). *Mitarbeiterführung: Fair + Erfolgreich. Mehr Motivation und Lebensqualität für sich und andere.* Wiesbaden: Springer Gabler.
Haller, R. (2009). *Mitarbeiterführung kompakt: Grundlagen, Praxistipps, Werkzeuge.* Zürich: Midas Management.
Hossiep, R., Bittner, J. E., & Berndt, W. (2008). *Mitarbeitergespräche. Motivierend, wirksam, nachhaltig.* Göttingen: Hogrefe.

Literatur

Alderfer, C. P. (1969). An empirical test of a new theory of human needs. *Organizational Behavior and Human Performance, 4,* 142–175.
Alderfer, C. P. (1972). *Existence, relatedness and growth. Human needs in organizational settings.* New York: Free.
Arnold, R. (1997). *Betriebspädagogik.* Berlin: Erich Schmidt.
Berthel, J., & Becker, F. G. (2013). *Personal-Management. Grundzüge für Konzeptionen betrieblicher Personalarbeit.* Stuttgart: Schäffer-Poeschel.
Bröckermann, R. (2012). *Personalwirtschaft. Lehr- und Übungsbuch für Human Resource Management.* Stuttgart: Schäffer-Poeschel.

Csikszentmihalyi, M. (2003). *Kreativität. Wie Sie das Unmögliche schaffen und Ihre Grenzen überwinden*. Stuttgart: Klett-Cotta.

Deci, E. L., & Ryan, R. (1985). *Intrinsic motivation and self-determination in human behavior*. New York: Plenum.

Eisenberger, R., Rhoades, L., & Cameron, J. (1999). Does pay for performance increase or decrease perceived self-determination and intrinsic motivation? *Journal of Personality and Social Psychology, 77*(5), 1062–1040.

Frese, M., Teng, E., & Wijnen, C. J. (2000). Helping to improve suggestion systems: Predictors of making suggestions in companies. *Journal of Organizational Behavior, 20*(7), 1139–1155.

Gerpott, T. J., & Domsch, M. (1991). Anreize im Bereich der Forschung und Entwicklung (F & E). In G. Schanz (Hrsg.), *Handbuch der Anreizsysteme in Wirtschaft und Verwaltung* (S. 999–1023). Stuttgart: Schäffer-Poeschel.

Hackman, J. R., & Oldham, G. R. (1980). *Work redesign*. Reading: Addison-Wesley.

Herzberg, F., Mausner, B., & Snyderman, B. (1980). *The motivation to work*. Reading: Addison-Wesley.

Kreativpromenade. (2014b). *Entwicklungsorientiert Feedback geben und Feedback nehmen (Unveröffentlichtes Dokument)*. Aachen: Lukas Rütten und Lobsang Zelle GbR.

Maslow, A. H. (1954). *Motivation and personality*. New York: Harper.

McGregor, D. M. (1960). *The human side of enterprise*. New York: McGraw-Hill.

Nerdinger, F. W., Blickle, G., & Schaper, N. (2008). *Arbeits- und Organisationspsychologie*. Heidelberg: Springer.

Rütten, L. (2013). *Innovationsklima und Personalmanagement. Von der personalpolitischen Beherrschung des außergewöhnlichen Falles 'Innovation'. Zugleich Rheinisch-Westfälische Technische Hochschule Aachen (Aachen, 2012) zur Erlangung des akademischen Grades Bachelor of Arts RWTH Aachen University (B.A. RWTH) im Fach Betriebspädagogik und Wissenspsychologie*. Norderstedt: Books on Demand.

Scholz, L. (2010). *Methoden-Kiste. Methoden für Schule und Bildungsarbeit*. Bonn: Bundeszentrale für Politische Bildung.

Schneider, K., & Schmalt, H.-D. (2000). *Motivation*. Stuttgart: Kohlhammer.

Semmer, N., & Udris, I. (2004). Bedeutung und Wirkung von Arbeit. In H. Schuler (Hrsg.), *Lehrbuch Organisationspsychologie* (S. 157–195). Bern: Huber.

Six, B., & Felfe, J. (2004). Einstellungen und Werthaltungen im organisationalen Kontext. In H. Schuler (Hrsg.), *Organisationspsychologie - Grundlagen der Personalpsychologie* (S. 597–672). Göttingen: Hogrefe.

Taggar, S. (2002). Individual creativity and group ability to utilize individual creative resources: A multilevel model. *Academy of Management Journal, 45*(2), 315–330.

Weinert, A. B. (2004). *Organisations- und Personalpsychologie*. Weinheim: Beltz.

West, M. A. (1987). Role innovation in the world of work. *British Journal of Social Psychology, 26*(4), 305–315.

Zhou, J., & George, J. M. (2001). When job dissatisfaction leads to creativity: Encouraging the expression of voice. *Academy of Management Journal, 44*(4), 682–696.

Machen: Innovationsprozesse nutzen   9

Zusammenfassung

Es reicht nicht, in Ihrem Betrieb mehr Innovationspotenziale aufzubauen. Dieses Kapitel beschäftigt sich damit, wie Sie und Ihre Mitarbeiter in Kreativitäts-, Problemlöse- und Entscheidungsmomenten systematisch zu neuen Ideen, tragfähigen Lösungen und deren Umsetzung gelangen.

In diesem Kapitel lernen Sie die Bedeutung von Innovationsprozessen kennen. Beispielhaft werden das Creative Problem Solving, das Design Thinking und TRIZ als Prozessmodelle der Innovation vorgestellt.

Darüber hinaus stellt Ihnen dieses Buch für die Praxis geeignete und von Ihnen leicht anwendbare intuitiv-kreative und systematisch-analytische Denkwerkzeuge zur Verfügung. Diese unterstützen Sie bei der Arbeit am Innovationsprojekt oder einer Problemlöse- und Entscheidungsaufgabe. Die Denkwerkzeuge präsentiert das Buch schließlich in einer von Ihnen direkt anwendbaren Reihenfolge.

9.1 Konzeptioneller Überblick: Innovationsprozesse

An dieser Stelle haben Sie alles zusammen, was Sie brauchen. Sie haben in den Handlungsfeldern Sollen und Dürfen die Strukturen für Innovation betrachtet. Sie haben das damit verbundene Normen- und Wertesystem für Innovation kennengelernt. Sie haben ein besseres Verständnis für die Innovationskultur eines Betriebes geschaffen. Beispiele, Praxistipps und Methoden ermöglichen es Ihnen, gestaltend auf die Innovationskultur Einfluss zu nehmen.

© Springer-Verlag Berlin Heidelberg 2015
L. Rütten, *Kreative Mitarbeiter*, DOI 10.1007/978-3-662-46052-8_9

Durch die Handlungsfelder Können und Wollen haben Sie ein Verständnis dafür erlangt, über Befähigung und Bereitschaft die persönliche Kreativität Ihrer Mitarbeiter in Innovationsvorhaben einzubeziehen. Die Inhalte dieser Handlungsfelder haben sich nicht nur auf Ihre Mitarbeiter, sondern auch auf Sie als Führungskraft bezogen. Präsentieren Sie sich als Vorbild für Ihre Mitarbeiter. Dadurch können Sie zu einem günstigen Innovationsklima beitragen.

Innovationskultur und Innovationsklima standen am Anfang dieses Buches und sind die Zielpunkte, die es für kreative Mitarbeiter und Innovation zu erreichen gilt. Ein letzter Schritt fehlt. Die beste Innovationskultur und das beste Innovationsklima helfen nicht, wenn die mit ihnen einhergehenden Potenziale nicht ausgenutzt und in neue und nützliche Innovationen umgesetzt werden.

Um über ein günstiges Innovationsklima und eine kreativitätsfreundliche Innovationskultur zu tatsächlichen Innovationen zu gelangen, sollte man an Innovationsvorhaben mit geeigneten Methoden in zielgerechten Prozessen arbeiten. Die dazugehörigen Prozessmodelle sind trotz ungleicher Benennungen und unterschiedlicher Begrifflichkeiten gleichartig und kombinierbar.

▶   **Wichtig!** Nutzen Sie für Innovationsvorhaben Prozessmodelle der Innovation und geeignete Denkwerkzeuge. Achten Sie darauf, divergentes Denken und konvergentes Denken zu trennen.

Der Psychologe Mark A. Runco (2007) hat zwei Ansichten von Kreativität als entgegengesetzte Richtungen eines Kontinuums beschrieben:

* *Make it happen.* Auf der einen Seite des Kontinuums befindet sich Kreativität als ein spontanes, so gut wie nicht beeinflussbares Heureka-Erlebnis. Es ereilt einen ein zufälliger und unbeabsichtigter Geistesblitz. Wichtige Entdeckungen und Erfindungen gelten als Ergebnisse solcher Zufälle.
* *Let it happen.* Auf der anderen Seite des Kontinuums befindet sich Kreativität als Folge einer bewussten Steuerung und Lenkung des Denkens durch Kreativitätstechniken, Denkwerkzeuge, Denkprinzipien und Prozesse. Am äußersten Rand des Kontinuums wird Kreativität durch den Einsatz von Techniken erzwingbar. Kreativität wird in diesem Fall als ein mechanistischer Prozess verstanden.

Qualitativ hochwertige Kreativitätstrainings und Innovationsworkshops befinden sich auf diesem Kontinuum zwischen dem *Let-it-happen-* und *Make-it-happen-*Ansatz. Für einen Workshop, in dem bei festgelegter Zeit und festgelegten Mitteln ein Ergebnis entsteht, reicht das Herbeiwünschen plötzlicher Geistesblitze nicht aus. Man sollte versuchen, diese Spontaneität zu fördern.

In der Mitte dieses Kontinuums verorten Facilitatoren, dass man Kreativität stimulieren und fördern kann. Dazu baut man Hürden im kreativen Prozess gezielt ab. Der Wirtschaftswissenschaftler Tony Proctor (2010) beschreibt verschiedene Hürden, die Kreativität negativ beeinträchtigen: Wahrnehmungshürden, strategischen Hürden, Informationshürden sowie kulturelle und emotionale Hürden. Man versucht also, Kreativität gezielt zu unterstützen, macht Hürden der Kreativität bewusst und minimiert diese. Zur Überwindung der aufgeführten Hürden helfen Prozessmodelle der Innovation und die Anwendung geeigneter Denkwerkzeuge.

9.2   Drei Prozessmodelle der Innovation

Praxisbeispiel: Prozesse führen
Erinnern Sie sich an den Facilitator Herrn Meyer und das von Frau Neumann eingesetzte Projektteam von Campus Headway? Diesen ist ihre Arbeit gut gelungen: Herr Meyer hat vorgeschlagen, das Projekt mithilfe eines Design Thinking-Prozesses durchzuführen, da dieser an den Nutzern, also in diesem Fall den unterschiedlichen Menschen an einer Universität, orientiert ist. Zunächst hat man sich einen Campus angeguckt und lange beobachtet, wie Studenten und Wissenschaftler sich zwischen den Gebäuden aufhalten, was sie erleben und warum sie wie handeln. Außerdem hat man Fotos geschossen und viele Studenten und Wissenschaftler interviewt. Das Team hat Subgruppen gebildet: Plauderer, Lerner, Gestresste, Anfänger, Bücherwürmer und Kunstinteressierte. Darauf aufbauend hat man Ideen entwickelt, wie man mithilfe einer Campus-Möblierung diesen Subgruppen möglichst passende Nutzer-Erlebnisse beim Uniaufenthalt liefern kann. Im nächsten Schritt hat das Team mithilfe von Modellbaumaterialien einen Entwurf konzipiert, der an einer Uni gezeigt und diskutiert wurde. Nach mehreren Verfeinerungsschleifen hat man die Produktlinie Campus Headway auf den Markt gebracht. Ein für die KuhlmanCity GmbH durchschlagender Erfolg.
Fragen: Welchen Zweck verfolgt die Herangehensweise von Herrn Meyer? Welche Vorteile sehen Sie in dieser systematischen Herangehensweise?

Innovation resultiert aus einem kreativen Prozess. Diesen impliziten und vielen Menschen nicht bewussten Prozess muss man explizieren. Dazu gibt es Modelle der kreativen Problemlösung, beispielsweise Creative Problem Solving, Design Thinking und TRIZ. Die genannten Modelle ähneln sich und bieten Orientierung.

Kreative Prozesse sind nicht linear. Man kann sie jedoch explizieren und in Schritte unterteilen. Viele Menschen folgen intuitiv einem Prozess während eines Innovationsvorhabens. Der Vorteil eines Einsatzes solcher Prozessmodelle und damit eines **prozessorientierten Vorgehens** besteht darin, dass der Innovationsprozess explizit wird. In der Folge lässt sich der kreative Prozess effektiver gestalten.

> ▶ **Wichtig!** Innovationsprozesse sollten zielorientiert sein und Raum für Spontaneität zulassen. Die Orientierung an einem Prozessmodell hilft, den Ablauf explizit zu machen. Mithilfe von Denkwerkzeugen kann man kreative Prozesse effektiver gestalten.

Der Einsatz solcher expliziter Verfahren ist entscheidend: Man macht sich bewusst, wo man sich in einem kreativen Prozess befindet. Die Modelle geben Hinweise, wann welche Kreativitätstechniken und Denkwerkzeuge zum Einsatz kommen. Und sie strukturieren den Denkprozess eines Teams. Sie helfen, hochwertige Ergebnisse zu erzielen.

Die nachstehenden Prozessmodelle der Innovation sind bei offenen Problemen sinnvoll. Bei offenen Problemen kennt man die Lösung zu einem Problem nicht. Im Gegensatz zu geschlossenen Problemen besteht kein Lösungsweg, der zum gewünschten Ergebnis führt. Vielmehr begibt man sich auf die Suche nach neuen Lösungen. Wenn Sie ein neues Produkt für eine neue Zielgruppe entwickeln möchten, ist weder klar, worin das Problem besteht, noch wie Lösungsmöglichkeiten aussehen.

9.2.1 Design Thinking

Das Prozessmodell des Design Thinking, wie es Abb. 9.1 zeigt, wurde an der Stanford University in Kalifornien entwickelt (Brown 2009; Kelley et al. 2002) und kontinuierlich dem Stand seiner wissenschaftlichen Erforschung angepasst. Dieses Prozessmodell hat sich in der Praxis bewährt.

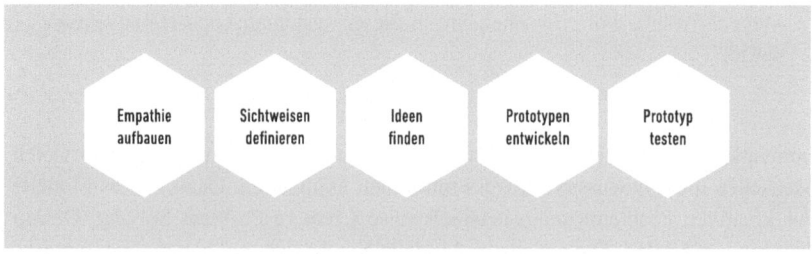

Abb. 9.1 Design Thinking nach HPI School of Design (o. J.)

Überblick: Design Thinking

Was bringt es?

Design Thinking zielt auf die Lösung komplexer Probleme und die Entwicklung innovativer Ideen ab. Es basiert auf der Annahme, dass nutzenbringende Neuerungen von möglichst heterogenen und interdisziplinären Teams entwickelt werden.

Wie gehe ich vor?

Der entscheidende Ausgangspunkt dieses Prozessmodells ist die spezifische Fragestellung, auf deren Grundlage die Bedürfnisse von Nutzern samt ihrer Handlungsmotive beobachtet und zur Grundlage der Konzeption werden.

Der flexible und modulare Design Thinking-Prozess soll iterativ ablaufen, kann also nach Bedarf wiederholt werden.

Die Schritte im Design Thinking-Prozess lauten:

1. *Empathie aufbauen.* Wahl und Formulierung der Fragestellung, Recherche und Forschung zur Inspiration und zum Erkenntnisgewinn.
2. *Sichtweisen definieren.* Spezifikation von Personas (Musterperson für eine Nutzergruppe samt konkreter Eigenschaften und spezifischem Verhalten) mit ihren unterschiedlichen Sichtweisen, Bedürfnissen, Anforderungen und Herausforderungen.
3. *Ideen finden.* Konzeption, Visualisierung und erste Realisierung sowie darauf folgend Bewertung unterschiedlicher Optionen.
4. *Prototypen entwickeln.* Realistisches Prototyping.
5. *Prototyp testen.* Umsetzung des bestmöglichen Konzeptes, erneute Verbesserung, Erkenntnisgewinn aus dem realisierten Konzept und laufende Verbesserung.

Angereichert werden die einzelnen Schritte des Design Thinking-Prozesses mit Kreativitätsmethoden und Denkwerkzeugen. Beispielsweise kann Brainstorming für das Ideenfinden zum Einsatz kommen.

Design Thinking in der Praxis:

Für die erfolgreiche Durchführung eines Design Thinking-Prozesses sind folgende Voraussetzungen wichtig:

- *Empathie.* Das Einnehmen verschiedener Blickwinkel und das detaillierte Beobachten.
- *Integratives Denken.* Eine ganzheitliche Erfassung der Problemstellung.
- *Optimismus.* Ein innerer Antrieb zur Verbesserung des Bestehenden.
- *Experimentierfreudigkeit.* Eine kreative Lösungsfindung mit Fehlertoleranz.

- *Teamfähigkeit.* Eine starke Grundlage zur Arbeit in interdisziplinären Teams.

Zu Beginn eines solchen kreativen Prozesses müssen die Teilnehmer auf diese fünf Eigenschaften hin sensibilisiert werden.

Quellen: Brown 2009; Cross 2011; Kreativpromenade 2014c.

9.2.2 TRIZ

TRIZ ist die russische Abkürzung für die *Theorie des erfinderischen Problemlösens*. Auf Basis des vom sowjetischen Erfinder Genrich S. Altschuller (1984) und seinen Mitarbeitern entwickelten Prozessmodells, wie es Abb. 9.2 zeigt, löst man Probleme algorithmisch mittels Erfindungen. Die Probleme sind zunächst in technisch-physikalischer Hinsicht zu identifizieren, zu verstärken und zu eliminieren.

Ausgehend von einer detaillierten Analyse von über 40.000 erfolgreichen Erfindungen und Patenten ließ sich ein gemeinsamer Kern feststellen. Im Ergebnis wurden 40 Innovationsprinzipien und 39 technische Parameter in das TRIZ-Prozessmodell integriert. Auf die Parameter lassen sich, so die verbreitete Haltung der TRIZ-Vertreter, annähernd alle technischen Probleme zurückführen. Durch die Konfrontation mit erfolgreichen und abstrahierten Lösungsprinzipien soll Abstand zum Problem gewonnen und das Blickfeld erweitert werden. So kann TRIZ zur systematischen Problemlösung beitragen.

Überblick: Theorie des erfinderischen Problemlösens (TRIZ)
Was bringt es?

Die Problemlösung nach dem TRIZ-Modell bietet einen Prozess zur Verbesserung und Optimierung bestehender Systeme oder Produkte. Eine grundlegend neue und nutzenmehrende Entwicklung kann bei der Anwendung von TRIZ aber nicht erwartet werden.

Wie geht man vor?

Am Anfang des TRIZ-Prozessmodells steht ein Problem. Im besten Fall werden auf Grundlage dieses Problems neue Produkte entwickelt – bevorzugt patentfähige. Mit 40 Prinzipien und 39 Parametern können Lösungsmöglichkeiten erarbeitet werden. Diese werden in Verbindung mit einer Widerspruchsmatrix oder Widerspruchstabelle angewendet und als Problemlösung verwendet.

Die TRIZ-Schritte lauten:

1. *Situationsbeschreibung.* Identifikation des Problems: Was ist das Problem? Was ist der Hintergrund dieses Problems? Welchen Effekt/welche Konsequenzen hat das Problem?

2. *Problemdurchdringung und -abstraktion.* Ursache-Wirkungs-Beziehungen herstellen, Abstraktion durch Hineindenken in die 39 Parameter. Identifikation bisheriger Problemlösungsbemühungen. Objekt- und Funktionsmodellierung.

3. *Widerspruchsidentifikation.* Nutzung der Widerspruchsmatrix zur weiteren Abstraktion. Identifikation der Differenz zwischen einem sich verbessernden und einem anderen sich verschlechternden Parameter. Nutzung der 40 Prinzipien zur auf dem Widerspruch basierenden Problementfernung.

4. *Ideensammlung.* Sammlung von Lösungsideen für die praktische Umsetzung der gedanklich entwickelten Problementfernung.

5. *Spezialisierung.* Einsatz auch bekannter Lösungsverfahren.

6. *Bewertung.* Auswahl der Erfolg versprechendsten Lösungsansätze und Bewertung des Konzeptes und schrittweise Planung der Umsetzung.

TRIZ in der Praxis:

Obwohl es als sehr bekannt gilt, wird TRIZ in der Praxis selten angewandt, denn die Anwendung von TRIZ ist komplex. Ein im Umgang mit TRIZ geübter und erfahrener Facilitator ist für einen Innovationsprozess nach dem TRIZ-Ansatz unerlässlich.

Die Softwareprogramme basierend auf dem TRIZ-Prozessmodell sind ohne fachliche Beratung selten umsetzbar, hier sind die ursächliche Problembeschreibung und korrekte Durchführung entscheidend.

Quellen: Kilian et al. 2008; WiPro o. J.l.

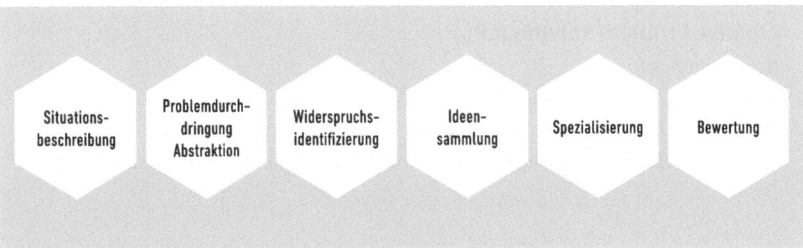

Abb. 9.2 TRIZ nach Müller-Prothmann und Dörr (2014)

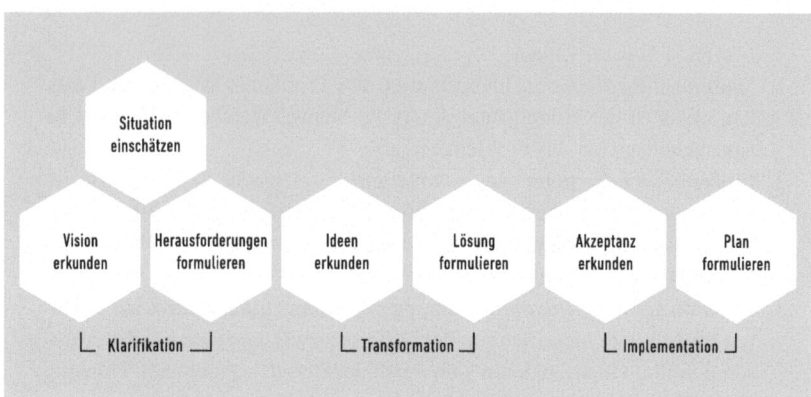

Abb. 9.3 Creative Problem Solving nach Puccio et al. (2011)

9.2.3　Creative Problem Solving

Das Prozessmodell des Creative Problem Solving (CPS), wie es Abb. 9.3 zeigt, wurde erstmals 1953 vom Brainstorming-Erfinder Alex Osborn (1953) entwickelt. Er erweiterte es in Zusammenarbeit mit dem Kreativitätsforscher Sidney Parnes. Es wurde kontinuierlich dem Stand seiner wissenschaftlichen Erforschung angepasst.

Die Praxistauglichkeit dieses Prozesses wurde empirisch untersucht und belegt (Puccio et al. 2006; Isaksen und Treffinger 2004). Creative Problem Solving gehört zu den Modellen der kreativen Problemlösung mit dem stärksten wissenschaftlichen Hintergrund.

CPS ist ein heuristischer Weg, um zu einer Lösung zu gelangen. Anders als bei algorithmischen Wegen (wie beispielsweise in der Mathematik) gibt es keinen eindeutigen Lösungsweg mit nur einem korrekten Ergebnis.

Creative Problem Solving (CPS)
Was bringt es?
　CPS ist das generischste Prozessmodell, da es nicht aus dem Design-Bereich (wie Design Thinking) oder dem Bereich der algorithmischen Innovation (wie TRIZ) stammt und sich nahezu universell einsetzen lässt.

Wie geht man vor?
Es handelt sich um einen flexiblen und modularen Prozess, der nach Bedarf in seinen Schritten wiederholt werden kann und keiner festen Reihenfolge folgen muss.

Die Schritte im CPS-Prozess lauten:

1. *Vision erkunden.* Suche oder Entwicklung eines lohnenswerten Ziels oder einer Herausforderung.

2. *Situation einschätzen.* Bestimmung der wichtigsten Fakten zur Herausforderung.

3. *Herausforderungen formulieren.* Ausblick auf den Rahmen des Problems und Erfassung von Hinweisen zu den wichtigsten Ansatzpunkten für eine Lösung.

4. *Ideen erkunden.* Entwicklung einer Liste von Ideen oder Optionen, die das Problem lösen könnten.

5. *Lösungen formulieren.* Erzeugung von ausgefeilten und umsetzbaren Lösungen.

6. *Akzeptanz erkunden.* Analyse von Unterstützern und Suche nach Möglichkeiten zu deren Einbindung. Festlegung von Maßnahmen, um Hürden zu beseitigen.

7. *Plan formulieren.* Aufstellung eines Handlungsplanes: Wer erledigt was bis wann und berichtet an wen?

Angereichert werden die einzelnen Schritte im Creative Problem Solving mit Denkwerkzeugen.

Creative Problem Solving in der Praxis:
Die Problemlöseverfahren nach dem Creative Problem Solving werden in Teams oft von einem Facilitator moderiert, der das Team geschickt in der Anwendung von Prozess- und Denkwerkzeugen anleitet.

Eingesetzt wird CPS dann, wenn innovative Lösungen für Probleme oder Entwicklungen zu neuen Herausforderungen nötig sind. Außerdem wird leichter ermöglicht, was aus eigener Anstrengung und intuitiv nur mit viel Aufwand oder nicht möglich ist: umsetzbare, innovative Lösungen.

Quellen: Osborn 1953, 1967; Treffinger et al. 2000; Wang und Horng 2002; Isaksen und Treffinger 2004; Proctor 2010; Puccio et al. 2011; Luther 2013; Kreativpromenade 2014d.

9.3   Kreativitätstechniken und Denkwerkzeuge

Praxisbeispiel: Methoden nutzen

Herr Meyer nutzt als Facilitator nicht jedes Mal Design Thinking-Prozesse, sondern greift auf andere wissenschaftlich fundierte Ansätze zurück. Er benutzt das Denkwerkzeug Brainstorming, um mit den Teilnehmern seiner Workshops zu neuen, nützlichen und nachhaltigen Ideen zu gelangen. Wenn er dieses Denkwerkzeug ankündigt, hat er zuweilen nicht viele Leute auf seiner Seite. Endlose Ideenfindungssitzungen nach dem Motto „wir schreiben mal alles auf, was uns einfällt" kennen die meisten.

Aber Herr Meyer weiß, dass Brainstorming erfolgreich ist, wenn man es richtig anwendet und sich an die Regeln hält. Er erklärt, was gemacht werden muss, ruft auf, strikt das konvergente Denken auf später zu verschieben, und macht eine Aufwärmübung, um in den Brainstorming-Modus zu gelangen. Mit fünf Personen in kurzer Zeit hunderte Ideen zu entwickeln, das ist möglich. Das Feedback zu Herrn Meyers Arbeit fällt gut aus.

Frage: Welche Vorteile kann ein Facilitator wie Herr Meyer für ein Innovationsprojekt mit sich bringen?

Im Folgenden werden Ihnen weitere **Denkwerkzeuge** mit an die Hand gegeben, die in der ein oder anderen Situation eine große Hilfe für Sie und Ihre Mitarbeiter sein werden – und die in einem Innovationsprozess gebraucht werden.

▶   **Wichtig!** Denkwerkzeuge lassen sich dahingehend unterscheiden, ob sie für das divergente Denken oder das konvergente Denken infrage kommen. Zahlreiche Systematiken unterscheiden intuitiv-kreative Denkwerkzeuge von systematisch-analytischen.

9.3.1   Intuitiv-kreative Denkwerkzeuge

9.3.1.1   Wunschdenken

Das Denkwerkzeug *Wunschdenken* hilft Ihnen und Ihren Mitarbeitern, sich Ihrer Ziele, Wünsche und Herausforderungen bewusst zu werden (Puccio et al. 2011). Es ist gleichgültig, ob diese schon in der Gegenwart oder zukünftig relevant werden. Es kann sowohl bedacht werden, was erreicht werden soll, als auch, was vermieden werden soll.

Denkwerkzeug: Wunschdenken
Schwierigkeit: gering
   Dauer: 15 bis 30 min
   Sozialform: allein, im Team (max. 5 Personen)
   Durchführung:
1. *Wunschliste verfassen.*
   Erstellen Sie eine möglichst umfangreiche Auflistung Ihrer Wünsche, Ziele und Herausforderungen. Stellen Sie an den Anfang jeweils eine Aussage wie „Ich wünschte …", „Es wäre prima, wenn …" oder „Wäre es nicht schön, wenn …".
2. *Leitfragen abarbeiten.*
   Identifizieren Sie mithilfe der folgenden Fragen weitere Ziele:
Persönlicher Bereich:
   – Stellen Sie sich vor, Sie könnten sich jeden Wunsch Ihres Lebens erfüllen. Wie sähen diese Wünsche aus?
   – Über welche Herausforderung denken Sie in letzter Zeit nach?
   – Von welchen Dingen wünschen Sie, dass diese besser funktionieren?
   – Was würden Sie gerne verbessern?
   – Welche Chancen, die Sie nutzen können, sehen Sie für die Zukunft?
Beruflicher Bereich:
   – Wie können Sie Ihren Betrieb kreativer machen?
   – Wie können Sie sich selbst als geeignete und gefragte Führungskraft in Sachen Kreativität und Innovation darstellen?
   – Was wird Ihnen helfen, Ihre Stelle besser auszufüllen?
   – Was würde Sie unterstützen, Ihre Tätigkeit zukünftig zu vereinfachen?
   – Welche Chancen sehen Sie für die Zusammenarbeit mit bestehenden Kunden oder Partnern an neuen Produkten und Dienstleistungen?
   – Welche kleinen Probleme könnten sich zu ernsthaften Schwierigkeiten ausweiten?
   – Welche Veränderungen, Probleme, Herausforderungen und Chancen für Verbesserungen sehen Sie?
   – Welche Ziele werden Jahr für Jahr von Neuem in die Planung eingebracht?
   – Wie können Sie die Innovationskultur in Ihrem Betrieb günstiger gestalten?
   – Wie könnte man die Qualität eines Produkts oder einer Dienstleistung verbessern?
   – Wie lauten die größten Herausforderungen für Ihre Kunden?

3. *Herausforderungen eingrenzen.*
Gehen Sie die gesamte Liste durch, und markieren Sie die Aussagen, bei denen Sie zumindest teilweise einen Handlungs- oder Entscheidungsspielraum haben. Markieren Sie Herausforderungen, bei denen Sie sich motiviert fühlen, diese anzugehen. Markieren Sie Herausforderungen, mit denen Dringlichkeit einhergeht. Im Weiteren sollten Sie sich auf Herausforderungen konzentrieren, die sämtliche der drei Kriterien erfüllen.
Quellen: Puccio et al. 2011; Kreativpromenade 2014a.

9.3.1.2 Fragenstarter

Das Denkwerkzeug *Fragenstarter* ermöglicht es Ihnen und Ihren Mitarbeitern, einen positiven, lösungsorientierten Blick auf Herausforderungen zu werfen. Die Herausforderungen werden mit dem Denkwerkzeug als offene Frage formuliert.

Denkwerkzeug: Fragenstarter
Schwierigkeit: gering
   Dauer: 15 bis 30 min
   Sozialform: allein, im Team (max. 5 Personen)
   Durchführung:
1. *Die Situation einschätzen.*
   Ermitteln Sie mittels der sechs W-Fragen (s. Kap. 9.3.2.1) Hintergrundwissen zur Herausforderung und schätzen Sie die aktuelle Situation ein.
2. *Problemformulierungen entwickeln.*
   Versuchen Sie möglichst unterschiedlich das Problem zu beschreiben. Streben Sie zunächst nach Quantität, nicht nach Qualität. Nutzen Sie für die jeweilige Formulierung die Struktur *Fragenstarter + Akteur + Handlung + Ziele?*, beispielsweise: „Wie lauten alle Möglichkeiten, damit Kinder mehr in der freien Natur spielen?" Greifen Sie auf folgende Fragenstarter zurück:
   – Auf welche Weise könnte ich …? (AWWKI)
   – Auf welche Weise könnten wir …? (AWWKW)
   – Wie …? (W)
   – Wie könnte …? (WK)
   – Wie lauten alle Möglichkeiten …? (WLAM)
3. *Beste Formulierungen auswählen.*
   Wählen Sie mittels Punktbewertung (s. Kap. 9.3.2.3) die geeignetste Formulierung aus.
Quellen: Puccio et al. 2011; Kreativpromenade 2014a.

9.3.1.3 Brainstorming

Das Denkwerkzeug *Brainstorming* hilft Ihnen, Lösungen für ein spezielles Problem zu entwickeln. Das Denkwerkzeug sammelt Ideen oder Optionen und häuft sie an.

Denkwerkzeug: Brainstorming
Schwierigkeit: gering
   Dauer: 30 bis 60 min
   Sozialform: allein, im Team (max. 5 Personen)
   Durchführung:
1. *Ausgangsproblem aufschreiben.*
   Schreiben Sie das Ausgangsproblem gut lesbar auf.
2. *Ideen generieren.*
   Setzen Sie die Messlatte bei mindestens 30 Ideen an. Entwickeln Sie auf Klebezetteln Ideen zur Lösung des Ausgangsproblems. Hören Sie nicht auf, solange der Ideenfluss im Lauf ist. Schreiben Sie für jede Idee einen geeigneten Schlüsselbegriff auf.
3. *Idee verkünden.*
   Verkünden Sie den Begriff gut hörbar und fügen Sie den Klebezettel zum Ausgangsproblem hinzu.
4. *Fokus halten.*
   Prüfen Sie nach jeweils 15 Ideen, ob die Ideensammlung in die angestrebte Richtung geht, also Ideen im Hinblick auf das Ausgangsproblem liefert.
Brainstorming in der Praxis:
   Es ist hilfreich, eine unterstützende Person zu bestimmen, die ausschließlich verantwortlich ist, die Klebezettel aller Teilnehmer an einem Flipchart anzukleben und die Redereihenfolge der Teilnehmer zu steuern.
   Quellen: Schlicksupp 2004; Backera et al. 2007; Kilian et al. 2008; Brunner 2008; Proctor 2010; Puccio et al. 2011; Seifert 2011; Brem und Brem 2013; Luther 2013; Kreativpromenade 2014a; WiPro o. J.c.

Es gibt zahlreiche Studien dazu, was die Kraft des Denkwerkzeugs Brainstorming begrenzt. Als stärkster Faktor für die erfolgreiche Umsetzung wird die Anleitung durch einen geeigneten Facilitator für Innovationsprozesse angesehen (Isaksen und Gaulin 2005).

Wie man Brainstormings erfolgreich gestaltet:

- Die Teilnehmer verfügen über unterschiedliche fachliche Hintergründe.
- Die Teilnehmer interessieren sich für das Thema und sind motiviert, am Brainstorming teilzunehmen.
- Die Teilnehmer verfügen über die Möglichkeit, gleichzeitig zu schreiben und zu sprechen.
- Die Brainstorming-Frage wird vorgestellt und es gibt Kontextinformationen.
- Die Teilnehmer verfügen über die Möglichkeit, vor dem Brainstorming Fragen zur Aufgabe zu stellen.
- Es findet eine Aufwärmübung statt, um die Teilnehmer in einen Brainstorming-Modus zu bringen.
- Das Brainstorming findet in einem stimulierenden Umfeld statt.

9.3.1.4 Brainwriting

Das Denkwerkzeug *Brainwriting* hilft Ihnen, Ideen für ein spezielles Problem zu finden. In dieser Variante des Brainstormings schreiben die Teilnehmer ihre Ideen auf, statt sie mündlich im Plenum zu äußern. Während des Brainwritings wird also nicht gesprochen.

Denkwerkzeug: Brainwriting
Schwierigkeit: mittelhoch
Dauer: 30 bis 60 min
Sozialform: im Team (max. 5 Personen)
Durchführung:
1. *Matrizen erstellen.*
   Erstellen Sie für jeden Teilnehmer je eine 3 × 3-Matrix.
2. *Arbeitsblätter ausfüllen.*
   Jede Person schreibt in ihre Matrix jeweils drei Ideen.
3. *Matrizen weiterreichen.*
   Reichen Sie die Matrizen im Uhrzeigersinn an die nächste Person weiter. Lesen Sie die entgegengenommenen Ideen, lassen Sie sich von diesen inspirieren und versuchen Sie, die Ideen weiterzuentwickeln und auf Ihnen aufzubauen. Schreiben Sie drei neue Ideen ebenfalls in die Matrix. Wiederholen Sie den Vorgang, sodass alle Kästchen in sämtlichen Matrizen ausgefüllt sind.
4. *Ideen zusammenführen.*
   Übertragen Sie die Ideen auf Klebezettel und präsentieren Sie diese den anderen.

Brainwriting in der Praxis:
Dieses Denkwerkzeug ist ebenfalls als 6-3-5-Methode bekannt. In der ursprünglichen Form haben sechs Teilnehmer jeweils drei Matrizen erhalten und jede Matrix wechselte fünfmal den Besitzer.
Das Brainwriting kann mit mehr als sechs Personen durchgeführt werden. Dann sollte nicht jeder Teilnehmer jede Matrix bearbeiten. Es geht darum, viele Ideen zu finden, und nicht darum, dass jeder jede Matrix bearbeitet hat.
Quellen: Backera et al. 2007; Kilian et al. 2008; Brunner 2008; Proctor 2010; Brem und Brem 2013; Luther 2013; Kreativpromenade 2014a; WiPro o. J.a, o. J.c, o. J.d.

9.3.1.5   Forced Fit

Schöpfen Sie sämtliche Ideenquellen aus: Das Denkwerkzeug *Forced Fit* ist eine Analogie-Methode und hilft Ihnen und Ihren Mitarbeitern, einen bewussten Spurwechsel im Denken durchzuführen, sodass durch die bewusste Veränderung der Wahrnehmung neue Ideen generiert werden können.

Denkwerkzeug: Forced Fit
Schwierigkeit: gering
> *Dauer:* 15 bis 30 min
> *Sozialform:* allein, im Team (max. 5 Personen)
> *Durchführung:*
1. *Zufall generieren.*
   Wählen Sie ein zufälliges Bild, Wort oder Objekt aus, um weitere Einfälle im Hinblick auf Ihre Problemstellung zu erhalten.
2. *Ideen generieren.*
   Generieren Sie Ideen, indem Sie die folgende Frage beantworten: „Wenn Sie dieses Wort/Bild/Objekt sehen, welche Ideen bekommen Sie im Hinblick auf die Ausgangsfrage?" Schreiben Sie die Antworten auf Klebezettel.
3. *Verbindungen erzwingen.*
   Erzwingen Sie neue und außergewöhnliche Konzepte und Lösungsansätze, indem Sie nach Verbindungen oder Zusammenhängen zwischen dem Wort/Bild/Objekt und dem Problem suchen und weitere Ideen generieren.

Quellen: Kilian et al. 2008; Brunner 2008; Proctor 2010; Puccio et al. 2011; Brem und Brem 2013; Kreativpromenade 2014a

9.3.1.6   Provokationen

Das Denkwerkzeug *Provokation* hilft Ihnen, einen bewussten Spurwechsel im Denken durchzuführen, sodass durch die bewusste Veränderung der Wahrnehmung neue Ideen generiert werden können. Dazu wird die definierte Ausgangsfrage durch verschiedene Provokationen so verändert, dass ein neuer Blickwinkel auf das Problem möglich wird.

Denkwerkzeug: Provokationen

Schwierigkeit: mittelhoch

   Dauer: 30 bis 60 min

   Sozialform: allein, im Team (max. 5 Personen)

   Durchführung:

1. *Ausgangsfrage aufschreiben.*

   Schreiben Sie die Ausgangsfrage gut lesbar auf.

2. *Provokation einsetzen.*

   Setzen Sie folgende Provokation ein, um nacheinander provokante Ideen zu generieren:

   – *Kopfstand*. Stellen Sie die Fragestellung um.

   Beispiel: „Wie können wir dieses Produkt möglichst kompliziert machen?"

   – *Extreme Übertreibung*. Übertreiben Sie die Fragestellung.

   Beispiel: „Wie können wir unser Produkt so einfach machen, dass es ein Kleinkind bedienen kann?"

   – *Unerhörtes*. Verzerren Sie die Fragestellung oder wenden Sie diese ins Absurde.

   Beispiel: „Wie können wir als Krankenversicherung Übergewichtige mit Geldstrafen belegen?"

3. *Ideen ableiten.*

   Nutzen Sie diese Provokations-Ideen, um aus ihnen funktionierende Ideen für das Ursprungsproblem abzuleiten.

Quellen: de Bono 1994; Kilian et al. 2008; Disselkamp 2012; Brem und Brem 2013; Kreativpromenade 2014a; WiPro o. J.i.

9.3.2 Systematisch-analytische Denkwerkzeuge

9.3.2.1 Sechs W-Fragen

Bei Innovationsprozessen ist die Problemanalyse oft die Schwachstelle. Die *sechs W-Fragen*, die auch als Journalistenfragen oder als 6-Ws (im Englischen als 5WH abgekürzt) bezeichnet werden – also wer, was, wann, wo, warum und wie –, bieten ein Denkwerkzeug zum Sammeln und Ermitteln aller relevanten Daten zu einem Sachverhalt oder einem Problem (Puccio et al. 2011; Proctor 2010). Die sechs W-Fragen sind in unserer Sprache allgegenwärtig und fordern dazu auf, Antworten zu generieren.

Denkwerkzeug: Sechs W-Fragen
Schwierigkeit: mittelhoch
Dauer: 30 bis 60 min
Sozialform: allein, im Team (max. 5 Personen)
Durchführung:
Stellen und beantworten Sie nacheinander folgende Fragen:
- *Wer.* Wer ist von dem Problem betroffen? Wer kann das Problem möglicherweise lösen oder zur Lösung beitragen? So sollen die Personen identifiziert werden, die mit einem Problem in Zusammenhang stehen oder zur Lösung beitragen können.
- *Was.* Was ist das Problem? So soll das Problem greifbar und nachvollziehbar gemacht werden. Wichtig ist es, an dieser Stelle im Zusammenhang stehende Konflikte, Gegensätze, Sabotagen und erfolgloses Handeln miteinzubeziehen.
- *Wie.* Wie zeigt sich das Problem? Wie wurde versucht, es zu lösen? So lässt sich über tiefer liegende Effekte und Ursachen nachdenken.
- *Warum.* Warum besteht das Problem? Auf welchen Funktionen, Zusammenhängen oder Kontexten gründet das Problem? So sollen Gründe und Ursachen des Problems ermittelt werden.
- *Wo.* Wo zeigt sich das Problem? Wo zeigt es sich nicht? So sollen die Konfliktgebiete unter Beteiligten und Betroffenen untersucht werden.
- *Wann.* Wann zeigt sich das Problem? Wann nicht? Bis wann muss das Problem gelöst werden? So sollen zeitbezogene Fragen geklärt werden (Andauern des Problems, verfügbarer Lösungszeitraum).
Quellen: Backera et al. 2007; Kilian et al. 2008; Proctor 2010; Puccio et al. 2011; Kreativpromenade 2014a.

9.3.2.2 Mindmapping

Das Denkwerkzeug *Mindmapping* dient der Visualisierung, Ziel ist die grafische Unterstützung eines Denkprozesses. Mindmapping lässt sich gut mit anderen Denkwerkzeugen kombinieren. Auf diese Weise kann den Teilnehmern bei langen Workshops die nötige Unterstützung geboten werden.

Denkwerkzeug: Mindmapping
Schwierigkeit: gering
   Dauer: 15 bis 30 min
   Sozialform: allein, im Team (max. 5 Personen)
   Durchführung:
1. *Mittig starten.*
   Starten Sie in der Mitte eines quergelegten Papiers, um sich in sämtliche Richtungen ausbreiten und sich freier ausdrücken zu können.
2. *Zentralbild festlegen.*
   Nutzen Sie eine Darstellung oder ein Bildnis von Ihrem Thema und verwenden Sie Farben.
3. *Zweige einfügen.*
   Verbinden Sie Ihre Hauptäste als Oberthemen mit dem Zentralbild und fügen Sie Level- B- und Level-C-Zweige zu den Hauptästen und Hauptzweigen als Unterzweige hinzu. Verbinden Sie so miteinander im Zusammenhang stehende Ideen, Gedanken und Optionen und geben Sie Ihrem Thema Struktur. Fahren Sie so mit dem Mindmapping fort. Zeichnen Sie die Zweige kurvig statt gradlinig, um eine organische Struktur zu eröffnen, die Platz für Ergänzungen, Veränderung und neue Ideen zulässt. Verwenden Sie ein Schlüsselwort pro Linie. Nutzen Sie zwischendurch Bilder, Zeichnungen und Skizzen.
Mindmapping in der Praxis:
   Beim Mindmapping werden Gedanken zu einer Idee oder zu einem Problem gesammelt und durch eine bildhafte Darstellung strukturiert. Dies veranschaulicht schwierige Themen und komplexe Informationen. Die deutliche Formulierung der Gedanken kann auch neue Ideen und Zusammenhänge eröffnen.
   Wenn die Generierung einer Mindmap durch Softwarelösungen unterstützt wird, kann die Struktur und Ordnung der Mindmap während der Erstellung und nachträglich verändert werden. Die Teilnehmer gewinnen ein erhöhtes Maß an Flexibilität. Überholte Strukturen schränken sie nicht in ihrer Entfaltung ein. Dies ist bei längerfristigen oder komplexen Workshops von Vorteil.
   Quellen: Buzan und Buzan 2002; Buzan 2007; Rustler 2011; Backera et al. 2007; Kilian et al. 2008; Brunner 2008; Kreativpromenade 2014a; WiPro o. J.h.

9.3.2.3   Punktbewertung

Das Denkwerkzeug *Punktbewertung* hilft, aus einer großen Anzahl an Optionen (Daten, Herausforderungen, Ideen, Lösungen, Handlungsschritte etc.) die geeignetsten auszuwählen und die Weiterentwicklung überschaubar und handhabbar zu halten.

Denkwerkzeug: Punktbewertung
Schwierigkeit: gering
   Dauer: 15 bis 30 min
   Sozialform: allein, im Team, in der Großgruppe (max. 15 Personen)
   Durchführung:
1. *Vorauswahl treffen.*
   Markieren Sie jeder für sich fünf bis zehn Prozent der generierten Optionen mit Bewertungspunkten. Nutzen Sie für die Markierung von Optionen Kriterien wie Bedeutung, Wichtigkeit, Umsetzbarkeit oder Einfachheit, Interesse, Neuigkeitsgrad, Nützlichkeit, Nachhaltigkeit.
2. *Verständnis schaffen.*
   Begründen Sie jeweils vor den anderen die eigene Auswahl, um für ein besseres Verständnis für die eigene Auswahl zu sorgen.
3. *Option auswählen.*
   Wählen Sie gemeinsam im Konsensverfahren aus der Gesamtheit der Vorauswahlen die Optionen aus, mit denen Sie weiterarbeiten möchten.
Quellen: Seifert 2011; Kreativpromenade 2014a.

9.3.2.4   COCD-Box

Die *COCD-Box* wurde vom niederländischen *Centrum voor de Ontwikkeling van het Creatief Denken* entwickelt, deren Abkürzung der Box ihren Namen gibt. Mit diesem Denkwerkzeug können Sie neue, bekannte, durchführbare und nicht durchführbare Ideen sortieren und eine Auswahl nach zwei Kriterien treffen. Die COCD-Box hilft dabei, Ideen in verschiedene Rubriken einzuteilen. Durchführbare und nicht durchführbare Ideen werden durch ein farbliches Raster gefiltert, sodass zum Schluss mit den besten Ideen weitergearbeitet wird.

Denkwerkzeug: COCD-Box

Schwierigkeit: gering

   Dauer: 30 bis 60 min

   Sozialform: allein, im Team (max. 5 Personen)

   Durchführung:

1. *Matrix erstellen.*

   Erstellen Sie eine 2 × 2-Matrix mit den Achsen *Einfachheit der Umsetzbarkeit* und *Grad der Originalität*. Beschriften Sie die Achsen mit *einfach umsetzbar* und *schwer umsetzbar* sowie *normale Originalität* und *hohe Originalität*.

2. *Ideen bewerten.*

   Wählen Sie aus den verfügbaren Ideen mittels Punktbewertung (s. Kap. 9.3.2.3) vier Ideen pro Teilnehmer aus. Verwenden Sie farbige Klebepunkte und ordnen Sie den drei Arten von Ideen folgende Farben zu:

   – *Now (Blau)*. Bekannt und einfach zu implementieren, beispielsweise normale Ideen, die unmittelbar umsetzbar sind.

   – *Wow (Rot)*. Neu und einfach zu implementieren, beispielsweise innovative, originelle Durchbruchsideen, denen Aufmerksamkeit zu widmen ist.

   – *How (Gelb)*. Neu und (noch) nicht zu implementieren, beispielsweise außergewöhnliche Ideen mit Zukunftspotenzial, die aber aktuell nicht umsetzbar sind.

Die vierte Gruppe besteht aus bekannten, jedoch in diesem Fall nicht durchführbaren Ideen. Diese sind nicht verwertbar und bekommen keine Zuschreibung.

3. *Überblick gewinnen.*

   Ordnen Sie die ausgewählten Ideen entsprechend der vergebenen Punkte COCD-Box ein. Arbeiten Sie mit den fünf stärksten Ideen weiter.

Quellen: Luther 2013; Kreativpromenade 2014a.

9.3.2.5 PPCO

Das Denkwerkzeug *PPCO* hilft Ihnen, neue Ideen zu beurteilen und weiterzuent-wickeln. Darüber hinaus ermöglicht dieses Werkzeug, positive und negative Rück-meldungen zu einer Idee zu formulieren, ohne das Potenzial einer Idee zu unter-graben oder den Urheber einer Idee anzugreifen.

Denkwerkzeug: PPCO
Schwierigkeit: mittelhoch
  Dauer: 30 bis 60 min
  Sozialform: allein, im Team (max. 5 Personen)
  Durchführung:
  Das Akronym PPCO steht für die englischen Begriffe *Pluses* (Positives), *Potentials* (Potenziale), *Concerns* (Bedenken) und *Overcome Concerns* (Bedenken ausräumen).
  1. *PPCO-Matrix erstellen.*
    Erstellen Sie eine 2×2-Matrix und geben Sie jedem Feld eine Über-schrift: *Pluses, Potentials, Concerns, Overcome Concerns.*
  2. *Idee entwickeln.*
  Überlegen Sie nun:
    – *Pluses (Positives).* Was gefällt Ihnen an der Idee/ der Option/ dem Vor-schlag/ dem Konzept? Seien Sie ehrlich und spezifisch! Entwickeln Sie drei bis fünf Stichpunkte.
    – *Potentials (Potenziale).* Wie wird sich die Idee in Zukunft entwickeln? Welche Möglichkeiten sehen Sie? Entwickeln Sie drei bis fünf Punkte. Sie können diese mit „Es könnte ..." einleiten.
    – *Concerns (Bedenken).* Listen Sie Bedenken auf. Achten Sie darauf, diese als offene Frage und nicht als eine Feststellung zu formulieren! Beispiel: „Wie können wir vermeiden, dass die Umsetzung der Idee zu teuer wird?"
    – *Overcome Concerns (Bedenken bewältigen).* Wählen Sie die wichtigs-ten Bedenken aus und generieren Sie pro Bedenken bis zu 15 Ideen, um die Bedenken auszuräumen und das Problem zu bewältigen. Aus den generierten Ideen wählen Sie die Besten aus und formulieren dar-aufhin die ursprüngliche Idee um.
  Quellen: Puccio et al. 2011; Kreativpromenade 2014a.

9.3.2.6 Bewertungsmatrix

Die *Bewertungsmatrix* hilft Ihnen, systematisch eine Vielzahl von Optionen zu bewerten. Vergessen Sie nicht, qualitative Bewertungsaussagen durch quantitative Aussagen zu ergänzen.

Denkwerkzeug: Bewertungsmatrix
Schwierigkeit: gering
   Dauer: 15 bis 30 min
   Sozialform: allein, im Team (max. 5 Personen)
   Durchführung:
1. *Bewertungskriterien generieren.*
   Erstellen Sie eine Liste aller Bewertungskriterien. Formulieren Sie diese in Frageform, sodass Sie eine Ja-Nein-Antwort erhalten können. Verfassen Sie die Bewertungskriterien möglichst spezifisch.
2. *Kriterien auswählen.*
   Wählen Sie die aus Ihrer Sicht für den Innovationserfolg wichtigsten Kriterien aus. Erstellen Sie eine Matrix, in der Sie zeilenweise die Optionen abtragen und spaltenweise die ausgewählten Bewertungskriterien aufführen.
3. *Optionen bewerten.*
   Legen Sie eine einfache Bewertungsskala fest. Füllen Sie die Matrix spaltenweise aus. Gewinnen Sie dabei einen Überblick über die Stärken und Schwächen der Optionen. Identifizieren Sie die qualitativ beste Lösung, anstatt nach einer quantitativen Lösung zu suchen.
4. *Schwachpunkte bearbeiten.*
   Überlegen Sie für beim Bewerten identifizierte Schwachpunkte, wie Sie diese ausgleichen können. Formulieren Sie die jeweilige Option dementsprechend neu. Wiederholen Sie für diese Option die Analyse nach den Beurteilungskriterien.
5. *Entscheidung treffen.*
   Treffen Sie für jede Option die Entscheidung, ob Sie diese annehmen oder ablehnen wollen. Bearbeiten Sie Optionen entsprechend des vorherigen Punktes, falls Sie eine Verbesserung für nötig halten.
Quellen: Kilian et al. 2008; Puccio et al. 2011; Kreativpromenade 2014a.

9.3.2.7 Handlungsschritte

Das Denkwerkzeug *Handlungsschritte* hilft Ihnen, die notwendigen Schritte zur Umsetzung einer Lösung zu identifizieren und nichts zu vergessen oder zu übersehen. Darüber hinaus werden die wichtigsten Schritte identifiziert und in eine zeitliche Reihenfolge gebracht.

Denkwerkzeug: Handlungsschritte

Schwierigkeit: mittelhoch

> *Dauer*: 15 bis 30 min
>
> *Sozialform*: allein, im Team (max. 5 Personen)
>
> *Durchführung*:

1. *Matrix erstellen*
   Erstellen Sie eine Matrix mit fünf Spalten und beliebig vielen Zeilen. Beschriften Sie die Spalten mit:
   - *Was?*
   - *Wie konkret?*
   - *Von wem?*
   - *Bis wann?*
   - *Bericht an wen?*
2. *Handlungsschritte auswählen.*
   Erstellen Sie eine Liste von Möglichkeiten eines ersten, spezifischen Handlungsschrittes. Wählen Sie einen Schritt aus, der Ihr erster Handlungsschritt auf Ihrem Plan wird. Tragen Sie diesen in die Matrix ein und ergänzen Sie die übrigen Spalten.
3. *Handlungsplan auffüllen.*
   Vervollständigen Sie die Matrix mit weiteren Handlungsschritten vor und nach dem ersten, bis Sie über einen vollständigen Handlungsplan verfügen. Füllen Sie den Plan mit möglichst spezifischen Schritten, sodass Unklarheiten auch für die im Plan benannten Personen aufgelöst werden. Vergessen Sie nicht, eine Berichtsperson zu benennen, an welche die erfolgreiche Umsetzung zurückgemeldet werden muss und die gegebenenfalls bei Ihnen nachhakt, falls Rückmeldung ausbleibt.

Quellen: Puccio et al. 2011; Seifert 2011; Kreativpromenade 2014a.

9.4   Wie Sie das Gelernte in der Praxis umsetzen

Fazit für die Praxis

Nutzen Sie für Ihre Innovationsvorhaben Prozessmodelle der Innovation und geeignete Denkwerkzeuge. Innovationsprozesse sollten zielorientiert sein und Raum für Spontaneität zulassen. Die Orientierung an einem systematischen Innovationsprozess hilft Ihnen: Sie expliziert den Ablauf und ermöglicht es, ein Innovationsvorhaben mithilfe von Denkwerkzeugen effektiver zu gestalten.

Achten Sie darauf, divergentes Denken und konvergentes Denken im Innovationsprozess streng voneinander zu trennen (s. Kap. 7.2.4). Denkwerkzeuge lassen sich danach unterscheiden, ob sie für das divergente Denken oder das konvergente Denken infrage kommen. Zahlreiche Systematiken unterscheiden intuitiv-kreative Denkwerkzeuge von systematisch-analytischen.

„Der beste Weg, die Zukunft vorauszusagen, ist, sie zu gestalten." Dieses Zitat wird vielen Frauen und Männern zugeschrieben und besitzt viel Wahrheitsgehalt. Es kommt nicht nur darauf an, Potenziale für Kreativität und Innovation aufzubauen. Diese Potenziale muss man im Hier und Heute für die Gestaltung der Zukunft nutzen. Dieses Kapitel zeigte Ihnen, wie Sie aus Potenzialen Erfolge generieren.

In diesem Kapitel konnten Sie erfahren, welche wichtige Rolle Prozessmodelle der Innovation bei der zielgerichteten Arbeit an Innovationsvorhaben spielen. Sie haben TRIZ, Creative Problem Solving und Design Thinking als Prozesse zur Bestreitung offener Probleme kennengelernt.

Das Buch hat hilfreiche Kreativitätsmethoden und Denkwerkzeuge dargestellt, die in einem Innovationsprozess sinnvoll zur Anwendung kommen können – orientiert an der übliche Aufteilung nach intuitiv-kreativen und systematisch-analytischen Methoden. Das Buch hat Ihnen damit alles mitgegeben, was Sie für ein erfolgreiches Innovationsprojekt benötigen. Suchen Sie vor allem bei besonders wichtigen Fällen professionelle Unterstützung, um Schwierigkeiten von einem Facilitator auffangen zu lassen, der mit der Umsetzung der Denkprinzipien, Methoden und Denkwerkzeuge Erfahrung hat und Sie und Ihre Mitarbeiter durch ein Innovationsvorhaben führen kann.

Probieren Sie es zunächst selbst. Um die Konzepte und Erkenntnisse aus dem letzten Kapitel dieses Buches stärker zu durchdringen und anzuwenden, können Sie Tab. 9.1 nutzen. Diese bringt – orientiert am Creative Problem Solving (Puccio et al. 2011) – die vorangegangenen Methoden in eine sinnvolle Reihenfolge und ermöglicht es Ihnen, einen kreativen Prozess durchzuführen. Am besten klappt dies gemeinsam mit bis zu vier weiteren Personen. Trennen Sie in jedem Schritt divergentes Denken von konvergentem Denken (s. Kap. 7.2.4).

Folgende Literatur hilft Ihnen, die Inhalte dieses Kapitels zu vertiefen.

Tab. 9.1 Creative Problem Solving-Prozess mit den Denkwerkzeugen aus diesem Buch

Schritt:	1. Vision erkunden	2. Situation einschätzen	3. Herausforderungen formulieren	4. Ideen erkunden	5. Lösungen formulieren	6. Akzeptanz erkunden	7. Plan formulieren und umsetzen
a) Divergentes Denkwerkzeug	Wunschdenken	Sechs W-Fragen	Fragenstarter	Brainstorming, Brainwriting, Forced Fit	PPCO	Unterstützer und Hürden	Handlungsschritte
b) Konvergentes Denkwerkzeug	Punktbewertung	Punktbewertung	Punktbewertung	COCD-Box, Bewertungsmatrix	PPCO	Unterstützer und Hürden	Handlungsschritte
Ergebnisse dieses Schrittes	Wunsch, Problem	Relevante Informationen	Herausforderung	Ideenliste	Lösung	Argumente, Umsetzungswege	Handlungsplan

Weiterführende Literatur

Backera, H., Malorny, C., & Schwarz, W. (2007). *Kreativitätstechniken. Kreative Prozesse anstoßen, Innovationen fördern.* München: Carl Hanser.

Brem, A., & Brem, S. (2013). *Kreativität und Innovation im Unternehmen. Methoden und Workshops zur Sammlung und Generierung von Ideen.* Stuttgart: Schäffer-Poeschel.

Brown, T. (2009). Change by design. *How design thinking transforms organizations and inspires innovation.* New York: HarperCollins.

Müller-Prothmann, T., & Dörr, N. (2014). Innovationsmanagement. *Strategien, Methoden und Werkzeuge für systematische Innovationsprozesse.* München: Carl Hanser.

Puccio, G. J., Mance, M., & Murdock, M. C. (2011). Creative *leadership. Skills that drive change.* Los Angeles: Sage.

Literatur

Altschuller, G. (1984). *Erfinden. Wege zur Lösung technischer Probleme.* Berlin: Technik.

Brunner, A. (2008). *Kreativer denken. Konzepte und Methoden von A–Z.* München: Oldenbourg.

Buzan, T. (2007). *The Buzan study skills handbook.* Harlow: BBC Active.

Buzan, T., & Buzan, B. (2002). *Das Mind-Map-Buch. Die beste Methode zur Steigerung Ihres geistigen Potenzials.* München: mvg.

Cross, N. (2011). *Design thinking. Understanding how designers think and work.* London: Bloomsbury.

De Bono, E. (1994). *De Bono's thinking course.* London: BBC.

Disselkamp, M. (2012). *Innovationsmanagement. Instrumente und Methoden zur Umsetzung im Unternehmen.* Wiesbaden: Springer Gabler.

Isaksen, S. G., & Gaulin, J. P. (2005). A reexamination of brainstorming research: Implications for research and practice. *Gifted Child Quaterly, 49*(4), 315–329.

Isaksen, S. G., & Treffinger, D. J. (2004). Celebrating 50 years of reflective practice: Versions of creative problem solving. *Journal of Creative Behavior, 38*(2), 75–101.

Kreativpromenade. (2014a). *Denkwerkzeuge* (Unveröffentlichtes Dokument). Aachen: Lukas Rütten und Lobsang Zelle GbR.

Kreativpromenade. (2014c). *Design Thinking* (Unveröffentlichtes Dokument). Aachen: Lukas Rütten und Lobsang Zelle GbR.

Kreativpromenade. (2014d). *Creative Problem Solving* (Unveröffentlichtes Dokument). Aachen: Lukas Rütten und Lobsang Zelle GbR.

Luther, M. (2013). *Das große Handbuch der Kreativitätsmethoden. Wie Sie in vier Schritten mit Pfiff und Methode Ihre Problemlösungskompetenz entwickeln und zum Ideen-Profi werden.* Bonn: managerSeminare.

Osborn, A. F. (1953). *Applied imagination.* New York: Scribners.

Osborn, A. F. (1967). *Applied imagination.* New York: Scribners.

Proctor, T. (2010). *Creative problem solving for managers.* London: Routledge.

Puccio, G. J., Firestien, R. L., Coyle, C., & Masucci, C. (2006). A review of the effectiveness of CPS training: A focus on workplace issues. *The Authors Journal compilation, 15*(1), 19–33.

Runco, M. A. (2007). *Creativity. Theories and themes: Research, development and prractice.* Burlington: Elsevier.

Rustler, F. (2011). *Mind Mapping für Dummies.* Weinheim: Wiley.

Schlicksupp, H. (2004). *Innovation, Kreativität und Ideenfindung.* Würzburg: Vogel.

Seifert, J. W. (2011). *Visualisieren, Präsentieren, Moderieren.* Offenbach: Gabal.

Treffinger, D., Isaksen, S. G., & Dorval, K. B. (2000). *Creative problem solving. An introduction.* Waco: Prufrock.

Wang, C.-W., & Horng, R.-Y. (2002). The effects of creative problem solving training on creativity, cognitive type and R & D performance. *R & D Management, 32*(1), 35–45.

WiPro. (o. J.a). *6-3-5 Methode.* (Lehrstuhl für Betriebswirtschaftslehre mit Schwerpunkt Technologie- und Innovationsmanagement der Rheinisch-Westfälischen Technischen Hochschule (RWTH) Aachen, Hrsg.). http://www.innovationsmethoden.info/methoden/6-3-5-methode. Zugegriffen: 29. Juli 2014.

WiPro. (o. J.c). *Brainstorming.* (Lehrstuhl für Betriebswirtschaftslehre mit Schwerpunkt Technologie- und Innovationsmanagement der Rheinisch-Westfälischen Technischen Hochschule (RWTH) Aachen, Hrsg.). http://www.innovationsmethoden.info/methoden/brainstorming. Zugegriffen: 29. Juli 2014.

WiPro. (o. J.d). *Brainwriting.* (Lehrstuhl für Betriebswirtschaftslehre mit Schwerpunkt Technologie- und Innovationsmanagement der Rheinisch-Westfälischen Technischen Hochschule (RWTH) Aachen, Hrsg.). http://www.innovationsmethoden.info/methoden/brainwriting. Zugegriffen: 29. Juli 2014.

WiPro. (o. J.h). *Mind-Mapping.* (Lehrstuhl für Betriebswirtschaftslehre mit Schwerpunkt Technologie- und Innovationsmanagement der Rheinisch-Westfälischen Technischen Hochschule (RWTH) Aachen, Hrsg.). http://www.innovationsmethoden.info. Zugegriffen: 29. Juli 2014.

WiPro. (o. J.i). *Provocation.* (Lehrstuhl für Betriebswirtschaftslehre mit Schwerpunkt Technologie- und Innovationsmanagement der Rheinisch-Westfälischen Technischen Hochschule (RWTH) Aachen, Hrsg.). http://www.innovationsmethoden.info/methoden/provocation. Zugegriffen: 29. Juli 2014.

WiPro. (o. J.l). *TRIZ-Methode.* (Lehrstuhl für Betriebswirtschaftslehre mit Schwerpunkt Technologie- und Innovationsmanagement der Rheinisch-Westfälischen Technischen Hochschule (RWTH) Aachen, Hrsg.). http://www.innovationsmethoden.info/methoden/triz-methode. Zugegriffen: 29. Juli 2014.

Zeit der Entscheidung

10

Zusammenfassung

Dieses Kapitel schließt ab. Es schließt ab mit einer Zeit ohne Kreativität und Innovation. Die Zeit ist reif für eine Entscheidung. Entscheiden Sie sich als Führungskraft bewusst dafür, dass heute der erste Tag für mehr Kreativität und Innovation in Ihrem Betrieb ist. Legen Sie los!

Zu lernen, ohne anzuwenden, ist ebenso nutzlos, wie von Anfang an komplett zu ignorieren. Wenden Sie das ein oder andere aus diesem Buch an. Vergegenwärtigen Sie sich, was Sie auf dem Weg zu mehr Kreativität und Innovation in Ihrem Betrieb erreicht haben. Halten Sie eine positive und nach Veränderung strebende Rückbetrachtung.

Die Berücksichtigung wissenschaftlicher Theorien und dazugehöriger Prozessmodelle und Handlungsanleitungen in der beruflichen Praxis ist begrenzt. Beruflicher Kenntnisgewinn zielt darauf ab, handlungsrelevante und anwendungsorientierte Fähigkeiten, Fertigkeiten und Kenntnisse zu erwerben. Wenn man das Ziel erreichen möchte, ist es unerlässlich, den Transfer des Gelernten in den beruflichen Alltag sicherzustellen. So ist es möglich, träges Wissen zu vermeiden. Es entsteht eine Kluft zwischen Wissen und Handeln, wenn Sie Ihr theoretisches Wissen nicht in effektives, problemlösendes Handeln wandeln.

Bei Innovationsvorhaben wird träges Wissen zu einer doppelten Herausforderung: Fachliche Kenntnisse, Fähigkeiten und Fertigkeiten sollen mithilfe von geeigneten Denkwerkzeugen, Methoden, Prinzipien und Prozessen nutzbar werden. Kreativitätsrelevante Kenntnisse, Fähigkeiten und Fertigkeiten müssen angesprochen werden. Es gilt das kreativitätsrelevante Wissen zu aktivieren. Dies geschieht oft durch die Anwendung eines zielorientierten Prozessmodells. Bei Schwierigkei-

© Springer-Verlag Berlin Heidelberg 2015
L. Rütten, *Kreative Mitarbeiter,* DOI 10.1007/978-3-662-46052-8_10

ten oder in wichtigen Fällen bedarf es der Unterstützung durch einen geeigneten Facilitator.

Die Aufforderung lautet daher: Blättern Sie zurück und erstellen Sie nach der Lektüre dieses Buches einen Plan gemäß dem Denkwerkzeug *Handlungsschritte* (s. Kap. 9.3.2). Tragen Sie ein, was Sie wie wann mit wem aus den jeweiligen Kapiteln umsetzen wollen. Falls die Umsetzung von anderen abhängt, gehen Sie einen Schritt mehr zurück. Machen Sie sich nun auf die gezielte Suche nach *Unterstützern und Hürden* (s. Kap. 9.3). Sie merken: Bei Ihrem Vorhaben, neue und nützliche Ideen in Ihr Unternehmen zu bekommen, können Sie die im Buch vorgestellten Methoden gleich anwenden und ausprobieren.

Dies ist nicht das Ende. Dies ist der Anfang zu Neuem, zu Nützlichem und zu Nachhaltigem. Der Anfang beginnt mit Ihnen. Jetzt schlägt Ihre Stunde! Nutzen Sie die Informationen aus diesem Buch. Erzeugen Sie in Ihrem Betrieb und bei Ihren Mitarbeitern mehr Potenziale für Kreativität und Innovation. Wagen Sie Experimente! Viel Freude und viel Erfolg!

▶   **Wichtig!** Jetzt sind Sie an der Reihe! Übernehmen Sie und passen Sie die Ideen aus diesem Buch an die Situation Ihres Betriebes an. Probieren Sie es aus. Innovation bedeutet nicht Perfektion. Eine bessere Innovationskultur beginnt bei Ihnen, der Führungskraft. Werden Sie kreativ, entwerfen Sie neue Ideen und treiben Sie Veränderung voran.

Zusammenfassung

Falls Sie keine Zeit haben, um den gesamten Text zu lesen, oder Sie die Inhalte wiederholen wollen, folgt hier eine kurze Zusammenfassung. Verstreuen Sie die 45 Lektionen in Ihren Präsentationen oder setzen Sie diese an das Ende einer jeden Geschäfts-E-Mail – es wird Sie überraschen, welche Gespräche sich ergeben können.

Einleitung (s. Kap. 1)

1. Führungskräfte sind der wichtigste Hebel für eine verbesserte Innovationskultur und ein günstiges Klima der Kreativität im Betrieb!
2. Die Durchführung eines Innovationsprojektes unterscheidet sich von der Förderung betrieblicher Innovationspotenziale. Ein einmaliges Innovationsprojekt folgt im Idealfall einem festgelegten Prozess. Die Förderung von Innovationspotenzialen ist ein Programm ohne Zeitbegrenzung. Dieses Programm braucht stetig Ihre Aufmerksamkeit als Führungskraft.
3. Zur Förderung von Innovationspotenzialen müssen Sie als Führungskraft Ihr Handeln und Ihre bisherigen Erfahrungen reflektieren und neue Erkenntnisse für Ihre Praxis anpassen und anwenden.
4. Die Förderung von Innovationspotenzialen im Betrieb ist nur der Anfang. Potenziale müssen umgesetzt werden. Dies geschieht, wenn Sie und Ihre Mitarbeiter sich zu einem Innovationsvorhaben in einem systematischen Prozess einbringen und auf geeignete Denkwerkzeuge zurückgreifen können.

© Springer-Verlag Berlin Heidelberg 2015
L. Rütten, *Kreative Mitarbeiter,* DOI 10.1007/978-3-662-46052-8_11

Innovation und Kreativität (s. Kap. 2)

5. Es existieren zahlreiche Definitionen zu den Begriffen Kreativität und Inno-
    vation. Sorgen Sie dafür, dass in Ihrem Betrieb eine klare und einheitliche
    Definition der Begriffe existiert.
6. Innovation ist mit den Merkmalen Neuheit, Unsicherheit, Komplexität und
    Konfliktgehalt verbunden. Diese Merkmale lassen Innovation für Betriebe zu
    einem unwegsamen Terrain werden, das lieber vermieden wird. Durch geeig-
    nete Denkwerkzeuge und die Orientierung an Prozessmodellen kann man die-
    sen Merkmalen konstruktiv begegnen.
7. Innovation ist nicht gleich Innovation. Mithilfe der Differenzierungskriterien
    Gegenstandsbereich, Auslöser, Neuheitsgrad und Veränderungsumfang lassen
    sich Innovationsarten beschreiben. Eine solche Feinunterscheidung macht
    bewusst, wie vielseitig Innovation ist – und wie vielseitig an einem Innova-
    tionsvorhaben mitgewirkt werden kann.
8. Innovation ist kein Zufall. Wer nicht nach Ideen sucht, bekommt keine. Viel-
    mehr ist Innovation die Folge eines kreativen Prozesses, an dem eine oder
    mehrere Personen beteiligt sind. Dieser wird im besten Fall bewusst gestaltet
    und professionell moderiert und gemanagt.

Handlungsfelder und betriebliche Innovationspotenziale (s. Kap. 3)

9. Die Förderung von Innovationspotenzialen kann im Betrieb auf unterschiedli-
    chen Ebenen ansetzen: in der Gesamtorganisation, im Team und bei einzelnen
    Individuen.
10. Die Grundannahme lautet: Betriebe folgen keinem Regelkreismodell. Sie sind
    ein offenes System. Der Mitarbeiterfokus der systemischen Führung ist für
    mehr Kreativität und Innovation im Betrieb geeignet. Dieser Ansatz ermög-
    licht es den Mitarbeitern, ihre Innovationsfähigkeit und Innovationsbereit-
    schaft einzusetzen. Er bringt Betriebs- und Mitarbeiterziele in Einklang.

Müssen: Innovationszwänge akzeptieren (s. Kap. 4)

11. Veränderungen in der betrieblichen Umwelt und sich wandelnder Wettbewerb
    nötigen jeden Betrieb zu Anpassung und Mitgestaltung, um das Überleben zu
    sichern. Dazu können Sie in Ihrer Führungsarbeit das Flexibilisierungsprinzip
    und das Stabilisierungsprinzip berücksichtigen.

12. Als Entscheidungsträger mit Personalverantwortung müssen Sie überlegen, ob und wie Sie auf Veränderung reagieren. Sie verantworten die Konsequenzen, die ein Nichtstun für den Betrieb mit sich bringt – spätestens dadurch, dass Ihr eigenes Gehalt ausbleibt.

Sollen: Innovationsstruktur entwickeln (s. Kap. 5)

13. Eine förderliche Innovationsstruktur wurzelt in einem starken Innovationsteam. Sinnvolles Teamdesign und mitgliederorientiertes Teambuilding können den Teamerfolg begünstigen.
14. Sie müssen für Innovationserfolg nicht den gesamten Betrieb umkrempeln. Vielmehr sollten Sie – passend zur Struktur des Gesamtbetriebes – entweder der Konzeption von Innovationen oder der Einführung und Etablierung von Innovationen besondere Beachtung schenken.
15. Fachwissen und Kenntnisse im Spezialbereich sind besondere Innovationspotenziale, die ein Betrieb fördern sollte. Ohne diese Kenntnisse kann bei einem Innovationsvorhaben benötigtes Wissen fehlen.
16. Um Unsicherheit entgegenzutreten und die Interdisziplinarität in Ihrem Betrieb optimal auszunutzen, empfiehlt es sich, in Projektteams an Innovationsvorhaben zu arbeiten.
17. Kreativität und innovatives Handeln können auf zwei Weisen bei einem Innovationsvorhaben zum Tragen kommen: als Teamkreativität und als individuelle Kreativität. Der Schlüssel für erfolgreiche Innovationsvorhaben liegt darin, ein Zusammenwirken zu ermöglichen, durch das beides Raum zur Entfaltung bekommt.
18. Die Faustregel zur geeigneten Teamgröße lautet: so viele Mitglieder wie nötig, so wenige wie möglich.
19. Über die Teamzusammensetzung hinaus lohnt sich eine Stakeholder-Analyse im Vorfeld von Innovationsvorhaben oder als Suche nach Unterstützern und Gegnern bei der Umsetzungsplanung einer Idee oder Lösung.
20. Heterogene Zusammensetzungen regen im Team wie im gesamten Betrieb unterschiedliche Perspektiven und Verhaltensweisen an. Dies ermöglicht mehr Kreativität.
21. Führen Sie bei wenig unterschiedlichen Mitarbeitern Perspektivwechsel herbei, indem Sie geeignete Denkwerkzeuge nutzen, die unterschiedliche Aspekte eines Themas aus verschiedenen Blickwinkeln beleuchten.
22. Lassen Sie sich beim Teambuilding durch einen externen Trainer oder Berater unterstützen. Er baut einen geschützten Rahmen für die Teamentwicklung auf und verfügt über eine neutrale Haltung. Dies schafft die Basis für ein soli-

des Zusammengehörigkeitsgefühl, das Schwierigkeiten und Rückschläge überdauert.

23. Teams durchlaufen fünf Teamphasen (Forming, Norming, Storming, Performing, Adjourning). Die Teammitglieder brauchen Zeit, um als Team arbeitsfähig zu werden.

24. Innovationsförderliche Teamprozesse sind solche, die sich Groupthink entgegenstellen und dafür sorgen, dass sich Heterogenität und Diversität der Teammitglieder während der Problemlöse- und Entscheidungsfindung in unterschiedlichen Ideen und Bewertungskriterien beziehungsweise Bewertungen wiederfinden. Dazu zählen die Reflexivität des Teams, die Berücksichtigung abweichender Meinungen im Team und die Integrationsfähigkeit unterschiedlicher Ansprüche.

Dürfen: Innovationsfreiräume etablieren (s. Kap. 6)

25. Für mehr Innovation und gelebte Kreativität stehen Sie in der Verantwortung. Ermöglichen Sie Ihren Mitarbeitern Freiräume des Denkens und Handelns. Dazu gehören gelebte und von Ihnen vorgelebte Normen und Werte der Innovationsfreude, mitarbeiterorientiertes Führungsverhalten und das Einrichten und Ermöglichen günstiger Arbeitsbedingungen. Einen wichtigen Anteil für den Erfolg von Innovationsprozessen nehmen eine klare und umfassende Information und Kommunikation mit Mitarbeitern und weiteren Anspruchsgruppen ein.

26. Team- und Führungskräfteentwicklung können helfen, auf den unteren Ebenen einer Organisation kreativitätsförderliche Normen und Werte zu erkennen und ihre Bedeutung für Innovationserfolge zu verstehen. Langfristig können diese in die Gesamtorganisation hineingetragen werden. Zu diesen Normen und Werten gehören Innovationsorientierung, Qualitätsorientierung, Effizienzfokussierung, Fehlertoleranz, Risikofreude und Offenheit für neue Erfahrungen.

27. Mitarbeiter haben für bestimmte Aufgaben und Teilabschnitte in einem kreativen Prozess persönliche Präferenzen. Diese sind abhängig von Persönlichkeitsmerkmalen und kognitiven Stilen. Jeder kann sich in ein Innovationsvorhaben einbringen. Jeder wird an unterschiedlicher Stelle unterschiedlich intensiv mitwirken. Partizipation bedeutet, Teilhabe zu ermöglichen, nicht zu erzwingen.

28. Nicht alle Konflikte sind Kreativitätskiller. Wenn es sich um aufgabenbezogene Konflikte handelt, kann das Austragen dieser zu mehr Innovation und Kreativität führen. Auf Beziehungskonflikte müssen Sie hingegen klärend und vermittelnd reagieren.

Können: Innovationsfähigkeit ausbauen (s. Kap. 7)

29. Mitarbeiter mit ihren Fähigkeiten, Fertigkeiten und Kenntnissen sind die zentrale Ressource für mehr Kreativität und Innovation. Ein Innovationsvorhaben ist eine wichtige Teamaufgabe, bei der Ihre Führungsbestrebungen Ihren Mitarbeitern gelten sollten. Stellen Sie nicht die Aufgabe in den Mittelpunkt Ihres eigenen Bemühens.

30. Günstige Arbeitsbedingungen sind für Kreativität hochrelevant! Achten Sie darauf, über die Aufgabe hinaus Ihren Mitarbeitern vielfältig Autonomie und Entscheidungsfreiheit einzuräumen. Stellen Sie komplexe Anforderungen und betrauen Sie die Mitarbeiter ganzheitlich mit einem Innovationsprojekt.

31. Wenn Sie für mehr Kommunikation unter Ihren Mitarbeitern sorgen und diese umfassend und regelmäßig zu Relevantem informieren, erhöhen Sie den Informationsaustausch. So regen Sie individuelles und organisationales Lernen an. Wissen ist die wichtigste Grundlage für neue Ideen.

32. Achten Sie darauf, dass Kreativitätstrainings so gestaltet sind, dass diese träges Wissen vermeiden.

33. Information und Kommunikation sind die Basis für Lernen und Wissen. Wissen ist neben Handlungsbereitschaft und Persönlichkeitseigenschaften ein Bestandteil von Kompetenz. Kompetenz führt dauerhaft zu Expertise und über Innovationsprojekte zu Innovation. Daraus erwachsen Wettbewerbsvorteile, die den Bestand des Unternehmens sichern.

34. Zentrale Voraussetzung für Innovationen ist die Neu- und Rekombination vorhandener Wissensbestände. Zu diesen gehören Konzepte wissenschaftlicher Disziplinen und praktische, anwendungsbezogene und erfahrungsbasierte Kenntnisse.

35. Es ist wichtig zu erkennen, welche Methode bei welchem Problem wann und wo zur erfolgreichen Lösung führt. Trennen Sie außerdem bei Problemlöse- und Entscheidungsvorgängen divergente und konvergente Phasen. Sollte Sie dies überfordern oder sollte Ihnen dies zu komplex erscheinen, lohnt es sich, einen professionellen Facilitator hinzuzuziehen, denn für diesen sind Innovationsvorhaben Alltagsgeschäft.

36. Für Ihr Führungsverhalten in Sachen Innovation ist die Unterscheidung von Adaptoren und Innovatoren wichtig: Wenn Sie wissen, ob gerade Flexibilität oder Stabilität gefragt ist und Ihr Mitarbeiter Adaptor oder Innovator ist, können Sie individuell mit Ihrem Gegenüber umgehen, können sein Verhalten einordnen. Sie wissen, welchen Beitrag Ihr Mitarbeiter bei einem Innovationsvorhaben leisten kann und wann und wobei er sich in einem Innovationsprozess einbringen wird.

37. Vertrauen fördert Kommunikation. Informationen werden schneller und freiwillig weitergeben. Kreativität, organisationales Lernen sowie Toleranz und Offenheit gegenüber unkonventionellen Ideen nehmen zu. Offenheit für neue Erfahrungen zahlt sich aus: Stellen Sie in regelmäßigen Abständen bestehendes Wissen infrage. Aktualisieren Sie es bei Bedarf. Wissen besitzt begrenzte Gültigkeit.

Wollen: Innovationsbereitschaft wecken (s. Kap. 8)

38. Machen Sie Schluss mit ungeeigneten Anreizsystemen. Setzen Sie auf Feedback und Anerkennung, um Ihre Mitarbeiter zu mehr Kreativität zu führen.
39. Über- und unterfordern Sie Ihre Mitarbeiter nicht. Nichts beeinflusst die Motivation Ihrer Mitarbeiter extrinsisch so stark wie die Kreativitätsaufgabe selbst.
40. Intrinsische Motivation toppt extrinsische Motivation. Laufen Sie nicht in die Falle eines Korrumpierungseffekts bei der Mitarbeitermotivation. Vermeiden Sie bei der extrinsischen Motivation monetäre Belohnung und setzen Sie verstärkt auf Anerkennung für besondere Leistungen.
41. Feedback und Anerkennung sind Ihre wichtigsten Instrumente für kreativere Mitarbeiter.

Machen: Innovationsprozesse nutzen (s. Kap. 9)

42. Nutzen Sie für Innovationsvorhaben Prozessmodelle der Innovation und geeignete Denkwerkzeuge. Achten Sie darauf, divergentes Denken und konvergentes Denken zu trennen!
43. Innovationsprozesse sollten zielorientiert sein und Raum für Spontaneität zulassen. Die Orientierung an einem Prozessmodell hilft, den Ablauf explizit zu machen. Mithilfe von Denkwerkzeugen kann man kreative Prozesse effektiver gestalten.
44. Denkwerkzeuge lassen sich dahingehend unterscheiden, ob sie für das divergente Denken oder das konvergente Denken infrage kommen. Zahlreiche Systematiken unterscheiden intuitiv-kreative Denkwerkzeuge von systematisch-analytischen.

Zeit der Entscheidung (s. Kap. 10)

45. Jetzt sind Sie an der Reihe! Übernehmen Sie und passen Sie die Ideen aus diesem Buch an die Situation Ihres Betriebes an. Probieren Sie es aus. Innovation bedeutet nicht Perfektion. Eine bessere Innovationskultur beginnt bei Ihnen, der Führungskraft. Werden Sie kreativ, entwerfen Sie neue Ideen und treiben Sie Veränderung voran.

Überblick: Betriebliche Handlungsfelder systemischen Innovationsmanagements

12

Zusammenfassung

In diesem Kapitel erhalten Sie einen Überblick darüber, welche betrieblichen Handlungsfelder in diesem Buch angesprochen werden. Dieses Kapitel hilft Ihnen, die Einflussfaktoren auf individueller, Team- und organisationaler Ebene zu unterscheiden

Tabelle 12.1 stellt zusammenfassend die in diesem Buch erörterten Handlungsfelder systemischen Innovationsmanagements dar. Dabei wird auf die Einflussfaktoren auf individueller, Team- und organisationaler Ebene verwiesen, aufbauend auf der Systematik von Anderson et al. (2004) sowie den Ergänzungen von Feinstein (2010). Die Einflussfaktoren sind Grundlage für den konzeptionellen Überblick im nach dem jeweiligen Handlungsfeld benannten Kapitel. Sie sind im Fließtext fett gesetzt.

© Springer-Verlag Berlin Heidelberg 2015
L. Rütten, *Kreative Mitarbeiter*, DOI 10.1007/978-3-662-46052-8_12

Tab. 12.1 Überblick über die betrieblichen Handlungsfelder systematischen Innovationsmanagements in diesem Buch

Handlungsfelder der systemischen Innovationsmanagements	Einflussfaktoren auf individueller Ebene	Einflussfaktoren auf Teamebene	Einflussfaktoren auf organisationaler Ebene
Müssen: Innovationszwänge verstehen	–	–	*Kontextfaktoren* (Wettbewerbssituation, Komplexität der Umwelt)
Sollen: Innovationsstruktur entwickeln	–	*Teamstruktur* (Teamgröße, Teamkohäsion, arbeitsbezogene Diversität)	*Organisationale Struktur* (Spezialisierung, Komplexität, Matrixstruktur)
Dürfen: Innovationsfreiräume etablieren	–	*Führung* (partizipativ und offen für Vorschläge, demokratisch, delegativ, transformational, dyadisch, Leader-Membership-Exchange), *Arbeitsbedingungen* (Autonomie/Entscheidungsfreiheit, Anforderungen, Aufgabenkomplexität), *Information und Kommunikation, Teamklima* (Partizipation, Vision, Normen/Unterstützung für Innovation, aufgabenbezogene Konflikte, konstruktive Kontroverse), *Teamprozesse* (Reflexivität, Berücksichtigung abweichender Meinungen, Integrationsfähigkeit)	*Organisationskultur/ Organisationsklima* (Innovationsorientierung, Qualitätsorientierung, Effizienzfokussierung, Unterstützung für Experimente, Fehlertoleranz, Normen der Risikofreudigkeit)

Tab. 12.1 (Fortsetzung)

Handlungsfelder der systemischen Innovationsmanagements	Einflussfaktoren auf individueller Ebene	Einflussfaktoren auf Teamebene	Einflussfaktoren auf organisationaler Ebene
Können: Innovationsfähigkeit ausbauen	*Denken* (konvergentes Denken/divergentes Denken, prozedurales Wissen), *kognitive Stile* (Feldabhängigkeit vs. Feldunabhängigkeit, kognitive Komplexität, Abwehr vs. Sensibilisierung, Adaption vs. Innovation), *nichtkognitive Merkmale* (Ambiguitätstoleranz, Selbstwirksamkeitserwartung, Offenheit gegenüber neuen Erfahrungen), *Fachwissen*	–	–
Wollen: Innovationsbereitschaft wecken	*Motivation* (intrinsische Motivation, Selbstverwirklichung, Eigeninitiative), *Arbeitszufriedenheit, Belohnung, Feedback/Anerkennung*	–	–
Machen: Innovationsprozesse umsetzen	*Kreativitätstechniken/Denkwerkzeuge*	*Prozessorientiertes Vorgehen*	–

Literatur

Anderson, N., de Dreu, C. K., & Nijstad, B. A. (2004). The routinization of innovation research: A constructively critical review of the state-of-the-science. *Journal of Organizational Behavior, 25,* 147–173.

Feinstein, I. (2010). *Innovationsklima. Eine mehrebenenanalytische Untersuchung der Antezedenzien und Konsequenzen.* Taunusstein: Driesen.

Sachverzeichnis

© Springer-Verlag Berlin Heidelberg 2015
L. Rütten, *Kreative Mitarbeiter*, DOI 10.1007/978-3-662-46052-8

The manufacturer's authorised representative in the EU is Springer
Nature Customer Service Centre GmbH, Europaplatz 3, 69115 Heidelberg,
Germany. If you have any concerns regarding our products, please
contact ProductSafety@springernature.com

Printed and bound by CPI Group (UK) Ltd, Croydon, CR0 4YY

27/04/2026

02097658-0001